China Metropolitan Area Development Report 2024

中国都市圈发展报告 2024

尹稚　王强　吕晓荷　孙淼　编著

清華大学出版社

北 京

内 容 简 介

本书为清华大学中国新型城镇化研究院都市圈系列研究第三辑，延续了该系列从理论、政策到实践的架构及多源数据支撑研究的特色，对2021—2024年上半年期间全国主要都市圈的发展情况进行了系统梳理，并对跨域协同治理体制机制议题进行了专门讨论。本书共九章，前五章系统梳理了现代化都市圈建设的新方向新要求，国内都市圈规划建设的实践进展、创新探索与水平评价，围绕当前都市圈建设重点领域的堵点问题提出针对性对策建议；后四章对南京都市圈、杭州都市圈、郑州都市圈、沈阳都市圈四个重点都市圈进行深度剖析，立足各都市圈的战略地位和自身特色，总结同城化发展的成效与经验，并在优势研判和问题识别的基础上提出重点建设方向。书中内容对我国其他地区的都市圈建设工作推进具有较大参考价值。

本书适合城镇化建设领域的学者、专业人士及决策人员参考，也可供从业人员及相关领域学生阅读。

图书在版编目 (CIP) 数据

中国都市圈发展报告.2024 / 尹稚等编著 . -- 北京：清华大学出版社，2025. 9.
ISBN 978-7-302-70319-8

Ⅰ . F299.21

中国国家版本馆 CIP 数据核字第 2025AL3342 号

责任编辑：纪海虹
封面设计：何凤霞
版式设计：方加青
责任校对：王荣静
责任印制：杨　艳

出版发行：清华大学出版社
　　　　网　　　址：https://www.tup.com.cn，https://www.wqxuetang.com
　　　　地　　　址：北京清华大学学研大厦 A 座　　　　　　邮　　编：100084
　　　　社 总 机：010-83470000　　　　　　　　　　　邮　　购：010-62786544
　　　　投稿与读者服务：010-62776969，c-service@tup.tsinghua.edu.cn
　　　　质 量 反 馈：010-62772015，zhiliang@tup.tsinghua.edu.cn
印 装 者：小森印刷（北京）有限公司
经　　销：全国新华书店
开　　本：185mm×260mm　　　印　　张：15.5　　　字　　数：289 千字
版　　次：2025 年 9 月第 1 版　　印　　次：2025 年 9 月第 1 次印刷
定　　价：198.00 元

产品编号：109757-01

编著人员名单

主　编

尹　稚　王　强　吕晓荷　孙　淼

参编人员

第一章　吕晓荷　谢力唯
第二章　孙　淼　夏　晴　杨婷婷
第三章　夏　晴　孙　淼　杨婷婷　李思颖
第四章　王　强　夏　晴
第五章　夏　晴　杨婷婷　谢力唯　孙　淼
第六章　胡　静　王康达　吴　静　王文心　吴文玮　徐　笑　何张鹏
第七章　柯　敏　薛　峰
第八章　扈　茗　刘希宇　郑清菁
第九章　邢　铭　张立鹏　马　健　韦　佳　白伟婷　刘宇晴　钱光岳
　　　　刘秀峰　刘忆莹　杨光福　王雅红　李鹏飞　刘人龙　刘文昭

主编单位

清华大学中国新型城镇化研究院
清华大学国家治理与全球治理研究院

参编单位

浙江省发展规划研究院区域发展研究所

北京清华同衡规划设计研究院有限公司

辽宁省城乡建设规划设计院有限责任公司

支持单位

智慧足迹数据科技有限公司

2022 年底，我写过一篇文章，题目是《中国新型城镇化进入区域协同发展阶段》，明确提出我国各城市"单打独斗"和"一城独大"的时代已经过去，城市发展进入区域协同时代，这意味着国家主导的治理尺度的重构和再领域化的进程。这是笔者和研究团队对当前和未来一段时间中国区域经济布局与城镇化道路选择研判的核心结论。

"十三五"以来，我国新型城镇化取得重大进展，城镇化水平和质量大幅提升，人口、资本等要素向发展优势地区集聚，大批中心城市迅速崛起，成为国家经济发展的发动机。2020 年 GaWC 世界城市排名中我国上榜城市数量增加至 43 个，香港、上海、北京、广州、台北、深圳等城市进入全球一线城市梯队。但与此同时，"锦标赛"式的城市间同质竞争发展局面、主城区密度过高引发的"大城市病"、造成大中小城市和城乡间发展差距的"虹吸效应"等问题涌现，如何在发挥好超大、特大城市辐射带动作用的同时解决这些问题，是个具有普遍性的议题。此外，当前我国社会主要矛盾已经转化为人民日益增长的美好生活需要和不平衡不充分的发展之间的矛盾，破解发展不平衡问题，首先要从解决区域内的不平衡状况做起。而人多地少又是我国的基本国情，未来相对紧张的人地关系仍将持续，这使得我国必须走集约化发展和紧凑布局发展之路。新型城镇化与区域协调发展的统筹成为回应上述种种现实的关键所在。

从全球的城市化进程来讲，城市化发展的初期是中心城市崛起；第二阶段是利用中心城市崛起的优势，中心城市近域尺度上会形成二级、三级城市；进入发展的第三阶段，中心城市和次级城市之间会逐渐填补进各类中小城市甚至小城镇，最后形成一张相对均衡发展的网络。当前我国城市化进程正开始步入第三阶段，第三阶段完成意味着中国基本实现现代化，届时将基本形成成熟的、相对完整的网络化节点综合发展与专业化发展相结合的优质城镇体系。全球城市区域战略作为当下最新的一个理论前沿问题，提出以经济联系为基础，由全球城市和它的属地内经济实力较为雄厚的大中城市共同组成一个独特的空间形态来参与全球的竞争。一个城市与多大范围内的人类聚集点建立起人流、物流、资本流、技术流和信息流的关系，就有多么光明的发展机会及前景。未来的国际话语权的争夺，以及国内区域间竞争—合作关系的建立，都将以都市圈和城市群作为一个最基本的空间单元。

目前，推动都市圈建设高质量发展成为普遍共识，都市圈规划体系日趋完善，实施计划协同加强，发展水平监测评估与应用形成闭环。从成效上来看，都市圈建设的几大重点任务均有新的进展。进展最快的是交通基础设施的互联互通。任何流空间的建设以及伴随着现代化而来的流动性提升，首先建立在设施互联互通的基础上。所以，这些年来，在群圈范围内，所谓断头路问题、交通网络的非系统化问题得到了很好的解决：若干都市圈结合自身发展阶段需求，在轨道交通一体化部署、多层次融合、通勤化运营等方面加快探索；广佛同城化新干线、成都—邛崃成温邛快速路等城际快速路建设更好地实现了城市间重要节点的快速通达；城际公交线路的改造运营和"一卡通"的推广使用、优惠共享更好地服务人民群众的跨城便捷出行。在发展比较好的地区，甚至实现了更大尺度（2 万、3 万甚至 5 万平方公里）的交通统筹：长三角一体化区域以专项规划为指导，推进多层次轨道交通深度融合发展示范引领区建设。在创新协同和产业协作方面，都市圈要素集聚、功能互补的优势逐步显现。各种类型的产业图谱、共建园区、"飞地经济"强化了都市圈产业的配套协作和资源的衔接协同，共同推动了都市圈优势领域产业集群的发展壮大。在中心城市，大型科研平台、大科学装置建设不断落地建设，新型研发机构、概念验证中心层出不穷，提升创新策源能力的同时有效带动区域创新转化；科技创新券作为促进都市圈内企业与创新资源精准对接的有效手段，已实现广泛应用，广东省更是率先实现了"全国使用、广东兑付"。民生保障方面，优质公共服务资源共享、政务服务联通互认在都市圈范围内得到更快实践。医疗联合体建设逐渐由"松散"转向"紧密"，教育集团化办学模式不断完善，医疗检查检验结果互认项目和范围进一步扩大，数字赋能实现了远程会诊、远程教学和"一圈通办"。尤其是浙江省，在建设共同富裕示范区的过程中，在公共服务共享及跨行政区划流动性的保障方面做了大量工作，居民在不同的城市能够享受到平等的、统一标准的公共服务，形成了更多跨行政区划就业流动、把生产生活结合起来的机会，促进了区域人口优化配置和高质量发展。

都市圈作为一个共同体，它的核心架构由软硬两方面构成。要实现跨区域的要素聚集和流动，在刚性的基础设施和公共服务体系之外，重要的是要有更通畅的渠道和更平等的政策来激励这些流动的产生，通过都市圈共同体架构下的各城市的差异化发展来形成多赢的局面。从近期的实践探索来看，打破行政区划藩篱、推进跨界治理体制机制创新已成为我国都市圈发展建设面临的关键议题。制度性集体行动理论认为，提高合作净收益、降低交易成本、规避合作风险是推动地方政府走向合作的主要动力。国内都市圈普遍根据自身经济社会发展水平、人文交流传统、产业合作基础等条件选择跨区域合作制度供给的重点方向。例如：组织体系方面，在中心城市牵头、周边城市协同的原则下，省级统筹方式出现建立专职协调机构、在省发展改革委等部门新设同城化处（室）、成立省级事业单位等多样化、精细化的治理方式；协同立法方面，南京、成都等都市圈优先选择交通基础设施共建共享、生态环境共保共治等领域开展区域协同立法探索，进一步丰富了都市治理的约束机制；成本共担、利益共享方面，长三角、大湾区等优势地区都市圈在发展"飞地经济"、共建合资开发公司、联合组建都市圈发展基金等方面开展了积极探索，其模式具有鲜明的政府、市场、企业、公众多方参与的契约协同型治理特征，为推进经济区与行政区适度分离改革提供了有益的经验。当然，在统计分算、税收分享等重点环节，仍存在利益分配和利益让渡机制规则不清晰、落地困难等问题。总体来说，我国都市圈政府间合作涉及复杂的体制机制问题，需要循序渐进、重点突破，当前尤其需要在合作的利益激励机制方面加强探索和研究，既要鼓励国内都市圈因地制宜、勇于创新，支持政府、市场、社会多方共建基于利益的交换网络，有效降低交易成本、提高合作收益；也要在国家层面加强指导，支持地方政府在经济指标统计分算、财税分成方面形成可落地、可执行的方案，同时在重大生产力布局、要素支持、开展试点探索等方面加大政策支持力度，才能更好地构建促进都市圈开展长效跨界合作、提升高端要素配置能力和综合承载能力的制度基础。

　　未来一段时间，都市圈建设仍是我国城镇化高质量发展的重要抓手，在要素优化配置、重大生产力布局、区域协调发展等方面还将发挥更大的示范引领作用；尤其是在打破行政藩篱和统一大市场建设方面，都市圈毋庸置疑已成为体制机制改革的最佳试点。"十五五"时期，在现有已批复规划的城市群和都市圈之外，还会进一步推动一批发展型、培育型都市圈建设，筑牢我国经济社会和国土空间发展新格局。因此，我们将会持续推进典型都市圈案例的深度追踪和关键性发展指标的监测评估，既为都市圈发展提供科学支撑，也为全球都市圈理论研究提供中国样本。

尹稚

2025 年 4 月

中国区域发展与城镇化格局构建，既是国家区域经济布局与城镇化道路问题，也是支撑实现中国式现代化的重大战略问题。在区域协调发展和空间治理现代化背景下，都市圈成为促进空间格局优化和区域协调发展的重要抓手，也是参与全球竞争的重要载体、保障国家发展和安全的重点区域。自 2019 年国家发展改革委印发《国家发展改革委关于培育发展现代化都市圈的指导意见》以来，一批中心城市加快转变发展方式，不断提升自身能级与辐射带动能力，以都市圈建设的方式推动构建区域协同发展新格局。当前，"十四五"规划中提到的 18 个重点培育都市圈已全部完成发展规划编制并获得国家发展改革委函复同意，部分都市圈建设卓有成效，"中心城市—都市圈—城市群"的城镇化主体形态已基本形成。2024 年 7 月，党的二十届三中全会通过了《中共中央关于进一步全面深化改革、推进中国式现代化的决定》，其中提到推动形成超大特大城市智慧高效治理新体系，建立都市圈同城化发展体制机制。随后，国务院印发《深入实施以人为本的新型城镇化战略五年行动计划》，将"实施现代化都市圈培育行动"列为四大行动之一，提出重点任务和政策措施保障。展望"十五五"，现代化都市圈建设仍将是推进新型城镇化战略的重点工作和主要抓手，值得持续关注。

清华大学中国新型城镇化研究院自 2019 年、2021 年出版《中国都市圈发展报告2018》《中国都市圈发展报告 2021》以来，持续关注我国都市圈建设进程，不断完善区域协调发展与协同治理相关理论研究，拓展并持续更新以都市圈为统计对象的多源数据库，开展典型城市的都市圈发展规划编制、都市圈专项工作实施方案制定、都市圈发展水平监测评估等实践，并与多个参与地方发展战略研究与实践的高校和科研机构形成研究联盟，加强典型都市圈的深入剖析，在此基础上完成第三部都市圈发展报告。报告延续了《中国都市圈发展报告 2021》的内容组织方式，主体分为两部分，前半部分为全国都市圈建设总体进展，强调现代化都市圈建设是中国式现代化的重要组成部分，系统梳理全国都市圈规划建设工作的总体进展，根据优化后的都市圈综合发展质量评价指标体系对全国主要都市圈发展状况进行追踪评价，并分别从交通、产业、创新、公共服务、生态环境五大重点领域及体制机制改革视角展示都市圈建设实践成效和创新经验做法，对实践中面临的堵点问题加以识别并提出对策建议；后半部分为重点都市圈实践与主要经验，在《中国都市圈发展报告 2021》案例之外，继续选取我国重点区域发展战略中的典型都市圈——南京都市圈、杭州都市圈、郑州都市圈、沈阳都市圈，在统一框架下系统梳理各都市圈的发展历程、基本情况、战略定位，总结其在特色领域内的突出成效和体制机制创新亮点，以期形成可供复制推广的经验。

"中国都市圈发展报告"系列是清华大学中国新型城镇化研究院城市群与都市圈研究分中心的重要研究成果，也是国内都市圈研究最全面、最有延续性、最贴近实践的系列专著之一。未来，研究院仍将在国家发展改革委的指导下，依托清华大学综合学科优势，广邀合作机构，持续深化都市圈相关研究，为答好区域协同发展这一时代命题，构建优势互补、高质量发展的区域经济布局和国土空间体系，建设社会主义现代化强国、实现中国式现代化提供科学支撑。

目　录

第一章　全国都市圈建设总体进展

第一节　现代化都市圈建设的新方向、新要求

一、中国式现代化引领现代化都市圈发展

党的二十大报告指出，中国式现代化是人口规模巨大的现代化，是全体人民共同富裕的现代化，是物质文明和精神文明相协调的现代化，是人与自然和谐共生的现代化，是走和平发展道路的现代化。这五方面中国特色深刻揭示了中国式现代化的科学内涵，打破了"现代化就是西方化""西方文明就是现代文明"的迷信认知，展示了中国在遵循现代化一般规律前提下的、基于自身国情自主探索的、具有中国特色的现代化之路（郭春丽，2023）[1]。新型城镇化建设和国家空间治理现代化是中国现代化进程的重要组成部分，理应对这些特征背后蕴含的可持续、高质量的发展要求做出响应；培育发展现代化都市圈是其中的重要手段之一。

首先，推进人口规模巨大的现代化有两层内涵：一方面意味着需要锚定人民群众对美好生活的向往，积极回应人民群众在教育、医疗、住房、养老、就业等方面的切实需求，并不断提升相关基础设施和公共服务的品质；另一方面，要考虑如何有效发挥中国的人力资本和超大规模市场优势，充分利用规模效应、交易成本、物流成本等带来的集聚效应，引领国家发展并提升全球竞争力。作为承载了全国近半人口的人口集聚优势地区，都市圈毋庸置疑是现代化建设的"排头兵"和"主力军"。现代化都市圈建设应重视新质生产力发展、双链互促融合等关键议题，充分发挥科技、资本、人才要素资源集聚优势，建设科技创新策源地，打造优势产业集群，培育区域经济发展新动能和就业新空间；应加快立体交通网络完善和区域统一大市场建设，促进要素自由流动

和优化配置；此外，还应在户籍制度改革、常住地基本公共服务供给和公共服务均等化方面做出先行示范。

其次，推进全体人民共同富裕的现代化，是中国式现代化不同于西方现代化的根本区别，充分体现了以人民为中心的发展理念。强调人民是现代化建设的主体，坚持发展为了人民、发展依靠人民、发展成果由人民共享；在做大"蛋糕"的基础上解决好地区差距、城乡差距和收入分配差距等问题，让现代化建设成果更多、更公平地惠及全体人民。现代化都市圈建设作为我国城乡区域协调发展的重要抓手，既要通过中心城市能级提升、创新产业协同发展，加快形成一批中西部地区具有辐射带动作用的重要增长极，构建相对均衡的发展格局；又要通过生产力合理布局、协同治理机制创新，促进大中小城市协调发展和城乡融合发展，在都市圈范围内率先实现城乡发展差距的进一步缩小。

再次，推进物质文明和精神文明相协调的现代化，强调要将物的全面丰富和人的全面发展统一到现代化建设实践中，发挥社会主义先进文化对经济发展和社会稳定的坚实支撑作用，提升中华文化的凝聚力、引领力和全球影响力。在现代化都市圈建设过程中，除了交通互联、创新协同、产业协作、生态共保、公服共享等重点领域协同外，还应强化区域文化共兴职能，尤其是位于"一带一路"沿线重要节点的都市圈，要统筹区域文化资源保护与开发工作，促进文化与产业的联动发展、与城脉的深度融合，集中合力打造中华文化传承载体和宣传阵地，利用魅力型祖地文化的发展，团结海内外华人华侨，提升文化向心力。

从次，推进人与自然和谐共生的现代化，强调要站在维护国家生态安全、中华民族永续发展和对人类文明负责的高度，坚持走生产发展、生活富裕、生态良好的文明发展道路；要牢固树立和践行绿水青山就是金山银山的理念，统筹好经济发展和生态环境保护建设的关系，让绿色成为高质量发展的鲜明底色，切实增强人民群众的安全感和幸福感。在当前"五化并联式"发展的阶段，现代化都市圈建设要利用区域全面协同发展优势，通过技术和制度的双轮驱动，率先实现工业化、城镇化与绿色化的统筹推进，加快生产生活方式低碳化的转型，促进区域内多种路径的生态资源价值转化，为美丽中国建设提供示范样板。

最后，推进走和平发展道路的现代化，推动构建人类命运共同体，凸显了我们合作、开放、共赢的外交态度和发展意愿，意味着我们摒弃了西方资本主义"强权即正义"的生存法则和将战争和暴力视为实现利益最有力工具的发展路径，愿意把中国人民的利益同各国人民的共同利益结合起来，开辟一条既发展自身又造福世界的现代化道路。都市圈是我国对外开放发展的重要窗口，是参与国际竞合的战略枢纽，应利用自身开放区位优势、枢纽优势和广阔战略腹地优势，逐步完善多层次开放通道体系，加快构建开放性经济体系，充分发挥各项开放政策的叠加效应，稳步推进要素型开放向制度型开放拓展，在高水平开放中实现现代化都市圈高质量发展。

二、区域协同发展阶段推动区域治理体系变革

过去 40 多年，我国城镇化进程快速推进，取得了举世瞩目的成就。从 2020 年起，城镇化年均增速放缓。2023 年末，全国人口为 140 967 万人，比上年末减少 208 万人，其中城镇常住人口 93 267 万人；常住人口城镇化率达 66.16%。随着全国层面人口总量的减少和城镇化率增速的下降，我国城镇化已从大规模、快速发展时期进入高质量发展阶段，面临着新的挑战和机遇。一方面，基于超大规模人口与广阔国土形成的整体发展与区域差异并存，快速城镇化与"五化并联式"发展同步，对区域发展和空间治理提出新的命题；另一方面，通过城市间相互竞争的"锦标赛"来推动经济发展的思路虽然对大城市"发动机"作用发挥形成积极引导，但也造成行政辖区限制发展动能充分释放、大中小城市间差距放大等问题，需要在实践道路中兼顾和平衡（尹稚等，2022）[2]。应以中国式现代化为基本遵循，进一步深化对新型城镇化与区域协调发展的内在规律认识，推进从区域发展外在形态的优化布局到内在逻辑的深化协同，完成"构建优势互补、高质量发展的区域经济布局和国土空间体系"这一战略任务（尹稚等，2022）[2]。

自 2006 年国家"十一五"规划纲要首次提出"把城市群作为推进城镇化的主体形态"，到 2019 年中央财经委员会第五次会议提出中心城市和城市群正在成为承载发展要素的主要空间形式，我国已初步形成"中心城市—都市圈—城市群"的城镇化主体形态和与资源环境承载力相匹配的国土空间格局。国家"十四五"规划纲要就"深入推进以人为核心的新型城镇化战略，以城市群、都市圈为依托促进大中小城市和小城镇协调联动、特色化发展"作出系统部署。党的二十大报告明确提出，以城市群、都市圈为依托构建大中小城市协调发展格局。在《国家新型城镇化规划（2021—2035 年）》的基础上，2022 年《"十四五"新型城镇化实施方案》发布，就"提升城市群一体化发展和都市圈同城化发展水平，促进大中小城市和小城镇协调发展，形成疏密有致、分工协作、功能完善的城镇化空间格局"部署行动路径，提出有序培育现代化都市圈，强调建立健全协同发展机制。2024 年 7 月，《中共中央关于进一步全面深化改革、推进中国式现代化的决定》在"完善城乡融合发展体制机制"中提到，推动建立都市圈同城化发展体制机制。同月，国务院印发《深入实施以人为本的新型城镇化战略五年行动计划》，对未来五年推进新型城镇化建设的总体要求、重点任务、政策措施和组织实

施等作出部署，将"实施现代化都市圈培育行动"作为四大行动之一，目标是加快转变超大特大城市发展方式，培育一批同城化程度高的现代化都市圈。

早期都市圈形成的是区域联盟型协调治理模式，在强大的行政区经济与垂直治理层级下，横向同级主体间更多的是非主体意识下的被动行为，各城市合作组织机构松散、协调机制不足、缺乏约束力，在统筹规划实施、利益协调、部署行动、监督约束等方面难以有效作为。随着都市圈建设的逐步深化，通过国际经验借鉴和自身改革创新，都市圈治理体系逐步从区域协同联盟走向区域协同治理（卢庆强等，2024）[3]，以适应新阶段发展要求。与区域联盟治理相比，都市圈的区域协同治理构建了明确的、实体性的区域协同机构（如成都都市圈的四川省推进成德眉资同城化发展领导小组办公室，长株潭都市圈的湖南省长株潭一体化发展事务中心），形成各参与主体平等协商的议事机制；通过都市圈规划这一"地区共同规划"凝聚区域多元利益主体共识、制定行动纲领；聚焦交通联通、产业分工、生态保护、公共服务、体制机制等重要领域，破解突出矛盾问题；以规划编制、实施、评估的工作闭环完善协同实施机制，实现都市圈区域的整体性发展、高质量发展和同城化发展（卢庆强等，2024）[3]。

区域协同治理与区域联盟治理的差异比较见表 1-1。

表 1-1　区域协同治理与区域联盟治理的差异比较（卢庆强等，2024）[3]

项　　目	区域联盟治理	区域协同治理
治理主体	上级主导、各主体参与	各主体合作、上级指导协调
执行机构	协调型机构、松散型组织	实体性机构、立体式组织
治理目标	以协调区域矛盾为重点	整体性发展、高质量发展和同城化发展的综合目标
治理机制	有限协商、整体纲领、分头行动	充分协商、共同纲领、共同行动、实施监督
治理效力	无约束、无监督	有任务分工、有考核监督

与此相对应，都市圈规划也从有限协商型规划转向达成共同行动纲领与合作规则的契约协同型规划，不再仅仅包含静态蓝图式方案与务虚类内容，而是以体制机制和政策创新为核心内核，着重在协同实施机制、激励约束机制、评估监测机制等方面达成具备契约性质的规划行动方案，并通过相应的政策工具与履约实施保障，实现现代化都市圈的建设目标（卢庆强等，2024）[3]。有限协商型规划与契约协同型规划的差异比较见表 1-2。

表 1-2　有限协商型规划与契约协同型规划的差异比较（卢庆强等，2024）[3]

项　　目	有限协商型规划	契约协同型规划
规划主体	省级主导、各城市参与的区域发展联盟	中心城市牵头、各城市紧密协作，省级指导的区域发展利益共同体
规划性质	自我利益不受损的协商型规划	达成共同行动纲领与合作规则的契约型规划
规划特征	静态蓝图式方案与务虚类内容	行动方案、政策工具与动态实施
规划重点	区域发展一体化协调	同城化发展、高质量发展
实施机构	松散型协商机构	常设执行机构
实施机制	年度协商会议，定期实施检讨	协同实施机制、激励约束机制、评估监测机制

2021 年，中共中央、国务院印发《成渝地区双城经济圈建设规划纲要》，明确提出要"探索经济区与行政区适度分离改革"。2022 年，中共中央、国务院印发《中共中央国务院关于加快建设全国统一大市场的意见》，提出"充分发挥市场在资源配置中的决定性作用""打破地方保护和市场分割"的要求。这些文件的核心就是持续有效推进行政区间的深度融合协作。新时期都市圈的区域协同治理模式是对经济区与行政区适度分离改革探索的真切回应。首先，行政区对经济区的分割力量源于不同行政区拥有差异化的发展权限和发展政策，对市场作用发挥产生了干扰。而都市圈通过构建区域协同治理机构，从更高层面统筹解决问题；通过组建工作专班，重点解决了跨层级、跨部门的协调问题，一定程度上降低了地方保护主义对经济社会发展的阻力。其次，行政区发展绩效考核前提下，地区间重大项目、优质企业争夺不可避免，区域产业结构趋同、产能过剩等问题真实存在。而都市圈的产业协同发展战略可以立足各地比较优势，在区域内合理布局产业项目，实现重点产业集群壮大，打造优势互补的区域产业布局。此外，行政区划限制下，地方政府的资源投入和回报只会在属地内发生，不利于公共基础设施、跨界地带的建设。而都市圈区域协同治理的重点之一正是成本共担、利益共享机制的创新，通过共同投资、共同决策的地方发展基金，通过"封闭运行、滚动开发"的跨界项目运作等方式，充分调动各主体参与的积极性，维持合作的可持续性（廖清凤等，2024）[4]。

第二节　都市圈规划建设总体进展

一、都市圈规划编制的战略引领

1. 国家级都市圈基本情况

2021—2024 年，国家发展改革委已函复同意了 15 个都市圈发展规划，分别为南京、福州、成都、长株潭、西安、重庆、武汉、杭州、沈阳、郑州、青岛、广州、深圳、济南和厦漳泉都市圈[①]（见表 1-3）。经过三年多的都市圈发展规划编制与报批，一方面，各地都逐步深化了对都市圈的认识，规划方案愈加接近国家都市圈发展目标与要求；另一方面，都市圈获批的速度也有所加快。

从公开的国家级都市圈发展规划内容来看，除重庆都市圈之外，12 个都市圈（不包括武汉和郑州都市圈）的规划范围在 1.6 万至 3 万平方公里之间，2021—2023 年地区生产总值在 1.4 万亿至 4.9 万亿元之间，且常住人口在 1.5 千万至 3.4 千万人之间（见图 1-1）。都市圈涉及的城市数量方面，重庆都市圈因重庆市自身面积较大，周边城市仅包含四川省广安市；南京都市圈涉及周边城市最多，包含江苏省和安徽省共 8 个城市的区县；其他都市圈包含地市基本在 3 至 5 个城市之间，由一个中心城市辐射 2 至 4 个周边城市共同组成都市圈。

表 1-3　已批复国家级都市圈规划范围及相关情况

序号	都市圈	规划发布时间	规 划 范 围	规划面积	常 住 人 口
1	南京都市圈	2021.3	南京都市圈由以江苏省南京市为中心、联系紧密的周边城市共同组成，主要包括：江苏省南京市，镇江市京口区、润州区、丹徒区和句容市，扬州市广陵区、邗江区、江都区和仪征市，淮安市盱眙县，安徽省芜湖市镜湖区、弋江区、鸠江区，马鞍山市花山区、雨山区、博望区、和县和当涂县，滁州市琅琊区、南谯区、来安县和天长市，宣城市宣州区。面积 2.7 万平方公里，2019 年末常住人口约 2000 万。规划范围拓展到南京、镇江、扬州、淮安、芜湖、马鞍山、滁州、宣城 8 市全域及常州市金坛区和溧阳市，总面积 6.6 万平方公里，2019 年末常住人口约 3500 万	2.7 万平方公里	2019 年末常住人口约 2000 万

①　武汉、杭州、沈阳和郑州都市圈均未公开都市圈发展规划的具体文件。

续表

序号	都市圈	规划发布时间	规 划 范 围	规划面积	常住人口
2	福州都市圈	2021.7	福州都市圈由以福建省福州市为中心、联系紧密的周边城市共同组成，主要包括：福州、莆田两市全域，宁德市蕉城区、福安市、霞浦县、古田县，南平市延平区和建阳区、建瓯市部分地区，及平潭综合实验区。陆域面积2.6万平方公里，2020年常住总人口约1300万，地区生产总值约1.5万亿元，分别占福建省的21.5%、33.5%和34.5%	2.6万平方公里	2020年常住总人口约1300万
3	成都都市圈	2021.11	成都都市圈由以成都市为中心，与之联系紧密的德阳市、眉山市、资阳市共同组成。主要包括：成都市，德阳市旌阳区、什邡市、广汉市、中江县，眉山市东坡区、彭山区、仁寿县、青神县，资阳市雁江区、乐至县。面积2.64万平方公里，2020年末常住人口约2761万。规划范围拓展到成都、德阳、眉山、资阳全域，总面积3.31万平方公里，2020年末常住人口约2761万人	2.64万平方公里	2020年末常住人口约2761万
4	长株潭都市圈	2022.3	长株潭都市圈范围包括长沙市全域、株洲市中心城区及醴陵市、湘潭市中心城区及韶山市和湘潭县，面积1.89万平方公里，2021年常住人口1484万，经济总量1.79万亿元	1.89万平方公里	2021年常住人口1484万
5	西安都市圈	2022.3	规划范围主要包括西安市全域（含西咸新区），咸阳市秦都区、渭城区、兴平市、三原县、泾阳县、礼泉县、乾县、武功县，铜川市耀州区，渭南市临渭区、华州区、富平县，杨凌示范区。面积2.06万平方公里，2020年底常住人口1802万，地区生产总值约1.3万亿元	2.06万平方公里	2020年底常住人口1802万
6	重庆都市圈	2022.8	重庆都市圈由重庆主城都市区中心城区（以下简称中心城区）和紧密联系的周边城市共同组成，包括重庆市渝中区、大渡口区、江北区、沙坪坝区、九龙坡区、南岸区、北碚区、渝北区、巴南区、涪陵区、长寿区、江津区、合川区、永川区、南川区、綦江区—万盛经开区、大足区、璧山区、铜梁区、潼南区、荣昌区21个区和四川省广安市。2020年，重庆都市圈常住人口约2440万，总面积3.5万平方公里，其中平坝面积0.31万平方公里、丘陵面积约2.14万平方公里、山地面积约1.05万平方公里	3.5万平方公里	2020年常住人口2440万

序号	都市圈	规划发布时间	规 划 范 围	规划面积	常 住 人 口
7	武汉都市圈	暂未公开			
8	杭州都市圈	暂未公开	杭州都市圈包括杭州市辖区及桐庐县；湖州市辖区及安吉县、德清县；嘉兴市辖区及桐乡市、海宁市；绍兴市辖区及诸暨市。面积 2.2 万平方公里，截至 2021 年末，常住人口规模为 2211 万（公开新闻报道）	2.2 万平方公里	2021 年末常住人口规模为 2211 万
9	沈阳都市圈	暂未公开	沈阳都市圈由以沈阳为中心，与其一小时通勤圈范围内的周边城市共同组成，主要包括：沈阳市辖区、新民市、法库县；鞍山市辖区；抚顺市辖区、抚顺县；本溪市辖区；辽阳市全域；铁岭市银州区、铁岭县、调兵山市，以及沈抚示范区。总面积 2.3 万平方公里（公开新闻报道）	2.3 万平方公里	
10	郑州都市圈	暂未公开			
11	青岛都市圈	2023.10	青岛都市圈由以青岛市为中心，与之联系紧密的潍坊市、日照市、烟台市共同组成。主要包括青岛市全域，潍坊市诸城市、高密市，日照市东港区，烟台市莱阳市、莱州市、海阳市。陆域总面积 2.15 万平方公里，2022 年末常住人口 1558 万	2.15 万平方公里	2022 年末常住人口 1558 万
12	广州都市圈	2023.10	广州都市圈范围包括广州市、佛山市全域，肇庆市端州区、鼎湖区、高要区、四会市，清远市清城区、清新区、佛冈县，土地面积 2 万平方公里，2022 年常住人口约 3257 万。规划有关任务举措涉及清远英德市和云浮、韶关部分地区	2 万平方公里	2022 年常住人口约 3257 万
13	深圳都市圈	2023.10	深圳都市圈位于粤港澳大湾区东部，由深圳、东莞、惠州全域和深汕特别合作区组成，土地面积约 16 273 平方公里，2022 年常住人口 3415 万，规划有关任务举措涵盖河源市和汕尾市部分区域	1.6273 万平方公里	2022 年常住人口 3415 万
14	济南都市圈	2024.3	济南都市圈由以济南市为中心，与之联系紧密的淄博市、泰安市、德州市、聊城市、滨州市共同组成。主要包括济南市全域，淄博市张店区、淄川区、周村区、临淄区，泰安市泰山区、岱岳区、肥城市，德州市临邑县、齐河县、禹城市，聊城市茌平区、东阿县，滨州市邹平市，面积约 2.23 万平方公里，常住人口约 1810 万人	2.23 万平方公里	2023 年常住人口约 1810 万

续表

序号	都市圈	规划发布时间	规 划 范 围	规划面积	常住人口
15	厦漳泉都市圈	2024.6	厦漳泉都市圈包含厦门、漳州、泉州三个设区市除华安县、永春县、德化县以外的区域，陆域国土面积2.03万平方公里，占全省的16%，海岸线1242公里，占全省的34%。2023年末常住人口约1838.9万，占全省的44%	2.03万平方公里	2023年常住人口约1838.9万

（资料来源：根据都市圈公开发展规划及相关新闻报道整理而得，武汉和郑州都市圈尚未公开发展规划且无对应内容的新闻报道）

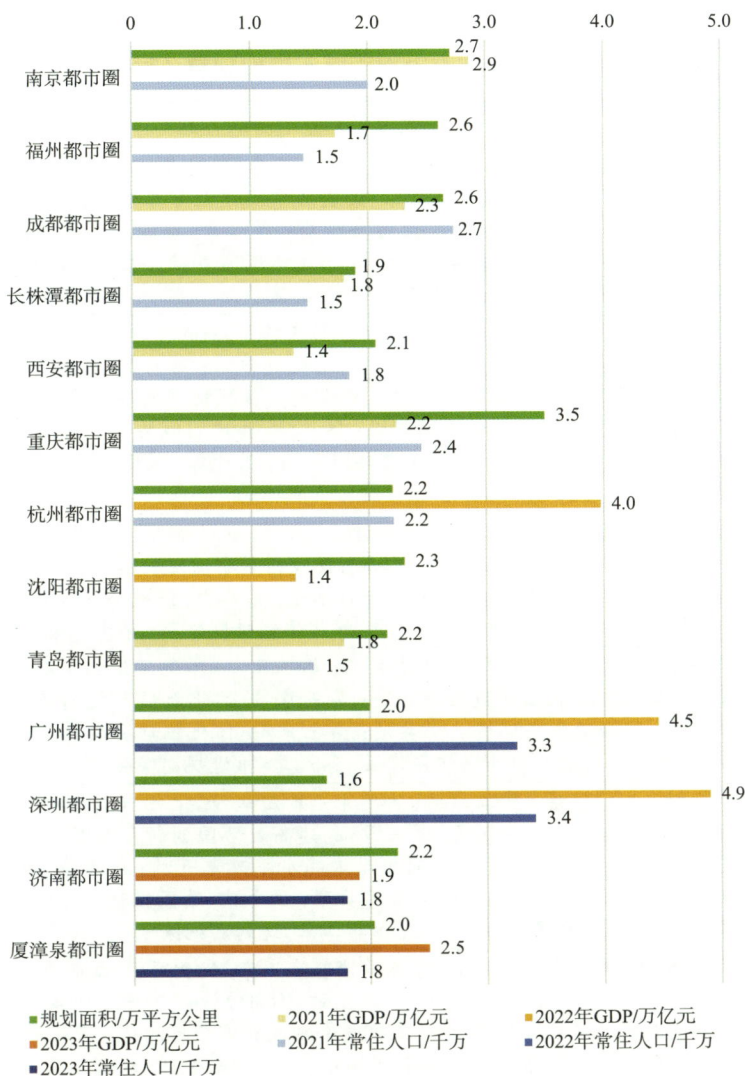

图 1-1　已批复国家级都市圈基础指标对比

（资料来源：根据都市圈公开发展规划及统计年鉴查询而得）

2. 国家级都市圈发展规划重点内容

都市圈发展规划编制主要为了解决两方面的核心问题：一方面是解决中心城市及周边城市日常生产生活紧密联系区域的同城化发展问题；另一方面是共同谋划区域整体高质量发展的制度创新、合作创新的政策机制，聚焦重点协同领域，如交通等基础设施建设协调、产业链分工合作、区域生态环境保护治理、公共服务共建共享等问题，推进都市圈区域交通同网、产业同链、生态同保、污染同治、服务同享等，促进中心城市与周边地区的相对均衡和高质量发展（卢庆强等，2024）[3]。根据已公开的国家级都市圈发展规划文本，可发现都市圈发展规划的编制基本围绕上述重点内容展开（见表 1-4）。

表 1-4　已公开国家级都市圈发展规划章节标题

都市圈	发展规划章节一级标题
南京都市圈	第一章 规划背景；第二章 总体要求；第三章 提升基础设施互联互通水平；第四章 促进都市圈协同创新；第五章 促进城市间产业分工协作；第六章 促进更高水平开放合作；第七章 加快建设统一市场；第八章 推进公共服务便利共享；第九章 强化生态环境共保联治；第十章 率先实现城乡融合发展；第十一章 健全都市圈同城化发展体制机制；第十二章 规划实施
福州都市圈	第一章 发展背景；第二章 总体要求；第三章 共筑都市圈一体化发展新格局；第四章 共建区域枢纽引领、互联互通的综合交通体系；第五章 共建安全韧性、智慧高效的基础设施网络；第六章 共建创新驱动、区域协同的现代产业体系；第七章 共营绿色美丽、协同治理的生态环境；第八章 共建同城共享、幸福健康的优质生活圈；第九章 深化开放合作，建设共同家园；第十章 深度融入共建"一带一路"；第十一章 共建区域一体、合作协商的体制机制
成都都市圈	第一章 规划背景；第二章 总体要求；第三章 优化都市圈发展布局；第四章 加速推进基础设施同城同网；第五章 协同提升创新驱动发展水平；第六章 共建现代高端产业集聚区；第七章 提升开放合作水平；第八章 促进公共服务便利共享；第九章 推进生态环境共保共治；第十章 深化体制机制改革；第十一章 保障措施
长株潭都市圈	第一章 规划背景；第二章 总体要求；第三章 一体化优化都市圈发展布局；第四章 一体化推动基础设施互联互通；第五章 一体化打造科技创新产业体系；第六章 一体化推动生态环境共保共治；第七章 一体化推动公共服务共建共享；第八章 一体化推进高标准市场体系建设；第九章 推进规划实施
西安都市圈	第一章 规划背景；第二章 总体要求；第三章 优化都市圈发展空间格局；第四章 推动基础设施互联互通；第五章 构建高效协同创新生态圈；第六章 促进都市圈产业分工协作；第七章 协同推动更高水平改革开放；第八章 推进生态共建环境共治；第九章 推动公共服务共建共享；第十章 共同推动文化传承发展；第十一章 共同推进城乡深度融合发展；第十二章 规划实施保障
重庆都市圈	第一章 规划背景；第二章 总体要求；第三章 优化重庆都市圈发展布局；第四章 加快构建现代基础设施网络；第五章 协同建设现代产业体系；第六章 协同提升科技创新水平；第七章 打造富有巴渝特色的消费目的地；第八章 共筑长江上游生态屏障；第九章 提升开放合作水平；第十章 深化体制机制改革；第十一章 促进公共服务共建共享；第十二章 推动规划有效实施

续表

都市圈	发展规划章节一级标题
武汉都市圈	暂未公开
杭州都市圈	暂未公开
沈阳都市圈	暂未公开
郑州都市圈	暂未公开
青岛都市圈	第一章 总体要求；第二章 优化都市圈发展布局；第三章 推进基础设施同城同网；第四章 协同提升创新驱动发展水平；第五章 强化产业发展分工协作；第六章 促进更高水平协同开放；第七章 促进公共服务便利共享；第八章 推进生态环境共保共治；第九章 深化体制机制改革；第十章 保障措施
广州都市圈	第一章 发展背景；第二章 总体要求；第三章 推进基础设施一体化；第四章 共促创新驱动发展；第五章 协作构建现代化产业体系；第六章 携手打造国际一流营商环境；第七章 共建共享宜居都市圈；第八章 打造生态美丽都市圈；第九章 构筑区域合作开放新格局；第十章 加快推动城乡融合发展；第十一章 规划实施保障
深圳都市圈	第一章 发展背景；第二章 总体要求；第三章 推进基础设施互联互通；第四章 携手打造科技创新产业体系；第五章 协作发展海洋经济；第六章 构建区域开放新格局；第七章 共建公共服务优质生活圈；第八章 加强生态环境共保共治；第九章 推进城乡融合发展；第十章 创新体制机制与规划实施保障
济南都市圈	第一章 总体要求；第二章 优化都市圈发展格局；第三章 提升基础设施互联互通水平；第四章 共建现代化产业体系；第五章 协同提升科技创新水平；第六章 建设改革开放新高地；第七章 推进生态环境联保共治；第八章 共建共治共享幸福生活圈；第九章 推进规划实施
厦漳泉都市圈	第一章 厦漳泉都市圈发展目标；第二章 优化都市圈发展布局；第三章 共建高效一体的基础设施网络；第四章 共筑创新驱动的高质量产业链群；第五章 共营普惠便民幸福生活圈；第六章 共守人与自然和谐共生的现代化生态圈；第七章 共同融入和服务新发展格局；第八章 共建世界闽南文化交流中心；第九章 推动规划有效实施

（资料来源：根据都市圈公开发展规划整理而得）

　　整体来看，国家级都市圈规划实践的出发点来自地方发展和区域协调的需求，以提升区域整体竞争力和协调区域发展矛盾为主要目标，并且由外部竞争和内部协调的需求共同组成都市圈规划的驱动力。已公布的都市圈规划内容均聚焦于基础设施互联互通、公共服务共建共享、产业协作、空间布局、空间开发管制、生态环境共保共治、协同发展体制机制等重点领域。此外，都市圈也结合自身禀赋和特色定位提出了不同的发展重点。福州都市圈在第九章"深化开放合作，建设共同家园"中提出，聚焦建设台胞台企登陆的第一家园，在基础设施联通、产业开放合作、社会民生合作、文化交流中心、乡村建设合作的经济和社会的多个层面加快推进对台通道建设，打造对台交通北岸门户。重庆都市圈在第八章"共筑长江上游生态屏障"中提出，贯彻"共抓大保护、不搞大开发"方针，把修复长江生态环境摆在压倒性位置，深入践行"绿水青山就是金山银山"这一理念，强化"上游意识"，担起"上游责任"，从生态共建共保、环境污染协同治理、以碳达峰碳中和引领绿色低碳发展三个方面制定了具体行动。西安都市圈在第十章"共同推动文化传承发展"中提出，统筹都市圈文化资源保护利用，保护好历史文化遗存，推动文化资源创造性转化创新性发展，合力打造世界级文化旅游目的地，提升都市圈文化产业竞争力。

大部分都市圈发展规划最后章节内容均围绕体制机制和规划实施等方面展开。体制机制改革主要包括同城化发展、区域一体化、统一市场、城乡融合、营商环境等内容，规划实施保障主要包括组织领导、政策协同、社会参与、监测评估等内容。然而，目前都市圈发展规划存在的主要问题包括：一是都市圈发展规划对实施监督的关注度稍显不足（尹稚等，2023）[5]，二是都市圈内成员城市间利益分享机制多数尚未明确，三是与空间规划的衔接传导及耦合互动不够。

如图 1-2 所示为国家级都市圈发展规划章节标题词云。

图 1-2　国家级都市圈发展规划章节标题词云

3. 都市圈层面发展规划与空间规划协同探索

规划引领是当代城乡发展建设的重要经验之一。在培育发展现代化都市圈的进程中，出现了发展规划和空间规划①两类都市圈规划，不同区域在实践中采取了不同的规划编制策略与方案。例如，率先获得国家发展改革委函复同意的南京都市圈、福州都

---

① 根据《中共中央国务院关于建立国土空间规划体系并监督实施的若干意见》（中发〔2019〕18 号）对于国土空间规划体系的分类，都市圈规划属于"五级三类"中的特定区域（流域）的专项规划，由所在区域或上一级自然资源主管部门牵头组织编制，报同级政府审批。

市圈等都是发展规划先行；而成都都市圈是在发展规划编制完成后，又进一步编制了都市圈的国土空间专项规划，形成以发展规划为统领、国土空间规划为基础，各领域专项规划、重点区域规划为支撑的"1+1+N"规划体系；与此同时，上海大都市圈则是在深化《长江三角洲区域一体化发展规划纲要》要求的基础上，由上海市和江苏、浙江两省人民政府联合探索，编制印发了自建立"五级三类"国土空间规划体系以来、全国第一个跨省域的国土空间规划和第一个都市圈国土空间规划，并在规划中明确了"以国土空间规划为基础属性且兼具发展规划特征"的定位。

对比已公开发布的部分都市圈的发展规划和空间规划，可以识别出很多共性因素：从规划目标来看，两者都是为了落实国家发展战略、促进区域协调发展、优化要素资源配置、发挥统筹协调作用，有效促进规划编制对象区域范围内的整体经济社会协调发展；从规划内容来看，两者都涉及空间格局的构建与优化，同时涵盖产业、科技创新、交通、公共服务、对外开放、生态保护、文化等多个专项领域，兼具"发展"和"空间"的意涵；从实施传导路径来看，都市圈尺度的规划是我国国家治理体系和规划体系中承上启下的重要层级，需接受上位发展规划和空间规划的共同指引，均需有效指导相关国土空间规划和专项规划的编制，在实施过程中需要多部门、多行政单元的协作和配合。此外，由于都市圈跨行政区划设置，比常规市县级行政单元面临更为复杂的利益博弈主体和矛盾冲突，缺少更有力度的行政监督与执行手段，都市圈的规划更需要有效统筹平衡经济社会发展与空间治理的关系，寻求战略目标、重点举措和落地项目层面的"两规衔接"乃至"多规合一"，实现都市圈建设的挂图作战。

通过上述分析可知，理想化的都市圈规划改革路径是实现真正意义上的多规合一和"一张蓝图干到底"。但考虑到当前发展规划和空间规划的事权归属不同，应从现实角度推进规划体制的改革创新，加强都市圈发展规划对空间规划的战略指引，加强都市圈国土空间规划对经济社会发展的空间要素保障，加强都市圈发展规划重大战略、重大项目、重大改革和重大政策与都市圈国土空间规划空间布局、空间平台、空间工程和空间政策的统筹与衔接。既保障都市圈"两规"有效衔接，也要避免"两规"内容过于交叉重叠。

二、都市圈建设实施的不断深化

1. 都市圈规划体系日趋完善

都市圈规划体系由多层次的各级规划组成，多个都市圈逐步建立发展规划、空间规划、专项规划组成的规划体系。根据国家级都市圈已公开的相关规划情况，成都、长株潭、郑州等都市圈在发展规划获批后已编制完成都市圈国土空间规划，各都市圈基本都已编制综合交通、科技创新、产业协同、基础设施、公共服务、生态环境保护等相关的支撑专项规划（见表 1-5）。

表 1-5　国家级都市圈规划体系公开情况 [①]

都市圈	相关规划公开情况
南京都市圈	发展规划：《南京都市圈发展规划（2021—2035 年）》 国土空间规划：暂无 专项规划：《南京都市圈城乡空间协同规划（2013—2030 年）》《南京都市圈综合交通运输体系规划》《南京都市圈区域空间布局协调规划》《宁镇扬同城化发展规划》《滁宁协同发展规划》《南京都市圈多层次轨道交通体系规划》等
福州都市圈	发展规划：《福州都市圈发展规划（2021—2035 年）》 国土空间规划：暂无 专项规划：《福州都市圈（闽东北）重大基础设施互联互通建设工作方案（2021—2025 年）》《闽东北协同发展区交通专项规划（2020—2035 年）》《福州都市圈高快速路网一体化发展专项规划》等
成都都市圈	发展规划：《成都都市圈发展规划（2021—2035 年）》 国土空间规划：《成都都市圈国土空间规划（2021—2035 年）》 专项规划：《成都都市圈多层次轨道交通专项规划（2025—2035 年）》《成德眉资同城化综合交通发展专项规划（2020—2025 年）》《成德眉资同城化发展生态环境保护规划（2020—2025 年）》《成德眉资都市现代高效特色农业示范区总体规划（2021—2025 年）》《成德眉资同城化综合试验区总体方案》《成德眉资"三区三带"空间规划》《中国西部（成都）科学城战略规划》《龙泉山东侧现代产业带建设规划（2021—2025 年）》等
长株潭都市圈	发展规划：《长株潭都市圈发展规划（2021—2035 年）》 国土空间规划：《长株潭都市圈国土空间规划（2021—2035 年）》 专项规划：《长株潭全面推进先进制造业协同发展实施方案》《长株潭共建国家综合物流枢纽实施方案》《长株潭城市群生态绿心地区总体规划（2010—2030 年）》（2018 年修改）、《长株潭都市圈多层次轨道交通建设规划（2022—2027 年）》等
西安都市圈	发展规划：《西安都市圈发展规划（2021—2035 年）》 国土空间规划：暂无 专项规划：《大西安中小运量轨道交通线网规划》《西安都市圈多层次轨道交通规划》《西安都市圈市域（郊）铁路规划》《西咸新区产业发展规划（2019—2025 年）》《西安—咸阳教育事业一体化发展建议方案》等
重庆都市圈	发展规划：《重庆都市圈发展规划（2021—2035 年）》 国土空间规划：暂无 专项规划：《成渝地区双城经济圈多层次轨道交通规划（2021—2035 年）》《川渝高竹新区总体方案》《川渝科研机构协同创新行动方案（2023—2025 年）》等
武汉都市圈	发展规划：《武汉都市圈发展规划（2021—2035 年）》 国土空间规划：暂无 专项规划：《武汉都市圈生态环境共保联治规划（2023—2027 年）》《武汉都市圈基础设施发展规划》《武汉都市圈交通发展规划》《武汉都市圈科技创新协同规划》等

———————

① 截至 2024 年 7 月，根据相关规划网络公开资料、学术论文、专题著作、新闻报道整理而得。

续表

都市圈	相关规划公开情况
杭州都市圈	发展规划：《杭州都市圈发展规划（2020—2035 年）》 国土空间规划：暂无 专项规划：《杭州都市圈生态环境共保规划（2021—2035 年）》《杭州都市圈市域（郊）铁路网专项规划（2022—2035 年）》等
沈阳都市圈	发展规划：《沈阳都市圈发展规划（2021—2035 年）》 国土空间规划：《沈阳都市圈国土空间规划》（在编） 专项规划：《沈阳现代化都市圈民政（养老）一体化专项规划》《沈阳现代化都市圈科技创新发展专项规划（2022—2027 年）》《沈阳现代化都市圈人力资源（社会保障）一体化专项规划（2021—2035 年）》《沈阳都市圈制造业发展专项规划》等
郑州都市圈	发展规划：《郑州都市圈发展规划（2021—2035 年）》 国土空间规划：《郑州都市圈国土空间规划（2022—2035 年）》 重点区域规划：《郑州国家中心城市市域一体化发展规划（2022—2035 年）》《郑开同城化发展规划》 专项规划：《郑州都市圈交通一体化发展规划（2020—2035 年）》《郑州都市圈生态保护与建设规划（2020—2035 年）》《郑州都市圈产业协同发展规划（2021—2035 年）》《郑州都市圈公共服务一体化规划（2021—2035 年）》《郑州都市圈能源保障一体化规划（2023—2035 年）》《郑州都市圈水资源保障和水利设施建设规划（2023—2035 年）》等
青岛都市圈	发展规划：《青岛都市圈发展规划（2023—2035 年）》 国土空间规划：暂无 专项规划：《青岛胶东临空经济示范区总体方案（2016—2025）》《胶东经济圈交通一体化发展近期建设规划》《潍坊与周边区域重大基础设施一体化发展规划》《莱西莱阳一体化发展先行区建设实施方案（2022—2025）》等
广州都市圈	发展规划：《广州都市圈发展规划（2023—2035 年）》 国土空间规划：《广东省都市圈国土空间规划协调指引（2022—2035 年）》 专项规划：《广佛全域同城化高质量发展试验区建设方案》《广佛全域同城化"十四五"发展规划》《广佛高质量发展融合试验区建设总体规划》《广佛跨界河流水污染防治攻坚方案》《广清一体化"十四五"发展规划》《广清经济特别合作区建设总体方案》等
深圳都市圈	发展规划：《深圳都市圈发展规划（2023—2035 年）》 国土空间规划：《广东省都市圈国土空间规划协调指引（2022—2035 年）》 专项规划：《广深科技创新走廊规划（2017—2030）》《深莞惠都市圈轨道一体化规划》《深圳都市圈城际铁路和市域（郊）铁路规划》等
济南都市圈	发展规划：《济南都市圈发展规划（2024—2030 年）》 国土空间规划：暂无 专项规划：《济南都市圈轨道交通线网规划（2024—2030 年）》《推进济南机场快速通达三年行动计划（2024—2026 年）》《加快双心联动 打造山东半岛城市群济青发展轴带实施方案（2024—2025 年）》等
厦漳泉都市圈	发展规划：《厦漳泉都市圈发展规划（2024—2030 年）》 国土空间规划：暂无 专项规划：《闽西南协同发展区发展规划（2018—2025 年）》《厦门市海沧区—漳州台商投资区加快融合发展 打造区域协同发展先行示范区的实施方案（2022—2025 年）》《厦门市翔安区—泉州市南安市加快融合发展 打造区域协同发展先行示范区的实施方案》《关于深化新时代山海协作的实施方案（2022—2025 年）》等

以成都都市圈为例，已建立起以发展规划为统领、国土空间规划为基础、各类专项规划和实施方案为支撑的成都都市圈"1+1+N"规划体系（见图1-3）。成都都市圈明确重大规划均由四市共同商议编制、协同实施，并于2019年底陆续启动了各项规划的共同编制工作。具体以《成都都市圈发展规划（2021—2035年）》为依据，《成都都市圈国土空间规划（2021—2035年）》为基础，成都都市圈制定了包括《成德眉资同城化综合交通发展专项规划（2020—2025年）》《成德眉资都市现代高效特色农业示范区总体规划（2021—2025年）》《成德眉资同城化公共服务规划》《成德眉资同城化发展生态环境保护规划（2020—2025年）》《成德眉资同城化综合试验区总体方案》《成德眉资"三区三带"空间规划》《中国西部（成都）科学城战略规划》《龙泉山东侧现代产业带建设规划（2021—2025年）》等专项规划，共同组成都市圈规划体系。

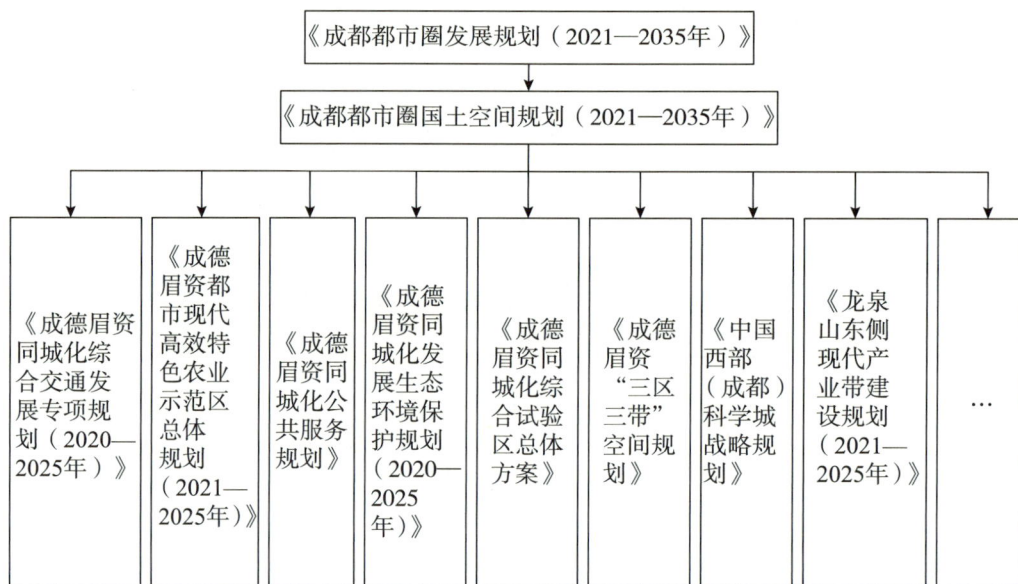

图 1-3　成都都市圈"1+1+N"规划体系图谱（杨开忠等，2023）[6]

同样，南京都市圈的"1+1+N"规划体系也由1个都市圈发展规划、1个都市圈空间规划、N个次区域规划、专项规划及毗邻地区空间协同规划等组成。一是通过《南京都市圈城乡空间协同规划》（2013—2030年）的制定来统筹都市圈空间资源配置；二是通过次区域规划等进行传导落实，包含《宁镇扬同城化发展规划》《滁宁协同发展规划》等；三是通过都市圈交通、生态环境规划等专项规划的编制进行落实，如南京规划资源局牵头开展的《南京都市圈交通发展战略研究及重大交通基础设施布局深化协同研究》、南京市地铁集团启动的《南京都市圈多层次轨道交通体系规划》等；四是通过毗邻地区协同规划编制进行落实，深化落实跨界地区空间利用、公共服务、交通市政设施等重点问题，如仙林—宝华—龙潭空间协同规划，以及江宁—博望、浦口—南谯两个一体化示范区规划（徐海贤，2024）[7]。

2.都市圈实施计划加强协同

为加快建设现代化都市圈，各大都市圈在推进过程中，针对行政计划体系特征，分层制定合作框架协议、行动计划、实施方案、年度工作要点等，推动产业合作、设施共建落地，落实各项目标任务，强化各地区之间的政策协同机制及年度计划制定（见表1-6）。在都市圈层面，进行省级层面的计划统筹，例如重点推动"都市圈一体化高质量发展行动计划""都市圈产业链行动方案""都市圈年度工作要点"等。在同城化板块层面，侧重城市之间的自行协调，例如签订"城市间同城化建设合作框架协议""跨界地区一体化发展示范区建设工作计划"等。在毗邻区域、共建园区等层面，主要由区县乡镇进行协调对接，推进"跨界一体化发展示范区共建框架协议""合作开发建设产业园的协议"等。

表 1-6　都市圈建设相关行动计划、实施方案、合作协议等文件

都　市　圈	都市圈建设相关文件
南京都市圈	2019年《南京都市圈一体化高质量发展行动计划》；2022年《南京都市圈2022年度工作要点》；2023年《南京都市圈建设2023年省际合作重点任务》《南京都市圈2023年省内合作重点任务》《南京都市圈2023年度工作要点》
福州都市圈	2021年《福州都市圈（闽东北）共建共治共享行动纲要》《福州都市圈（闽东北）重大基础设施互联互通建设工作方案》《同城化同家园——共建福州都市圈合作备忘录》《共建福州都市圈物流产业协同发展框架协议》《福州都市圈政务合作协议》《福州都市圈数字化协同发展合作协议》；2022年《福州市推进福州都市圈高质量发展实施方案》
成都都市圈	2020年《成德眉资同城化发展暨成都都市圈建设三年行动计划（2020—2022年）》；2023年《成德眉资同城化发展暨成都都市圈建设成长期三年行动计划（2023—2025年）》
长株潭都市圈	2022年《长株潭都市圈发展行动计划2022—2023年》《长株潭都市圈建设实施方案（2022—2026年）》；2023年《长株潭一体化发展三年行动计划（2023—2025年）》
西安都市圈	2023年《西安都市圈建设三年行动计划（2023—2025年）》
重庆都市圈	2023年《重庆市推动成渝地区双城经济圈建设行动方案（2023—2027年）》《重庆高新区融入成渝地区双城经济圈建设行动计划（2023—2027年）》
武汉都市圈	2023年《武汉都市圈发展三年行动方案（2023—2025年）》《武汉都市圈发展2023年工作清单》
杭州都市圈	2020年《浙江省推进长江三角洲区域一体化发展行动方案》；2021年《唱好杭州、宁波"双城记"五年行动计划》《杭州都市圈2021年度行动方案》；2023年《杭州都市圈发展规划实施方案》；2023年《诸暨市"杭绍同城"三年行动计划（2023—2025年）》

续表

都 市 圈	都市圈建设相关文件
沈阳都市圈	2022 年《全省推进"一圈一带两区"区域协调发展三年行动方案》《沈阳现代化都市圈建设 2022 年工作要点》
郑州都市圈	2021 年《2021 年郑州都市圈一体化发展工作要点和重大项目》
青岛都市圈	2020 年《胶东经济圈一体化发展规划》《潍坊市推进胶东经济圈一体化行动计划》；2022 年《胶东经济圈同城便捷生活行动方案》
广州都市圈	2022 年《广东省都市圈国土空间规划协调指引》
深圳都市圈	2021 年《惠州抢抓"双区"建设重大机遇 深度融入深圳都市圈的行动方案（2021—2023 年）》；2022 年《广东省都市圈国土空间规划协调指引》
济南都市圈	2024 年《济南都市圈建设实施方案（2024—2025 年）》《高质量推进济南都市圈建设行动计划（2024—2025 年）》

三、都市圈发展水平的监测评估

1. 特色评价指标体系构建

都市圈体检评估工作是对都市圈规划技术方法的延伸和创新，而构建评价指标体系是现代化都市圈发展监测评估方法的核心。目前都市圈发展评价的研究日渐丰富，并且呈现三大转向：一是由早期关注都市圈空间范围划定的讨论转向关注都市圈发育程度或者竞争力表现的发展水平评价；二是评价数据运用方面由传统统计数据评价转向多源数据融合评价；三是由关注静态总量规模的评价转向动态流数据主导下对协同性的侧重和评价。

当前都市圈评估的指标体系需要体现现代化都市圈建设要求和示范作用，然后针对相应板块工作目标进行具体指标的选取。为体现都市圈的战略地位与示范作用，指标体系可从以下三个维度构建：一是作为新型城镇化的主要载体，自身总体发展情况如何；二是作为高质量发展的核心引擎，发展质量和效率如何；三是作为一体化发展先行示范区，同城化水平如何，同城化体制机制的实际效果如何。在评估内容方面，根据《关于培育发展现代化都市圈的指导意见》，围绕实现区域发展的共同目标，应重点关注包括优化空间格局、基础设施互联互通、创新协同、产业分工协作、高水平对外开放、生态共建环境共治、体制机制建设等方面。此外，可结合都市圈建设年度工作要点形成年度评估指标，促进都市圈建设行动落在实处。总体而言，都市圈指标体系不仅要关注都市圈建设的整体推进情况，可进行不同都市圈发展水平的横向比较，还要通过指标不同时期水平变化的纵向比较，关注重点工作内容的进展情况。

在计算指标的选择方面，应体现权威性、特色化、科学性和实施性等原则。就权威性而言，指标应响应相关规划和文件提出的量化工作目标，借鉴国内外前沿都市圈评估研究成果，力求单个指标设置有理有据。就特色化而言，要求体现都市圈发展阶段，根据都市圈发展特征和年度重点工作，选取指标应体现特色化、定制化。就科学性而言，以传统统计数据为主，辅以来源可靠、应用成熟的手机信令、地图兴趣点（point of interest，POI）等多源城市大数据，综合运用前沿分析手段，充分体现创新性、科学性。就实施性而言，需要结合既有工作部署，逐项稳定原始数据获取途径和明晰具体指标计算方法，着力形成常态化评估、动态化更新的比较分析和动态监测评价机制。此外，应根据评估重点，围绕数量、质量、特征三个角度选择指标，对都市圈的发展水平进行全面而精准的刻画描述。需要指出的是，信息数据爆炸时代，大量商业型大数据不断涌现，都市圈监测评估，一方面要鼓励大数据应用，另一方面关键性结论仍需以权威性国家数据为核心基础，而通过不同数据来源之间的组合使用、相互校验可以验证大体趋势，但不苛求局部数据的精准。

通过已有公开的都市圈指标体系监测案例可以发现，不同都市圈基于发展阶段的特点和自身管理的需求，构建了相应的指标体系作为推动都市圈建设的抓手。下面以成都和西安都市圈监测评估为例，说明不同都市圈高质量发展监测指标体系构建的重点与异同。

专栏：成都都市圈高质量发展指数

成都都市圈作为中西部第一个国家级都市圈，经过 3 年起步期，都市圈建设已进入成长期，通过构建"现代化成都都市圈高质量发展指数"评价体系来客观、科学地评估成都都市圈的优势亮点和短板弱项，有利于中心城市成都有效发挥引领带动作用、塑造独特优势、提升治理效能，同时带动德阳、眉山、资阳三个周边城市，共建动能更充沛的现代化成都都市圈。因此，在成都都市圈的体检评估工作中，强调全国横向对比和内部纵向跟踪两条线索。一方面，通过与东中西等其他典型都市圈的横向对比，构建了"发展水平指数"，帮助成都都市圈找准自身发展差距和优势定位；另一方面，通过成都都市圈内部不同年份的时间纵向对比，构建了"建设进程指数"，把握建设进程和趋势走向（见图1-4）。

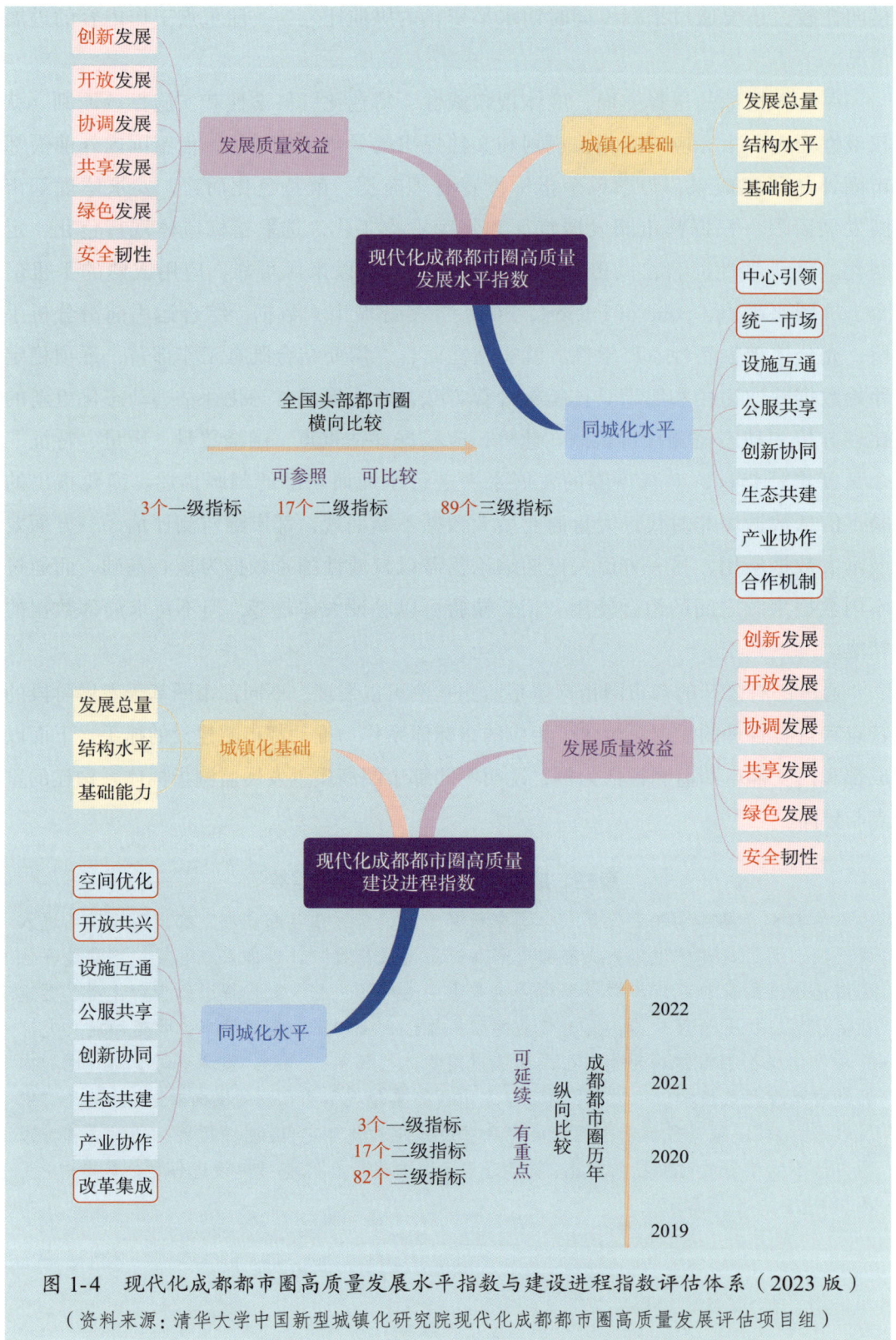

创新发展
开放发展
协调发展
共享发展
绿色发展
安全韧性

发展质量效益

城镇化基础

发展总量
结构水平
基础能力

现代化成都都市圈高质量
发展水平指数

中心引领
统一市场
设施互通
公服共享
创新协同
生态共建
产业协作
合作机制

同城化水平

全国头部都市圈
横向比较

可参照　可比较

3个一级指标　　17个二级指标　　89个三级指标

发展总量
结构水平
基础能力

城镇化基础

发展质量效益

创新发展
开放发展
协调发展
共享发展
绿色发展
安全韧性

现代化成都都市圈高质量
建设进程指数

空间优化
开放共兴
设施互通
公服共享
创新协同
生态共建
产业协作
改革集成

同城化水平

3个一级指标
17个二级指标
82个三级指标

可延续　有重点

成都都市圈历年
纵向比较

2022
2021
2020
2019

图1-4　现代化成都都市圈高质量发展水平指数与建设进程指数评估体系（2023版）

（资料来源：清华大学中国新型城镇化研究院现代化成都都市圈高质量发展评估项目组）

专栏：西安都市圈和西咸一体化发展评价指标体系

西安都市圈作为北方地区第一个、西北地区唯一的国家级都市圈，当前已迈入实质性建设的关键时期，以西安—咸阳一体化发展为切入点，着力推动西安、咸阳在空间规划、创新驱动、产业发展、生态环保、基础设施、城市建设、公共服务"七个一体化"上取得新突破，进而加快构建融交通圈、科技圈、产业圈、生活圈、生态圈于一体的西安都市圈。西安都市圈结合国家战略要求、区域发展目标和建设重点任务，同时紧扣发展型都市圈阶段"强化中心引领"的特色，强调自身内部纵向发展，监督规划实施进程，此外在关键指标上进行重点对象的横向对比，更好地找准目标和发现差距。为实现上述监测需求，制定了"西安都市圈"与"西咸一体化"两套评价体系，注重两套指标体系之间的衔接与特色凸显，既区分重点又紧密联系（见图 1-5）。

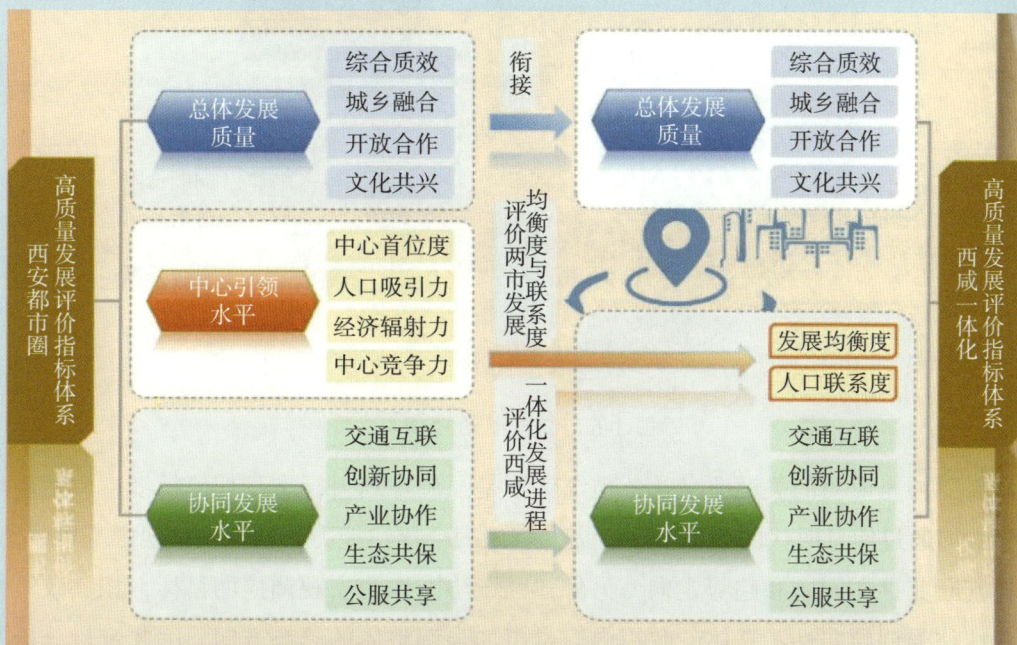

图 1-5　西安都市圈和西咸一体化发展评价指标体系框架

（资料来源：清华大学中国新型城镇化研究院西安都市圈发展评估项目组）

2.监测评估应用形成闭环

监测评估工作有助于推动都市圈治理体系精细化与现代化。通过构建系统、综合、定制化的高质量发展综合评价指标体系，推动形成从发展规划顶层设计到体检评估，再到问题诊断和应对策略引导的都市圈治理闭环（见图 1-6）。监测评估的核心目标包括以下四个方面：一是评估相关规划实施进展，跟踪监测关键指标变化情况，实现从客观数据到政策评估的链接；二是检验重点领域工作成效，结合实地调研和案例剖析工作，识别都市圈进展较快的领域及具有比较优势的领域；三是总结建设亮点和经验，总结都市圈建设进展显著的重点领域及经验，为扩大都市圈影响力、提升竞争力提供依据，探索建立可复制推广的都市圈建设样板；四是构建督导评估考核机制，在掌握相关规划主要目标完成情况的同时，以开展动态监测工作为抓手，进一步强化协同治理模式。

顶层设计
国家战略要求、最新规划部署

体检评估
常态化目标指标监测、规划实施情况、重点任务完成情况……

应对策略
根据体检诊断结果，部署下一阶段工作重点

问题诊断
短板和风险识别，"病因"分析，系统诊断

图 1-6　都市圈治理闭环

需要补充说明的关键要义是，精细化不是强调规划目标本身如何精细，而是重点关注如何通过信息时代的数据采集，提升表象表征描述能力，精准刻画地区基本状态，分析判断其存在问题和趋势走向。另外，区域协同作为宏观调控的目标，相关政策的出台往往强调导向性，具体的政策内容也更加强调整体的趋势方向，因此定量分析主要支撑宏观趋势判断即可。

总体来说，都市圈发展监测评估的目的，是在规划确定的重大战略、重大工程、重大项目实施成效的基础上，围绕"目标导向＋需求导向＋问题导向"的框架，根据体检分析结果，找准问题、找到短板，形成下一阶段都市圈及各市的工作重点，构建指标反馈与政府解决的工作闭环（见图 1-7）。在评估的过程中，都市圈内部的不同城市之间可以相互学习先进经验和做法，促进区域间良性竞争。

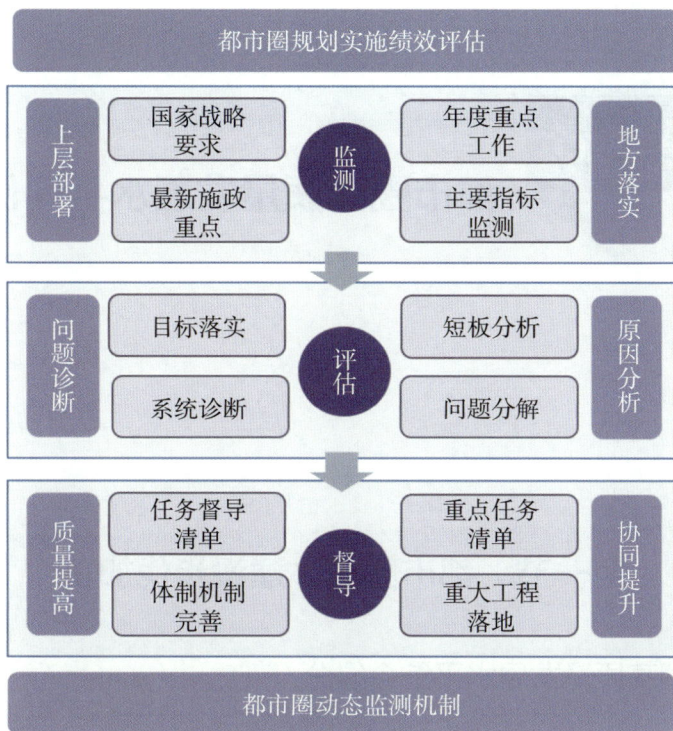

图 1-7　基于都市圈发展监测评估治理闭环

参 考 文 献

[1]　郭春丽.中国式现代化的中国特色和世界意义.中国共产党新闻网 [EB/OL].(2023-11-29)[2024-11-29]. http://theory.people.com.cn/n1/2023/1129/c40531-40127897.html.

[2]　尹稚，卢庆强.中国新型城镇化进入区域协同发展阶段 [J].人民论坛·学术前沿，2022(22):29-36.

[3]　卢庆强，龙茂乾，欧阳鹏，等.区域协同治理与契约协同型规划——都市圈治理体系重构与规划理念变革 [J].城市规划，2024，48(2):12-19.

[4]　廖清凤，高璐，刘军伟，等.经济区与行政区适度分离视角下跨区域联动发展研究——以成都重点片区开发为例 [J].决策咨询，2024(1):92-96.

[5]　尹稚，尚嫣然，崔音，等.现代都市圈规划理论框架体系与实践研究 [J].规划师，2023，39(4):5-10.

[6]　杨开忠，姚凯，阎星，等.都市圈蓝皮书:成都都市圈建设报告（2022）[M].北京:社会科学文献出版社，2023.

[7]　徐海贤.从"蓝图"到"行动":基于南京都市圈的实践探索.2022/2023 中国城市规划年会 [EB/OL].(2024-01-30)[2024-11-29].https://mp.weixin.qq.com/s/xs77yt8olOfwTQtcrfjbqA.

第二章 都市圈高质量发展水平评价

第一节　都市圈总体建设步伐加快

一、都市圈高质量发展水平综合得分

本次识别 34 个都市圈[①]，总面积约 122.88 万平方公里，占全国总面积的 11.76%；总人口约 66 054.66 万人，占全国总人口的 46.86%；地区生产总值约 768 231.75 亿元，占全国生产总值的 60.94%。

根据 2023 年都市圈高质量发展水平评价得分，6 个成熟型都市圈依然呈现领先发展态势，包括深圳都市圈、广州都市圈、上海都市圈、杭州都市圈、北京都市圈、厦门都市圈；17 个发展型都市圈建设步伐加快，得分差距较小，包括南京都市圈、成都都市圈、长株潭都市圈、宁波都市圈等；培育型都市圈共 11 个，包括石家庄都市圈、乌鲁木齐都市圈、呼和浩特都市圈、大连都市圈等（见表 2-1、图 2-2）。

[①]　本报告中都市圈范围识别沿用《中国都市圈发展报告 2021》中的范围，其中对已公开发展规划的都市圈采用官方划定的都市圈实体地域范围，包括南京都市圈、成都都市圈、福州都市圈、重庆都市圈、西安都市圈、长株潭都市圈、武汉都市圈、杭州都市圈、沈阳都市圈、青岛都市圈、广州都市圈、深圳都市圈、郑州都市圈。

2021	都市圈高质量发展水平排名 2024		都市圈高质量发展水平总得分
1	1	深圳都市圈	83.75
2	2	广州都市圈	59.84
3	3	上海都市圈	59.50
4	4	杭州都市圈	57.34
5	5	北京都市圈	46.42
6	6	厦门都市圈	45.43
7	7	南京都市圈	42.15
8	8	成都都市圈	41.08
9	9	长株潭都市圈	40.92
10	10	宁波都市圈	39.90
11	11	济南都市圈	39.54
12	12	西安都市圈	39.21
13	13	合肥都市圈	38.29
14	14	青岛都市圈	37.81
15	15	福州都市圈	37.51
16	16	郑州都市圈	36.88
17	17	重庆都市圈	34.69
18	18	武汉都市圈	34.53
19	19	太原都市圈	33.32
20	20	天津都市圈	33.31
21	21	银川都市圈	31.43
22	22	贵阳都市圈	30.52
23	23	沈阳都市圈	30.27
24	24	石家庄都市圈	29.34
25	25	乌鲁木齐都市圈	29.29
26	26	呼和浩特都市圈	29.13
27	27	大连都市圈	26.35
28	28	昆明都市圈	25.58
29	29	南昌都市圈	22.33
30	30	南宁都市圈	20.80
31	31	长春都市圈	19.36
32	32	西宁都市圈	18.60
33	33	哈尔滨都市圈	16.66
34	34	兰州都市圈	16.09

● 成熟型
● 发展型
● 培育型

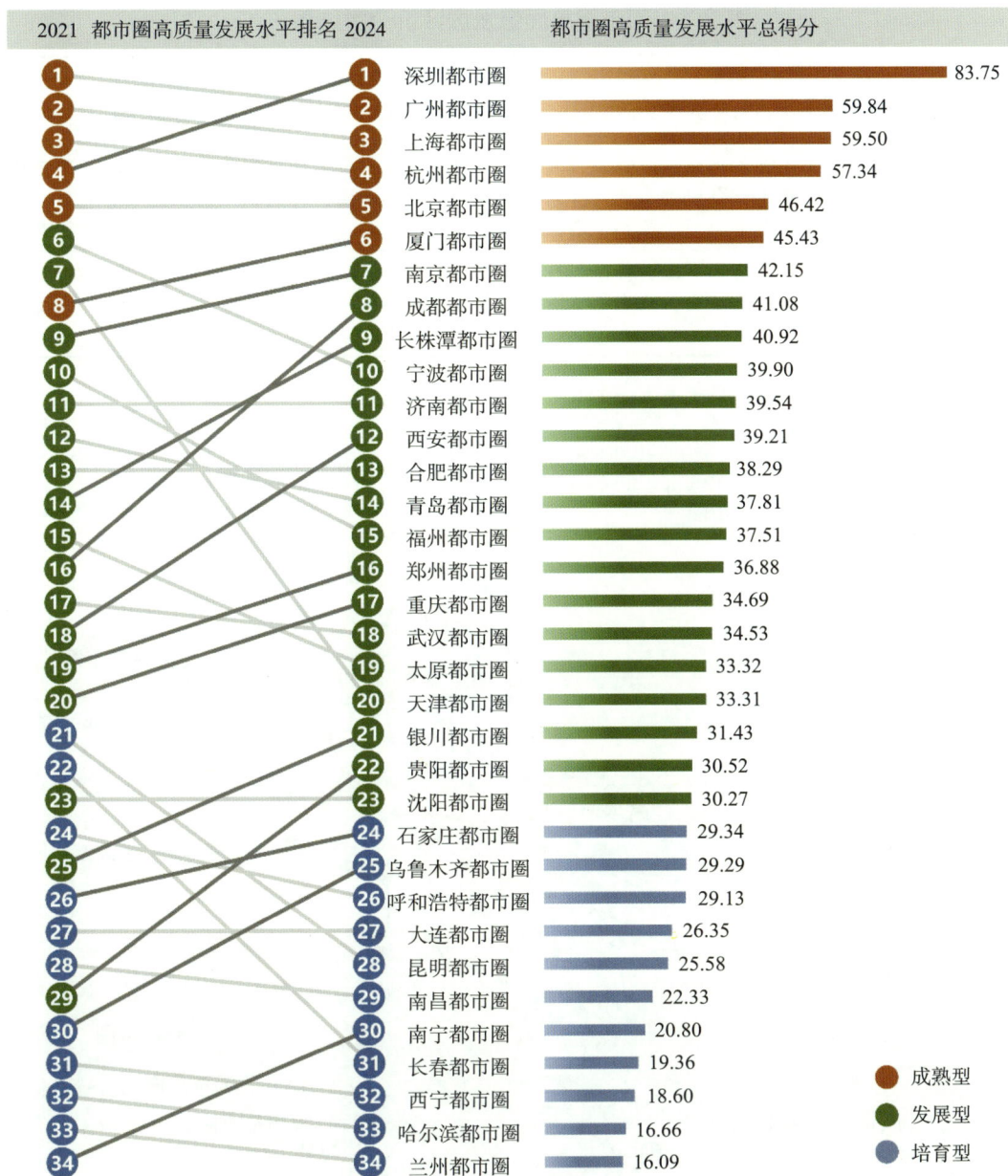

图 2-1　都市圈高质量发展水平评价结果及排名变化

（资料来源：根据评价结果作者自绘）

表 2-1　都市圈高质量发展评价分类结果 [①]

都市圈类型	都市圈名称
成熟型都市圈（6）	深圳都市圈、广州都市圈、上海都市圈、杭州都市圈、北京都市圈、厦门都市圈
发展型都市圈（17）	南京都市圈、成都都市圈、长株潭都市圈、宁波都市圈、济南都市圈、西安都市圈、合肥都市圈、青岛都市圈、福州都市圈、郑州都市圈、重庆都市圈、武汉都市圈、太原都市圈、天津都市圈、银川都市圈、贵阳都市圈、沈阳都市圈
培育型都市圈（11）	石家庄都市圈、乌鲁木齐都市圈、呼和浩特都市圈、大连都市圈、昆明都市圈、南昌都市圈、南宁都市圈、长春都市圈、西宁都市圈、哈尔滨都市圈、兰州都市圈

（资料来源：根据评价结果作者自绘）

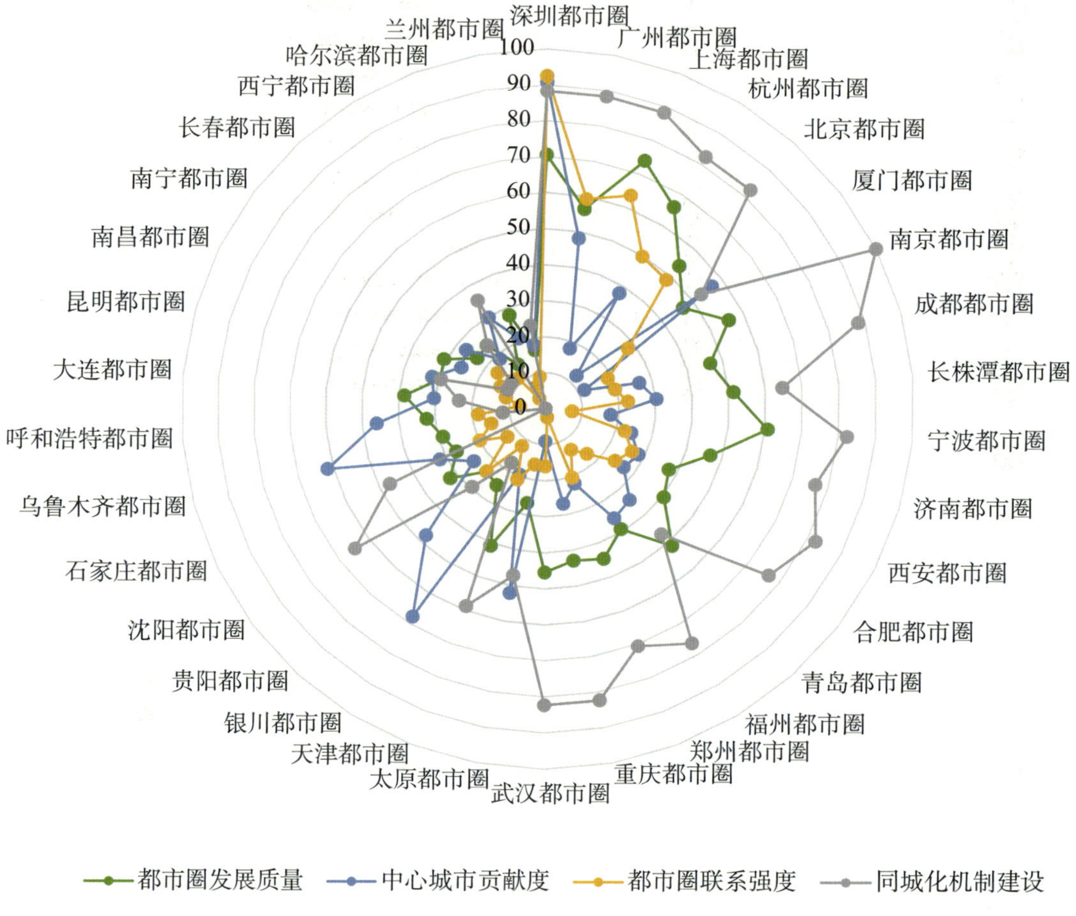

图 2-2　都市圈高质量发展水平分指标评价结果

（资料来源：根据评价结果作者自绘）

---

① 本次评价结果与《中国都市圈发展报告 2021》相比，厦门都市圈由发展型都市圈成长为成熟型都市圈，银川都市圈、贵阳都市圈由培育型都市圈成长为发展型都市圈，宁波都市圈由成熟型都市圈调整为发展型都市圈，长春都市圈、昆明都市圈由发展型都市圈调整为培育型都市圈。

综合评估结果显示，我国都市圈整体建设步伐加快，呈现出如下一些特点：一是头部都市圈强势引领，呈现角逐争先的发展态势。与《中国都市圈发展报告2021》相比，位于前5位的都市圈仍为深圳都市圈、广州都市圈、上海都市圈、杭州都市圈、北京都市圈，但排名位次略有变化。深圳都市圈核心动能强劲、辐射联系水平较高，拔得头筹；上海都市圈、北京都市圈经济基础好，同城化机制完善，但受限于对周边城市发展带动略有不足，分列第3、5位。二是发展型都市圈建设提速，得分差距逐步缩小。其中，成都都市圈、西安都市圈、长株潭都市圈排名提升显著。近三年，随着多个都市圈发展规划的相继批复，各都市圈在合理划定建设范围的基础上，以规划为引领强化协作发展和体制机制建设，都市圈建设卓有明显成效。三是中心城市贡献度得分波动较大。一方面，部分都市圈强中心建设引领发展能力尚有不足，如武汉都市圈、郑州都市圈、天津都市圈等；另一方面，个别都市圈中心引领发展与区域协调不平衡，如北京都市圈、南京都市圈、济南都市圈等，在周边城市与中心城市合作不足的情况下，中心城市产业更多选择向更大区域外溢和迁徙。四是同城化机制建设更为完善。在更细化的评价标准下，同城化机制建设得分依然增长显著，都市圈发展规划编制工作有序开展，实施方案、行动计划、年度重点任务等重点建设工作部署为都市圈协同发展奠定了良好的基础。

二、都市圈高质量发展水平分指标评价

1. 都市圈发展质量

都市圈发展质量得分呈现明显的梯度分异特征，成熟型都市圈发展质量得分遥遥领先，上海都市圈、深圳都市圈、杭州都市圈分列前三位；发展型都市圈发展质量得分集中于中上游，宁波都市圈、南京都市圈、青岛都市圈、长株潭都市圈、济南都市圈、成都都市圈等发展基础较好；培育型都市圈集中于第三梯度且落差明显，显示出培育型都市圈与成熟型、发展型都市圈发展质量差距有逐步扩大趋势（见图2-3）。从区域分布来看，位于长三角、粤港澳大湾区、成渝双城经济圈的都市圈发展质量得分相对较高，而位于东北地区、西部地区的都市圈发展质量得分仍然较低。与《中国都市圈发展报告2021》相比，南京都市圈、青岛都市圈、长株潭都市圈、郑州都市圈、重庆都市圈、西安都市圈、昆明都市圈、乌鲁木齐都市圈发展质量排名位次提升明显，而天津都市圈、大连都市圈、长春都市圈、银川都市圈发展质量排名位次则下降较多。

2021	都市圈发展质量排名	2024	都市圈发展质量得分

2021排名	2024排名	都市圈	得分
1	1	上海都市圈	73.94
2	2	深圳都市圈	70.59
3	3	杭州都市圈	65.93
4	4	宁波都市圈	60.79
5	5	广州都市圈	56.46
6	6	南京都市圈	55.64
7	7	北京都市圈	53.77
8	8	青岛都市圈	51.41
9	9	长株潭都市圈	51.41
10	10	济南都市圈	46.81
11	11	厦门都市圈	46.66
12	12	成都都市圈	46.63
13	13	武汉都市圈	45.48
14	14	郑州都市圈	44.67
15	15	重庆都市圈	42.89
16	16	天津都市圈	40.90
17	17	合肥都市圈	40.52
18	18	福州都市圈	39.31
19	19	大连都市圈	38.48
20	20	西安都市圈	37.63
21	21	呼和浩特都市圈	32.24
22	22	沈阳都市圈	32.11
23	23	南昌都市圈	30.71
24	24	昆明都市圈	29.62
25	25	乌鲁木齐都市圈	28.75
26	26	哈尔滨都市圈	27.82
27	27	石家庄都市圈	26.81
28	28	太原都市圈	26.62
29	29	银川都市圈	24.99
30	30	长春都市圈	23.79
31	31	贵阳都市圈	23.66
32	32	南宁都市圈	23.31
33	33	兰州都市圈	16.60
34	34	西宁都市圈	14.46

成熟型
发展型
培育型

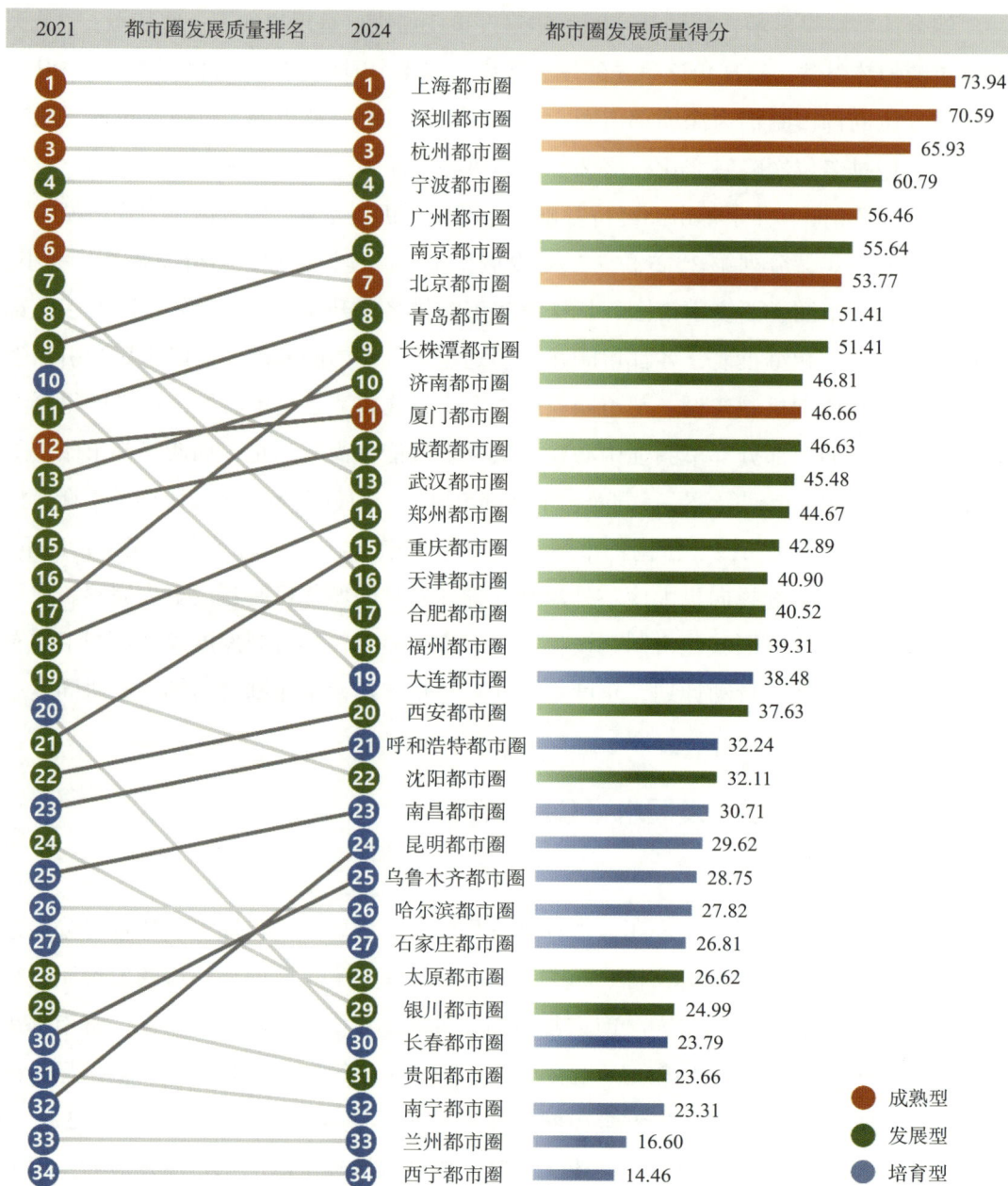

图 2-3　都市圈发展质量得分及排名变化

（资料来源：根据评价结果作者自绘）

从都市圈发展质量的经济实力、人口集聚、城乡差距、创新能力、公共服务、交通设施、消费水平、对外贸易八个评价维度来看（见表 2-2），成熟型都市圈各方面发展均衡，发展型都市圈特色优势领域突出但也有明显短板。综合来看，经济实力、人口集聚、创新能力、交通设施、消费水平、对外贸易评价结果与都市圈发展质量评价结果基本相符；城乡差距、公共服务则表现出分异，如北京都市圈、兰州都市圈、西安都市圈的城乡差距较大，深圳都市圈、广州都市圈、厦门都市圈、武汉都市圈、重庆都市圈、福州都市圈等公共服务供给尚有不足；对外贸易水平与都市圈所处地理位置相关性较高，沿海、沿边地区都市圈对外贸易水平相对较好。

表2-2　都市圈发展质量各维度排名

都　市　圈	经济实力	人口集聚	城乡差距	创新能力	公共服务	交通设施	消费水平	对外贸易
上海都市圈	2	3	7	5	14	8	1	3
深圳都市圈	1	14	4	1	33	16	5	1
杭州都市圈	5	4	1	3	4	15	4	7
宁波都市圈	6	5	4	8	19	13	7	2
广州都市圈	3	1	26	6	28	18	10	10
南京都市圈	4	17	20	4	7	9	3	15
北京都市圈	8	18	32	2	2	20	15	4
青岛都市圈	10	16	15	12	9	7	9	5
长株潭都市圈	9	7	4	7	22	11	8	21
济南都市圈	13	6	18	15	10	2	17	18
厦门都市圈	7	15	15	18	31	22	2	8
成都都市圈	17	9	10	19	13	4	14	12
武汉都市圈	11	12	21	11	26	3	13	23
郑州都市圈	19	2	8	30	20	5	18	19
重庆都市圈	15	23	25	17	25	1	11	14
天津都市圈	18	11	2	24	11	13	26	11
合肥都市圈	22	29	23	9	21	5	12	17
福州都市圈	12	27	11	16	29	26	6	13
大连都市圈	14	20	11	14	23	23	25	6
西安都市圈	23	8	33	10	17	10	20	16
呼和浩特都市圈	16	13	27	27	3	33	18	30

都 市 圈	经济实力	人口集聚	城乡差距	创新能力	公共服务	交通设施	消费水平	对外贸易
沈阳都市圈	26	25	14	25	6	25	22	22
南昌都市圈	21	28	23	23	30	12	21	20
昆明都市圈	24	19	30	21	18	21	16	28
乌鲁木齐都市圈	20	30	3	26	15	34	24	25
哈尔滨都市圈	34	21	9	13	5	31	30	29
石家庄都市圈	33	22	13	28	16	19	31	24
太原都市圈	27	31	28	20	8	24	27	27
银川都市圈	25	26	22	22	24	29	28	31
长春都市圈	32	33	17	31	1	30	32	26
贵阳都市圈	28	10	31	34	32	17	23	34
南宁都市圈	30	24	19	33	34	26	34	9
兰州都市圈	29	32	34	29	12	28	29	32
西宁都市圈	31	34	29	32	27	32	32	33

2. 中心城市贡献度

中心城市贡献度得分情况显示（见图 2-4），成熟型都市圈中，深圳都市圈、厦门都市圈、广州都市圈、杭州都市圈的中心城市贡献度得分位次靠前，表现出中心城市辐射带动与都市圈城市共同发展相协调的特征。上海都市圈、北京都市圈的中心城市贡献度得分位次靠后，原因有二：一是中心城市的辐射带动不仅局限于都市圈内部，更多地体现在与全国城市间的经济、人口要素联系；二是都市圈非中心城市发展能级尚有不足，梯度培育发展次中心城市，强化产业经济协作仍是建设重点。发展型都市圈中，银川都市圈、太原都市圈、贵阳都市圈、福州都市圈、青岛都市圈中心城市贡献度得分较高，表现出强中心引领发展特征；武汉都市圈、南京都市圈、宁波都市圈、天津都市圈中心城市贡献度得分较低，表现出近两年中心城市能级发展不足、辐射效能不佳的特点。培育型都市圈中心城市贡献度得分位次提升显著，中心城市发展基础不断夯实，辐射带动能力逐渐凸显。

2021	都市圈中心城市贡献度排名	2024	都市圈中心城市贡献度得分

2024排名	都市圈	得分
1	深圳都市圈	90.77
2	银川都市圈	67.92
3	乌鲁木齐都市圈	61.62
4	厦门都市圈	56.63
5	太原都市圈	52.05
6	广州都市圈	48.10
7	贵阳都市圈	47.72
8	呼和浩特都市圈	45.99
9	杭州都市圈	37.84
10	福州都市圈	35.76
11	青岛都市圈	34.15
12	昆明都市圈	31.92
13	石家庄都市圈	31.79
14	大连都市圈	30.32
15	长株潭都市圈	30.32
16	西宁都市圈	29.72
17	西安都市圈	28.35
18	南宁都市圈	27.04
19	重庆都市圈	26.84
20	合肥都市圈	26.74
21	成都都市圈	26.46
22	南昌都市圈	25.55
23	济南都市圈	24.28
24	沈阳都市圈	24.27
25	郑州都市圈	22.16
26	哈尔滨都市圈	20.99
27	天津都市圈	19.64
28	长春都市圈	18.69
29	兰州都市圈	18.03
30	上海都市圈	18.03
31	宁波都市圈	17.80
32	北京都市圈	12.44
33	南京都市圈	11.77
34	武汉都市圈	9.05

成熟型　发展型　培育型

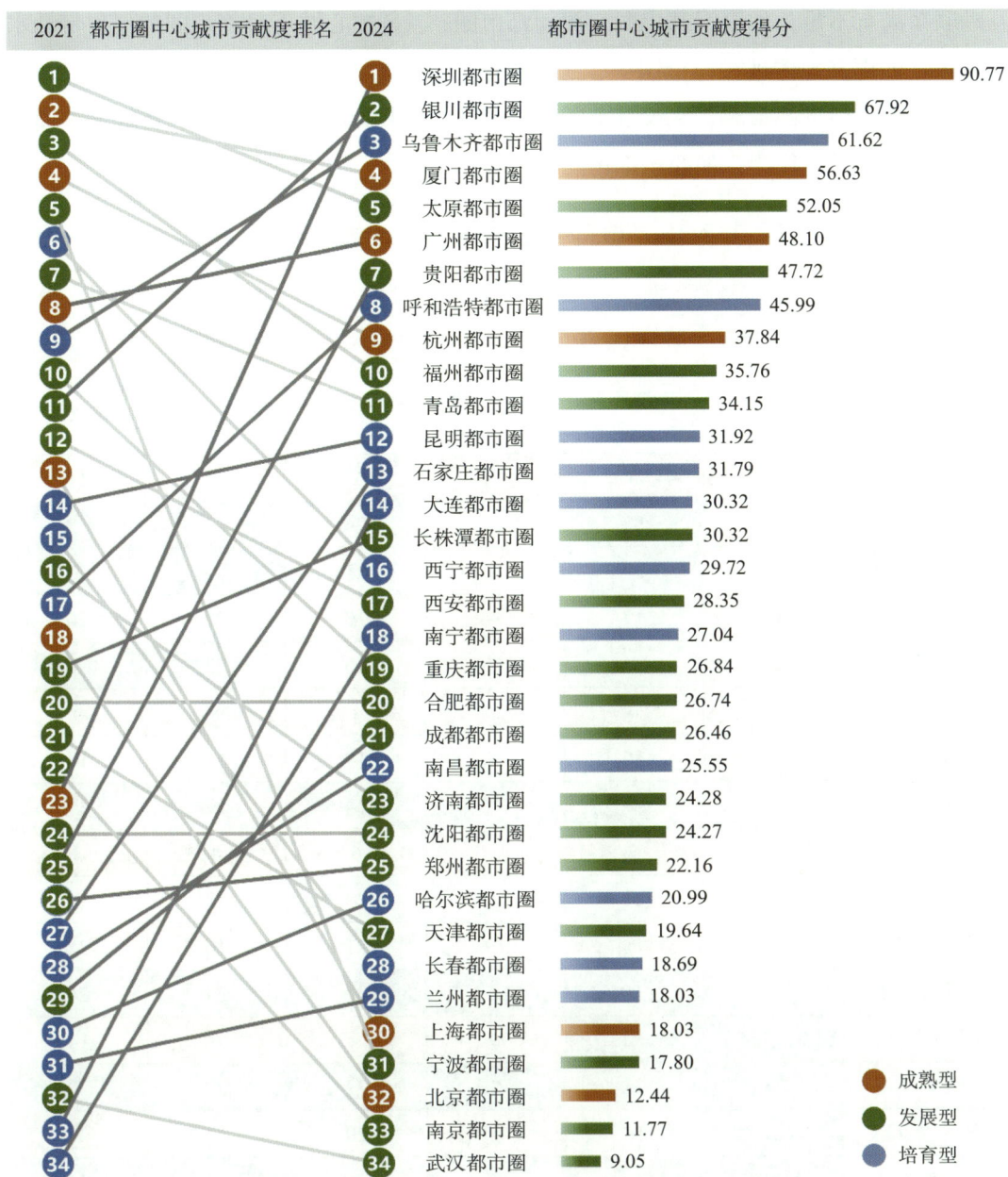

图 2-4　都市圈中心城市贡献度得分及排名变化

（资料来源：根据评价结果作者自绘）

中心城市贡献度主要从经济辐射力、人口辐射力、交通辐射力三个维度进行评价（见表 2-3），分维度评价结果显示，都市圈中心城市贡献度主要分为四类：一是中心城市对都市圈的辐射带动和与全国更大区域范围的联系互动都较好，如深圳都市圈、广州都市圈、杭州都市圈；二是中心城市对都市圈的辐射带动作用较高，但与全国城市的互动联系尚有不足，如厦门都市圈、福州都市圈；三是中心城市对都市圈的辐射带动水平尚可，但更多地体现在与全国一、二线城市的经济、人口往来联系，如上海都市圈、北京都市圈、南京都市圈、武汉都市圈；四是中心城市的自身发展能级有待提升，尚未有效发挥辐射带动作用，如西宁都市圈、长春都市圈。

表 2-3　都市圈中心城市贡献度各维度排名

都　市　圏	经济辐射力		人口辐射力		交通辐射力	
	中心城市与都市圈内城市平均投资量排名	中心城市与全国城市平均投资量排名	中心城市与都市圈内城市平均人口联系排名	中心城市与全国平均人口联系强度排名	中心城市与都市圈内城市交通联系排名	中心城市与全国城市交通联系排名
深圳都市圈	1	3	1	2	11	11
银川都市圈	14	33	17	26	31	32
乌鲁木齐都市圈	10	31	12	22	34	33
厦门都市圈	12	17	4	10	21	20
太原都市圈	8	24	11	16	22	28
广州都市圈	2	6	2	1	8	4
贵阳都市圈	4	16	16	19	13	17
呼和浩特都市圈	26	29	31	34	27	31
杭州都市圈	6	5	7	6	4	2
福州都市圈	9	21	25	23	18	19
青岛都市圈	17	11	19	21	16	21
昆明都市圈	22	25	26	30	24	24
石家庄都市圈	30	30	8	9	6	14
大连都市圈	31	23	32	32	29	30
长沙都市圈	29	18	9	20	17	8
西宁都市圈	34	34	24	24	33	34
西安都市圈	18	13	3	4	14	10
南宁都市圈	21	26	30	31	26	26
重庆都市圈	32	20	34	27	32	22
合肥都市圈	7	9	14	12	10	15
成都都市圈	20	10	5	5	23	12
南昌都市圈	23	19	27	28	7	9

续表

都　市　圈	经济辐射力		人口辐射力		交通辐射力	
	中心城市与都市圈内城市平均投资量排名	中心城市与全国城市平均投资量排名	中心城市与都市圈内城市平均人口联系排名	中心城市与全国平均人口联系强度排名	中心城市与都市圈内城市交通联系排名	中心城市与全国城市交通联系排名
济南都市圈	13	14	10	8	12	13
沈阳都市圈	24	28	18	17	15	16
郑州都市圈	11	15	15	7	2	3
哈尔滨都市圈	33	27	29	29	30	29
天津都市圈	25	8	13	11	20	18
长春都市圈	27	22	22	18	19	23
兰州都市圈	19	32	33	33	25	25
上海都市圈	3	2	23	15	1	1
宁波都市圈	28	7	28	25	28	27
北京都市圈	5	1	6	3	3	5
南京都市圈	16	12	20	14	9	7
武汉都市圈	15	4	21	13	5	6

3. 都市圈联系强度

都市圈联系强度得分显示（见图 2-5），六个成熟型都市圈得分名列前茅，其中深圳都市圈、上海都市圈得分遥遥领先，显示出都市圈城市间高协作水平。发展型都市圈得分基本位于第二梯次，其中西安都市圈、贵阳都市圈、成都都市圈得分较高且进步较快，近两年都市圈城市间合作共建取得良好成效；重庆都市圈、宁波都市圈、银川都市圈得分较低。培育型都市圈中亦有突围"黑马"，如石家庄都市圈、呼和浩特都市圈。

都市圈联系强度主要从经济、人口、交通三个方面评价都市圈内的联系水平（见表 2-4）。就经济联系水平来看，成熟型都市圈及呼和浩特都市圈、贵阳都市圈、南宁都市圈等都市圈成员城市间产业互动和经济联系较为紧密。就人口联系水平来看，其得分分布与都市圈高质量发展综合水平基本相符，成熟型、发展型都市圈人口要素联系度较高，而培育型都市圈则较低。就交通联系水平来看，目前我国"八横八纵"高速铁路网主通道已建成约 80%，位于主要交通枢纽节点、先行推进"四网融合"一体化建设的都市圈交通联系水平较好，如深圳都市圈、杭州都市圈、北京都市圈、长株潭都市圈、广州都市圈、上海都市圈等。

2021	都市圈联系强度排名	2024	都市圈联系强度得分	
1		1	深圳都市圈	92.48
2		2	上海都市圈	63.52
3		3	广州都市圈	59.26
4		4	杭州都市圈	49.80
5		5	北京都市圈	48.56
6		6	厦门都市圈	28.00
7		7	西安都市圈	26.39
8		8	合肥都市圈	23.83
9		9	贵阳都市圈	23.58
10		10	长株潭都市圈	22.56
11		11	济南都市圈	22.45
12		12	天津都市圈	21.05
13		13	郑州都市圈	20.48
14		14	石家庄都市圈	19.83
15		15	成都都市圈	19.63
16		16	南京都市圈	18.95
17		17	呼和浩特都市圈	18.33
18		18	青岛都市圈	16.87
19		19	南宁都市圈	16.46
20		20	武汉都市圈	16.00
21		21	太原都市圈	15.74
22		22	乌鲁木齐都市圈	15.30
23		23	南昌都市圈	13.71
24		24	福州都市圈	13.38
25		25	沈阳都市圈	13.03
26		26	银川都市圈	12.21
27		27	长春都市圈	11.32
28		28	昆明都市圈	11.28
29		29	兰州都市圈	8.96
30		30	宁波都市圈	7.29
31		31	大连都市圈	7.11
32		32	哈尔滨都市圈	6.68
33		33	西宁都市圈	3.28
34		34	重庆都市圈	2.47

● 成熟型
● 发展型
● 培育型

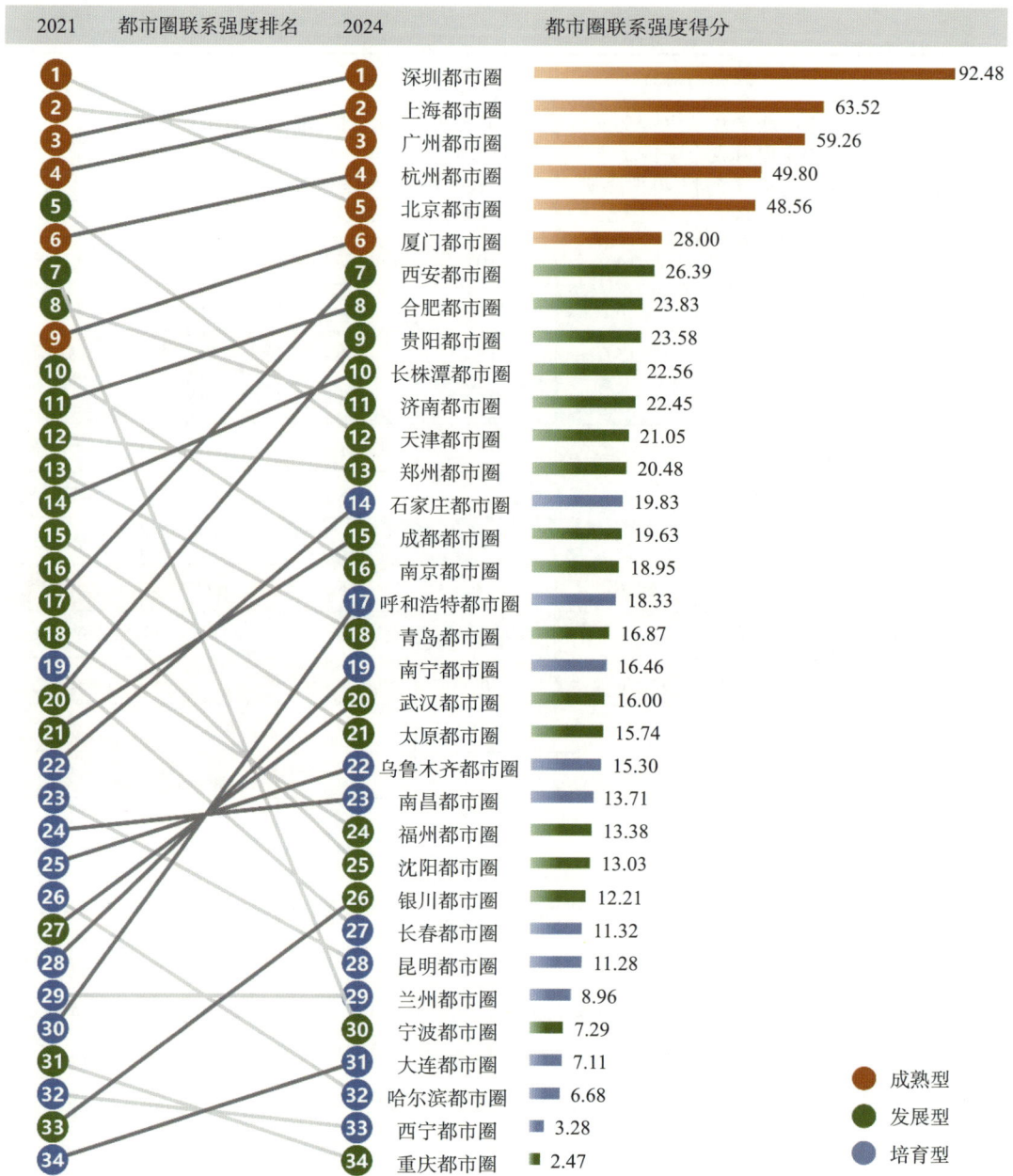

图 2-5 都市圈联系强度得分及排名变化

（资料来源：根据评价结果作者自绘）

表 2-4 都市圈联系强度各维度排名

都 市 圈	平均经济联系度	平均人口联系度	平均交通联系度
深圳都市圈	2	1	1
上海都市圈	1	6	6

续表

都　市　圈	平均经济联系度	平均人口联系度	平均交通联系度
广州都市圈	5	2	5
杭州都市圈	3	8	2
北京都市圈	4	5	3
厦门都市圈	16	3	11
西安都市圈	20	4	14
合肥都市圈	10	13	13
贵阳都市圈	7	19	22
长株潭都市圈	30	12	4
济南都市圈	11	11	17
天津都市圈	23	7	16
郑州都市圈	12	15	8
石家庄都市圈	29	9	12
成都都市圈	22	10	19
南京都市圈	14	17	10
呼和浩特都市圈	6	32	28
青岛都市圈	17	23	9
南宁都市圈	8	28	30
武汉都市圈	19	20	15
太原都市圈	18	14	25
乌鲁木齐都市圈	9	16	34
南昌都市圈	26	27	7
福州都市圈	15	25	20
沈阳都市圈	24	18	25
银川都市圈	13	22	31
长春都市圈	28	21	24
昆明都市圈	25	26	18
兰州都市圈	21	31	27
宁波都市圈	27	29	29
大连都市圈	31	33	21
哈尔滨都市圈	33	30	23
西宁都市圈	34	24	33
重庆都市圈	32	34	32

4. 都市圈同城化机制

都市圈同城化机制得分显示（见图 2-6），南京都市圈、成都都市圈、广州都市圈、上海都市圈、深圳都市圈等成熟型、发展型的都市圈同城化机制得分位次靠前，显示出其都市圈治理机制相对完善。从区域分布来看，位于长三角、粤港澳大湾区、成渝双城经济圈的都市圈同城化机制得分相对较高，而位于东北地区、西北地区、西南地区的都市圈同城化机制水平发展缓慢，反映出各地区发展阶段不同，从体制机制上便有水平落差大的问题。

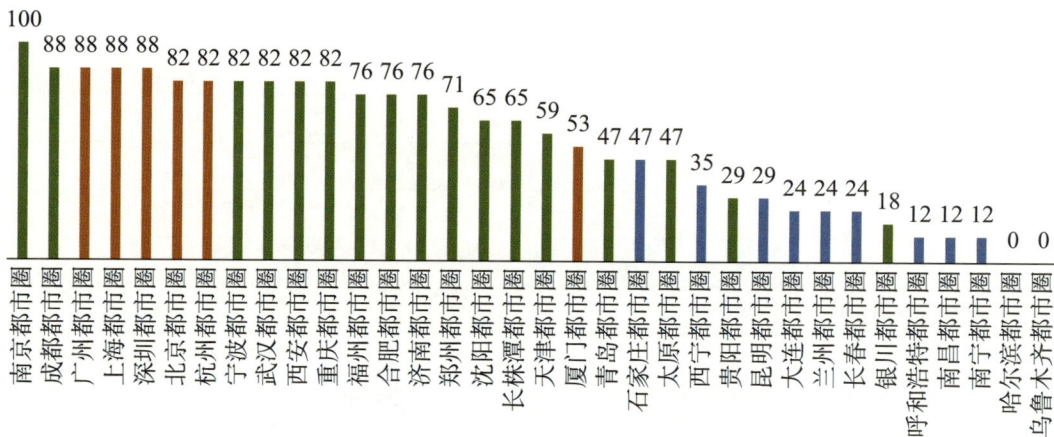

图 2-6　都市圈同城化机制得分

（资料来源：根据评价结果作者自绘）

主要从组织协调、交通便捷、产业协作、生态共治、服务共享五个方面评价都市圈内的同城化机制。就组织协调来看，八成以上都市圈已构建协同发展的组织运作机制，并发布协同发展规划或行动方案，七成以上都市圈设立区域合作办公室、协调发展领导小组等常设机构，组织协调水平逐步完善。就交通便捷水平来看，六成以上都市圈中心城市建设或规划了轻轨、地铁等城市轨道交通，九成以上都市圈建设开通了城际交通，交通一体化网络体系加快提升。就产业协作来看，长三角城市群创新试行科技创新券通用通兑，广东、山东、陕西、河南、黑龙江实现创新券省内通兑，为都市圈内城市的科技创新发展提供协作基础；半数以上都市圈城市建立了科创联盟、科技成果转化联盟等产业创新合作平台，为区域创新提供动力引擎。就生态共治来看，所有都市圈中心城市均已建立跨区域或跨省际的环境污染联合执法机制，逐步制定生态补偿相关的实施意见和办法，为生态联防联控提供制度基础。就服务共享来看，八成以上都市圈中心城市开展了跨城市合作办学，通过结对帮扶、教育联盟、合作协议等形式对义务教育、高等教育、职业教育展开合作交流；九成以上都市圈中心城市建立了医联体或专科联盟，并实现了政务服务的一圈通办、跨省通办或部分城市点对点打通，服务共享水平进一步提升。

第二节　都市圈总体发展特征

一、都市圈是人口、经济核心承载区

1. 都市圈是人口集聚优势地区

2023 年全国都市圈常住人口 66 054.66 万人，占全国总人口比重达 46.86%。从都市圈常住人口增速来看，24 个都市圈常住人口增速高于其中心城市所在省份平均水平，其中郑州都市圈常住人口增速超过 1%，呼和浩特都市圈、杭州都市圈、贵阳都市圈、宁波都市圈、济南都市圈、长株潭都市圈常住人口增速超过 0.5%（见图 2-7），这表明都市圈仍是区域内人口集聚的优势地区。

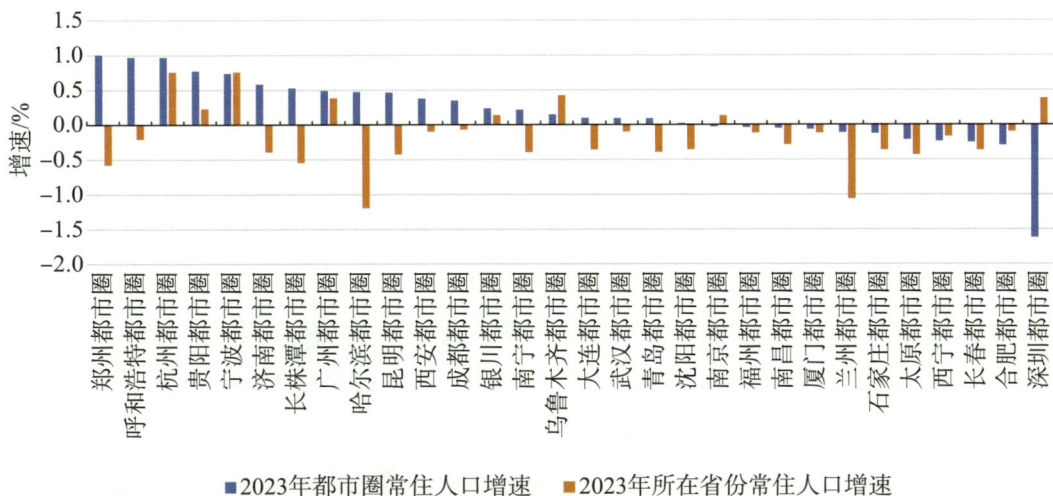

图 2-7　2023 年都市圈常住人口增速及其所在省份常住人口增速[①]

（数据来源：各城市统计年鉴）

2. 都市圈是推进高质量城镇化的重要抓手

都市圈城镇化发展势头良好，常住人口城镇化率基本高于其所在省份的常住人口城镇化率；除福州都市圈、贵阳都市圈、宁波都市圈外，成熟型、发展型都市圈常住人口城镇化率均高于全国平均水平（66.16%），其中成熟型都市圈常住人口城镇化率水平均在 70% 以上（见图 2-8）。都市圈是高质量城镇化的主战场，对推动人口规模巨大的中国式现代化有着重要作用。

[①]　北京都市圈、天津都市圈、上海都市圈、重庆都市圈以直辖市为中心城市的都市圈未作比较，南京都市圈以其中心城市所在省份江苏省作为对比。下同。

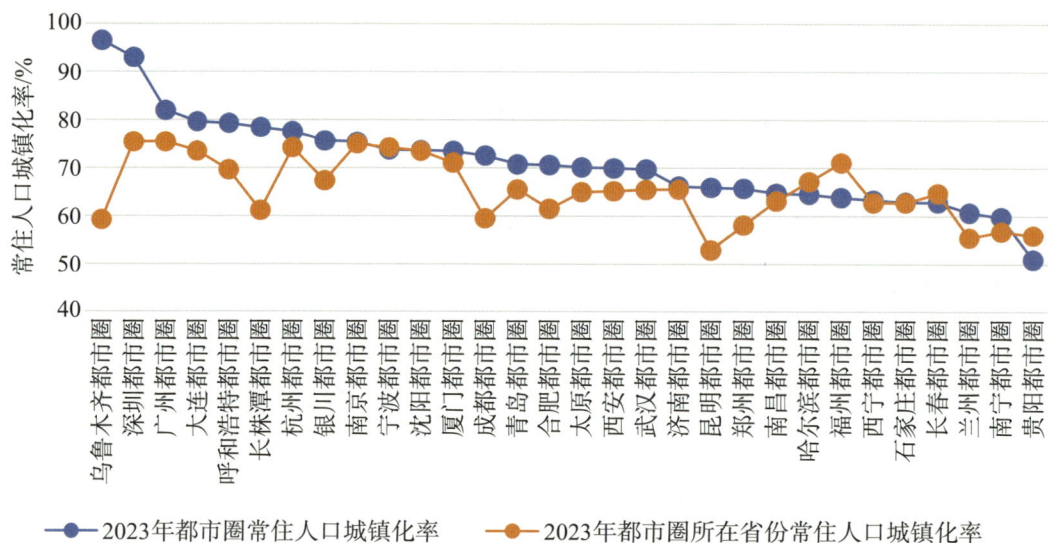

图 2-8　2023 年都市圈常住人口城镇化率及其所在省份常住人口城镇化率

（数据来源：各城市统计年鉴）

3. 都市圈经济发展持续向好

2023 年全国都市圈 GDP 总量达 768 231.75 亿元，占全国 GDP 比重达 60.94%，上海都市圈、北京都市圈、深圳都市圈这三个都市圈的 GDP 总量超过 5 万亿元。都市圈是区域内主要经济增长极，近半数都市圈 GDP 占其所在省份 GDP 比重超 40%（见图 2-9）。根据 2023 年各都市圈人均 GDP 数据，近三分之二都市圈的人均 GDP 高于全国平均水平，人均 GDP 达 10 万元 / 人的都市圈有 17 个（见图 2-10）。

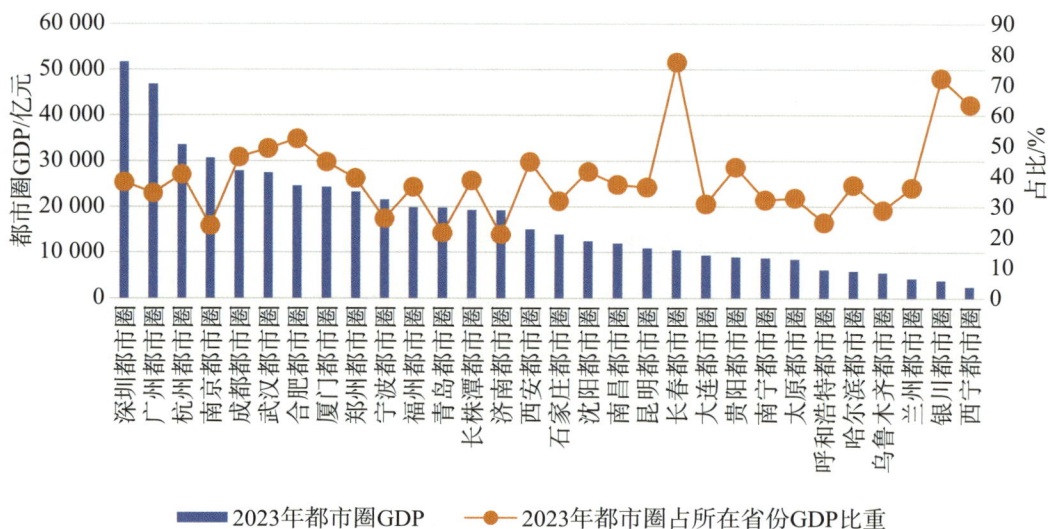

图 2-9　2023 年都市圈 GDP 及其占所在省份 GDP 比重

（数据来源：各城市统计年鉴）

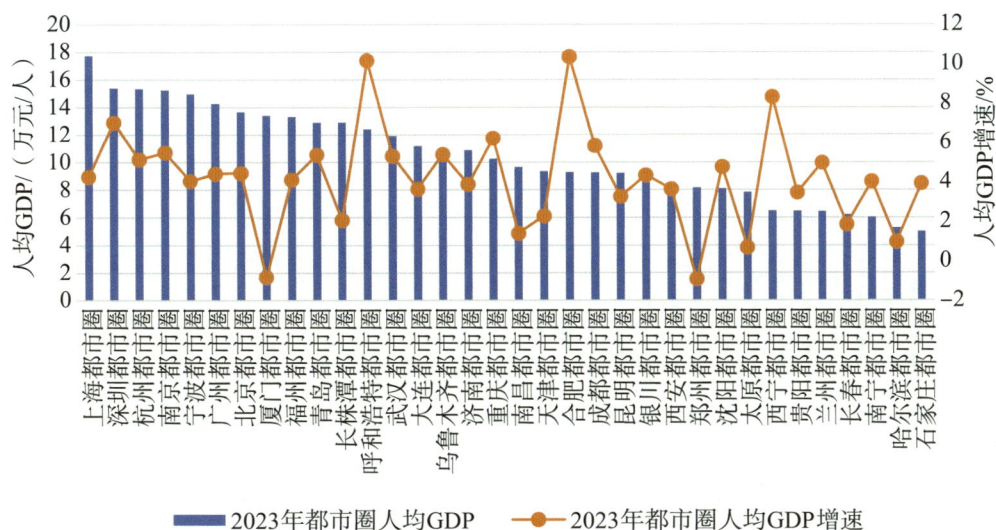

图 2-10 2023 年都市圈人均 GDP 及增速

（数据来源：各城市统计年鉴）

二、都市圈是创新资源集聚区

1. 都市圈引领科技创新突破

2023 年各都市圈万人有效发明专利拥有量数据显示，成熟型都市圈中深圳都市圈、北京都市圈、杭州都市圈、上海都市圈、广州都市圈万人有效发明专利拥有量均高于50 件，与其他都市圈形成明显梯度差距；培育型都市圈中南京都市圈、长株潭都市圈、宁波都市圈万人有效发明专利拥有量排名较靠前，创新绩效较为突出（见图 2-11）。长三角地区、粤港澳大湾区仍是我国创新业态最完善、创新活力最强的区域，2023 年深圳每万人高价值发明专利拥有量达 98.36 件，上海、南京每万人高价值发明专利拥有量分别达 50.2 件、60.86 件。

2. 创新能力差异化依然突出

一方面，各都市圈间创新资源和创新能力存在梯度差异。创新中心和顶尖创新资源要素高度集中于一、二线城市，并呈现出创新资源分布与经济发展格局相匹配、沿海—内陆递减的趋势；都市圈万人有效发明专利拥有量呈现类似的梯度性差异。另一方面，都市圈内创新能力分化明显，中心城市贡献了主要的创新发展动能。从 2023 年有效发明专利拥有量情况来看，近九成中心城市发明专利拥有量占都市圈比重在 50% 以上，半数都市圈占比在 70% 以上（见图 2-12）。

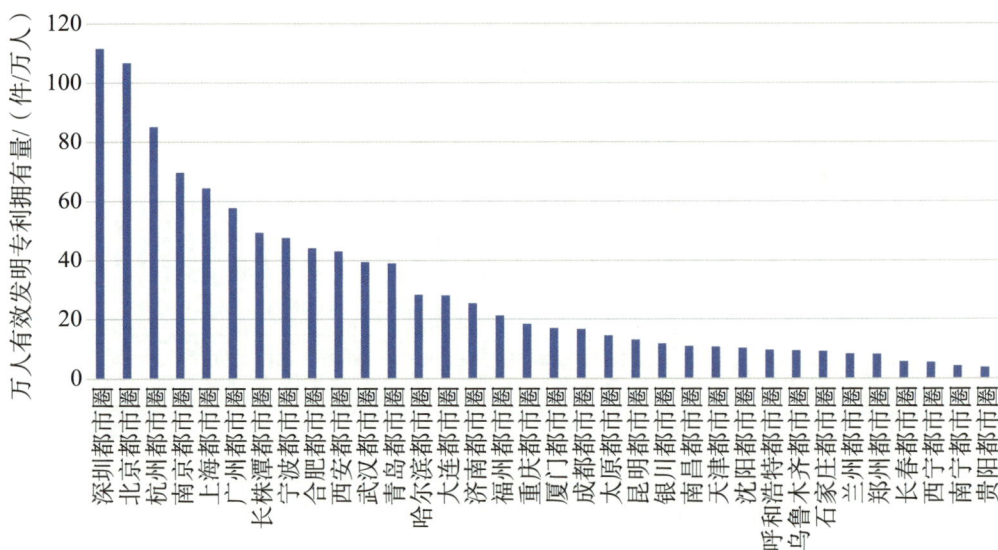

图 2-11　2023 年都市圈万人有效发明专利拥有量

（数据来源：各城市统计年鉴及知识产权公报）

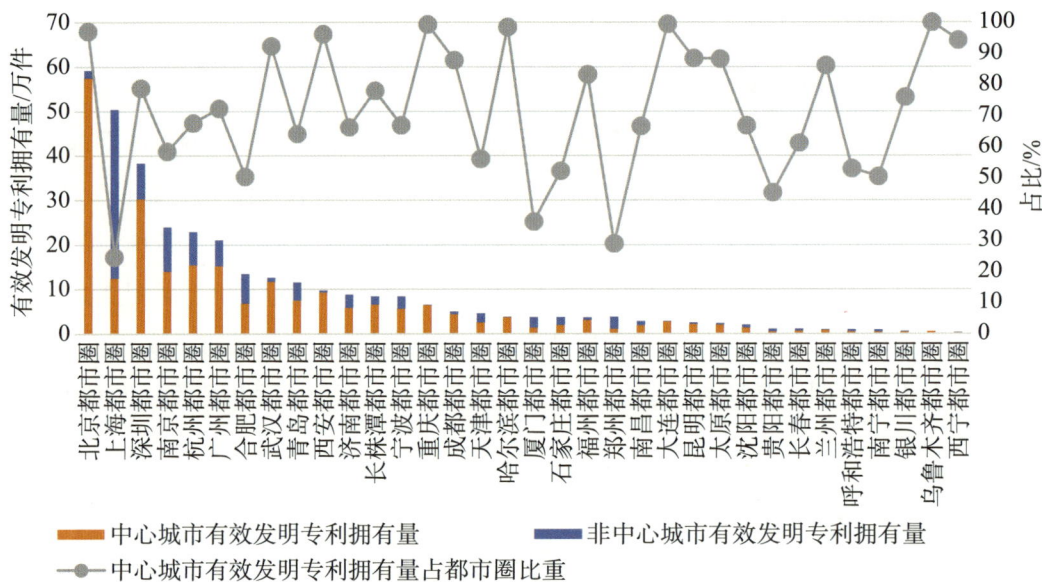

中心城市有效发明专利拥有量　　非中心城市有效发明专利拥有量

中心城市有效发明专利拥有量占都市圈比重

图 2-12　2023 年都市圈中心城市与非中心城市有效发明专利拥有量情况

（数据来源：各城市统计公报）

三、都市圈公共服务资源供给分异

1. 都市圈中心城市集聚优质医疗资源

都市圈内各城市经济发展水平和财政支出能力存在差距，中心城市与非中心城市公共服务供给的数量和质量仍有较大差异。对比 2023 年都市圈及其中心城市的万人执业（助理）医师数可见（见图 2-13），中心城市该项指标数值显著高于都市圈平均水平，中心城市仍是都市圈优质医疗资源的集聚中心。与此同时，医疗联合体、医师多点执业、分中心建设等多样化举措也在不断推进都市圈优质医疗资源的共享和整体医疗水平的提升，有效促进都市圈范围内医疗服务的供给平衡。全国 26 个都市圈万人执业（助理）医师数超全国平均水平（31.5 人）。此外，深圳都市圈、厦门都市圈、广州都市圈等万人执业（助理）医师数较低，医疗供给投入仍需加强。

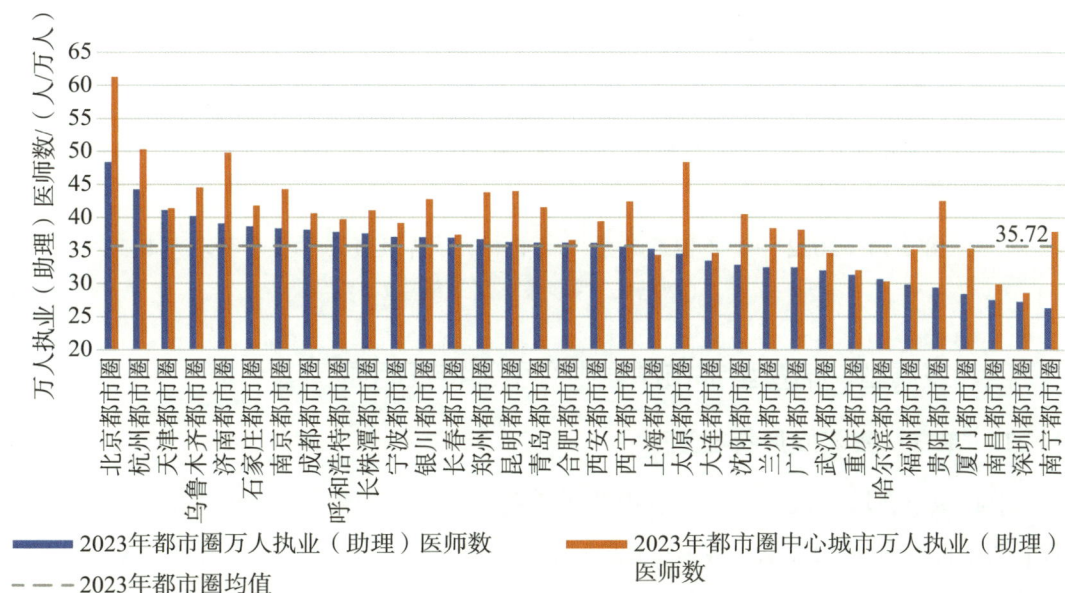

图 2-13　2023 年都市圈及其中心城市万人执业（助理）医师数

（数据来源：各城市统计年鉴）

2. 都市圈教育资源供给保障需重视

根据 2022 年中小学教育阶段万名学生专任教师数数据，全国 34 个都市圈中仅有 16 个都市圈该项指标高于全国平均水平（689.95 人）（见图 2-14），都市圈教育资源供给矛盾初显。特别是广州都市圈、深圳都市圈等成熟型都市圈中小学教育阶段万名学生专任教师数均较低，虽然专任教师数增量稳定，但增速低于适龄学生数。此外，从都市圈及其中心城市的中小学教育阶段万名学生专任教师数对比来看，中心城市该项指标大多低于都市圈平均水平，凸显了中心城市教育资源供给相对不足、供给矛盾更为突出的特点。

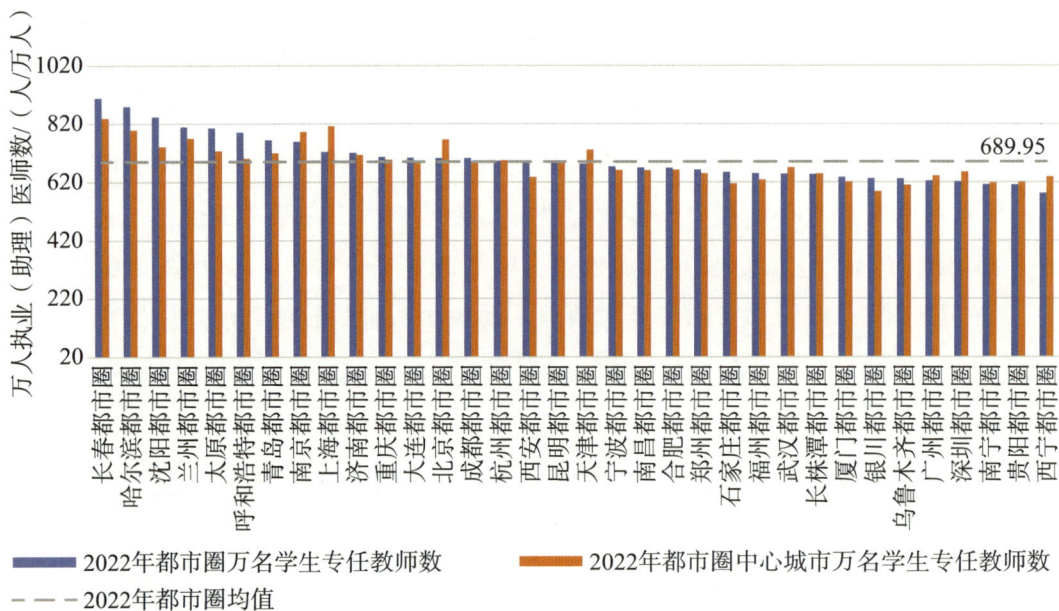

图 2-14 2022 年都市圈及其中心城市中小学阶段万名学生专任教师数

（数据来源：各城市统计年鉴）

四、发展型、培育型都市圈强中心引领特征明显

1."单核"集聚发展特征显著

中心城市在城市规模能级、发展质量效益等方面保持绝对领先，发展型、培育型都市圈中此特征尤为显著。从中心城市常住人口占都市圈比重、中心城市 GDP 占都市圈比重数据来看，中心城市以不超半数的土地面积集聚着都市圈内主要的常住人口、贡献了都市圈主要的经济产出，超半数的发展型、培育型都市圈中心城市 GDP 占都市圈比重超 60%、常住人口占都市圈比重超 50%（见图 2-15），远高于其面积占比。

2.中心要素集聚特征显著

发展型、培育型都市圈在人口、经济联系网络中，表现出强中心辐射带动的联系网络特征。从人口联系网络来看，中心城市与非中心城市间的日均流动人次占都市圈内跨城流动总人次比重几乎都在 50% 以上，成都都市圈、西安都市圈等强中心特征显著的都市圈占比超 90%（见图 2-16）。从经济联系网络来看，强中心联系特征更为显著，几乎所有都市圈中心城市与非中心城市间资金互投总额占都市圈内资金互投总额比重超 80%（见图 2-17），表现出中心城市是都市圈内经济活动的核心，企业间的投资合作主要发生于中心城市。

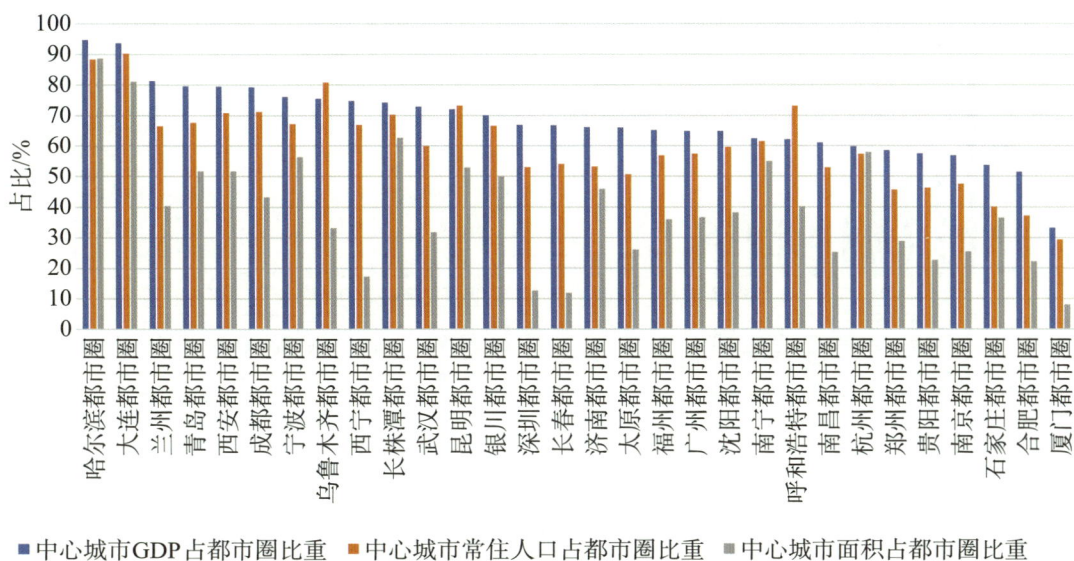

图 2-15 2023 年都市圈中心城市 GDP、常住人口、面积占都市圈比重

（数据来源：各城市统计年鉴）

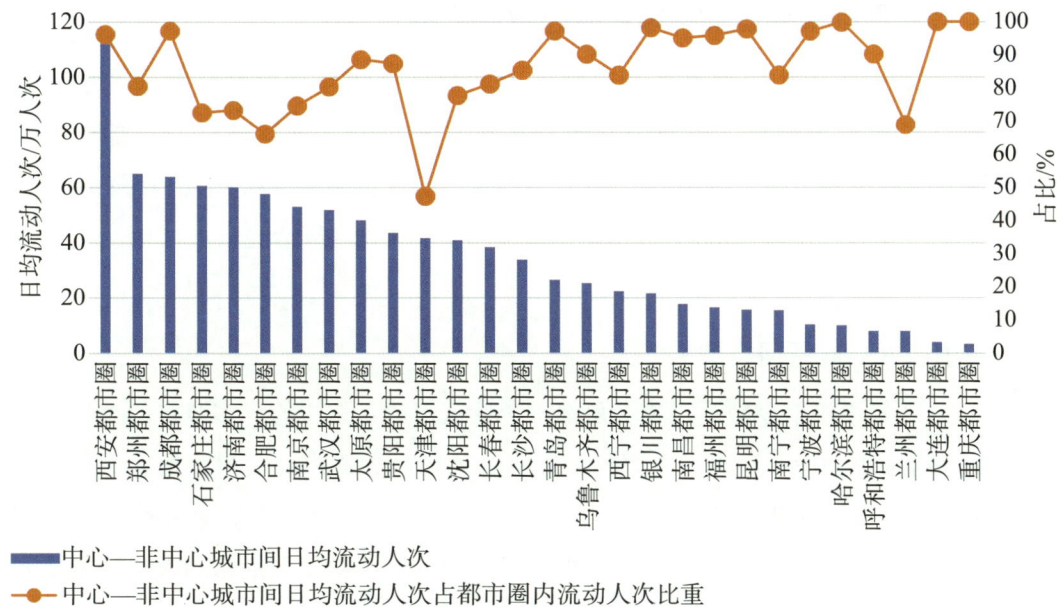

图 2-16 2023 年发展型、培育型都市圈中心城市与非中心城市人口流动及占比情况

（数据来源：手机信令数据①）

---

① 手机信令数据．是用户在移动通信网络中产生的实时交互信息，记录了手机与基站之间的通信控制指令。

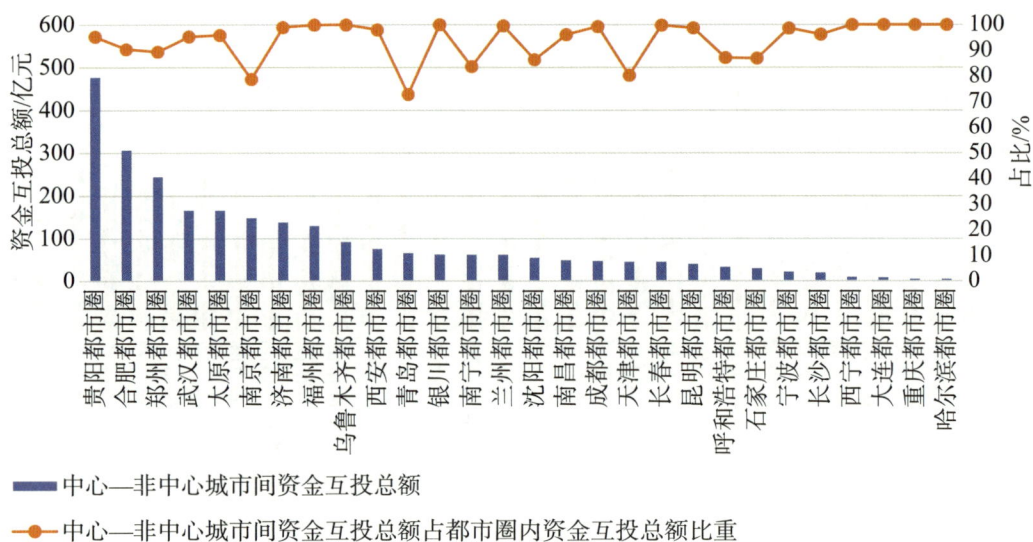

图 2-17　2023 年发展型、培育型都市圈中心城市与非中心城市资金互投及占比情况

（数据来源：企业工商数据）

五、成熟型都市圈呈现网络化连绵发展态势

在 34 个都市圈中，优先具备都市圈发展态势、整体发育程度较高的几个成熟型都市圈已形成都市连绵区，部分都市圈城市亦有重合。分别是长三角都市连绵区，包括上海都市圈、南京都市圈、杭州都市圈、宁波都市圈、合肥都市圈；珠三角都市连绵区，包括广州都市圈、深圳都市圈；首都都市圈，包括北京都市圈、天津都市圈。

1. 多中心人口联系网络增强

根据 2023 年手机信令数据，长三角都市连绵区形成了多中心、多节点的人口联系网络，以上海为主要中心节点，上海与江苏省苏州市、无锡市、常州市形成主要人口联系纵深通道，上海与浙江省杭州市、嘉兴市、湖州市形成了人口往来紧密的互动网络（见图 2-18）；南京市与合肥市、宁波市与上海市的中心城市节点间的人口联系往来仍待强化。珠三角都市连绵区形成了广州市、深圳市双中心人口联系网络，广州市与佛山市、深圳市与东莞市人口联系最为紧密（见图 2-19）。首都都市圈人口联系网络与 2019 年比较，变化不大，仍以北京市、廊坊市、天津市三市构成的核心联系区为主，中心城市天津市节点带动能力较弱，非中心城市间人口联系不足（见图 2-20）。

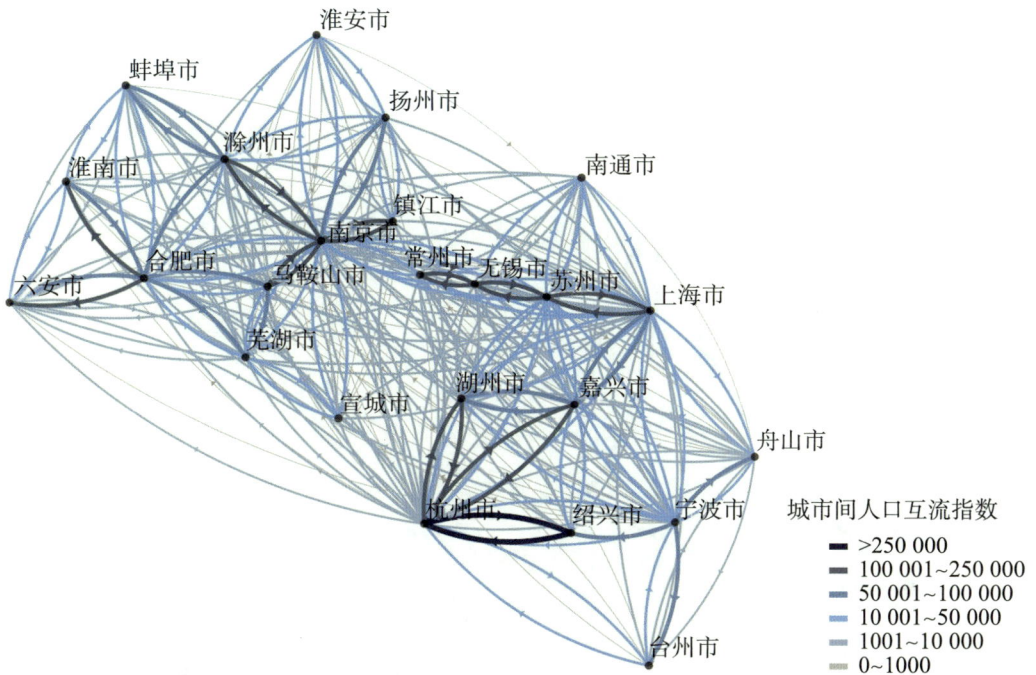

图 2-18　2023 年长三角都市连绵区内部城市间人口流动网络

（数据来源：手机信令数据）

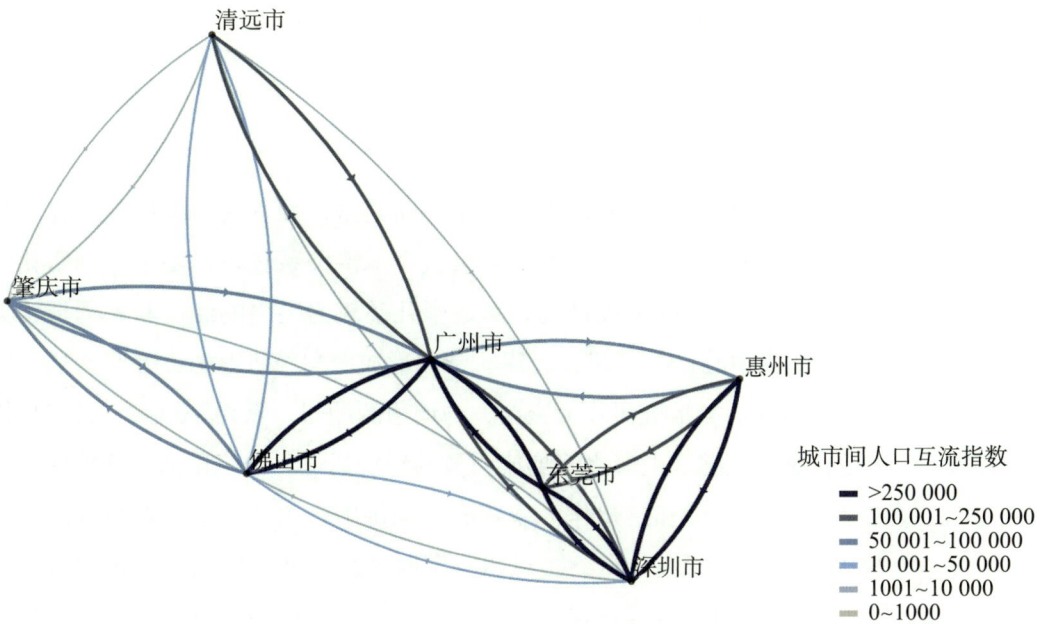

图 2-19　2023 年珠三角都市连绵区内部城市间人口流动网络

（数据来源：手机信令数据）

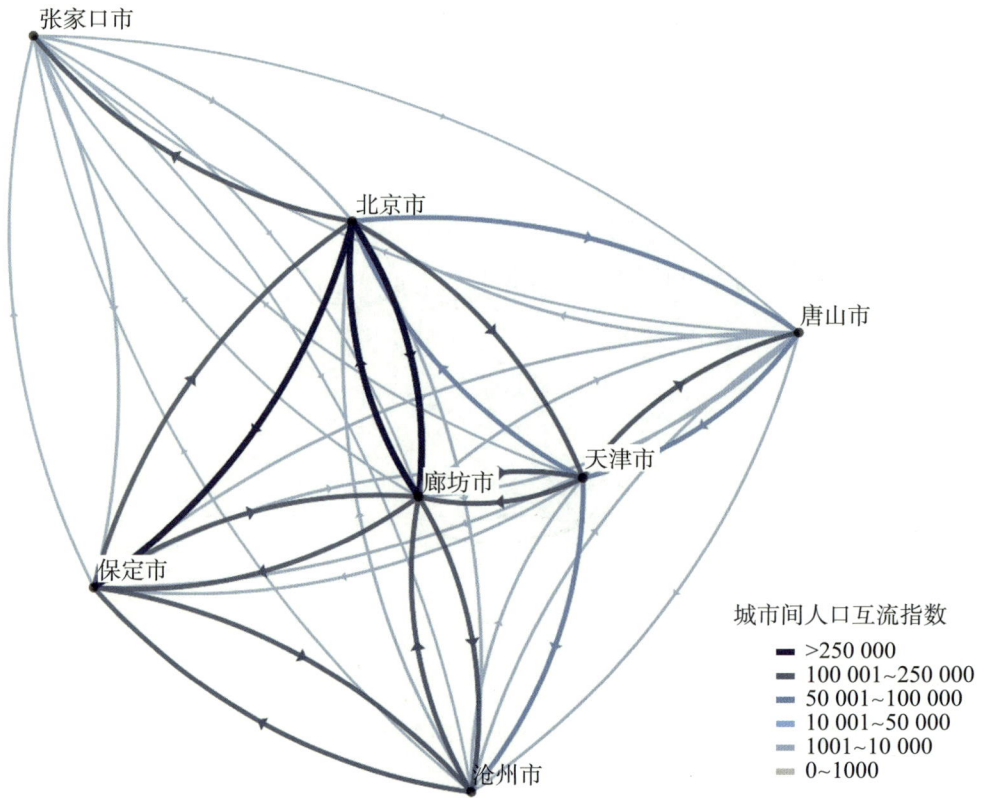

图 2-20　2023 年首都都市圈内部城市间人口流动网络

（数据来源：手机信令数据）

2. 多层次经济联系通道加密

整体来看，各连绵区内企业跨城市投资联系不断紧密，投资网络逐渐复杂化，空间结构差异显著。长三角都市连绵区内部各层级城市承接关系较好，多中心网络化发展态势明显，呈现出一核多轴的发展格局，形成了几条较为突出的经济联系通道（见图 2-21）。一是以上海为中心，与苏州、无锡、常州形成西向经济通道，并与南通、宁波的投资联系也有所加强；二是杭州较为突出，与周边的湖州、嘉兴、绍兴、台州均投资联系紧密；三是合肥与芜湖、上海之间形成明显的经济通道。珠三角都市连绵区投资网络呈现三角空间结构，深圳和广州作为主核心带动佛山、东莞、惠州逐步发展（见图 2-22）。与 2019 年相比，深圳与东莞、惠州投资联系度加强，广州与佛山的投资水平进一步紧密，广佛深之间强经济—强人口联系特征显著。首都都市圈内部整体存在投资通道的断层，当前仍以北京为核心，辐射带动整个京津冀地区，而天津与廊坊、唐山等周边城市的投资联系与 2019 年比较有所减弱，带动作用仍需加强（见图 2-23）。

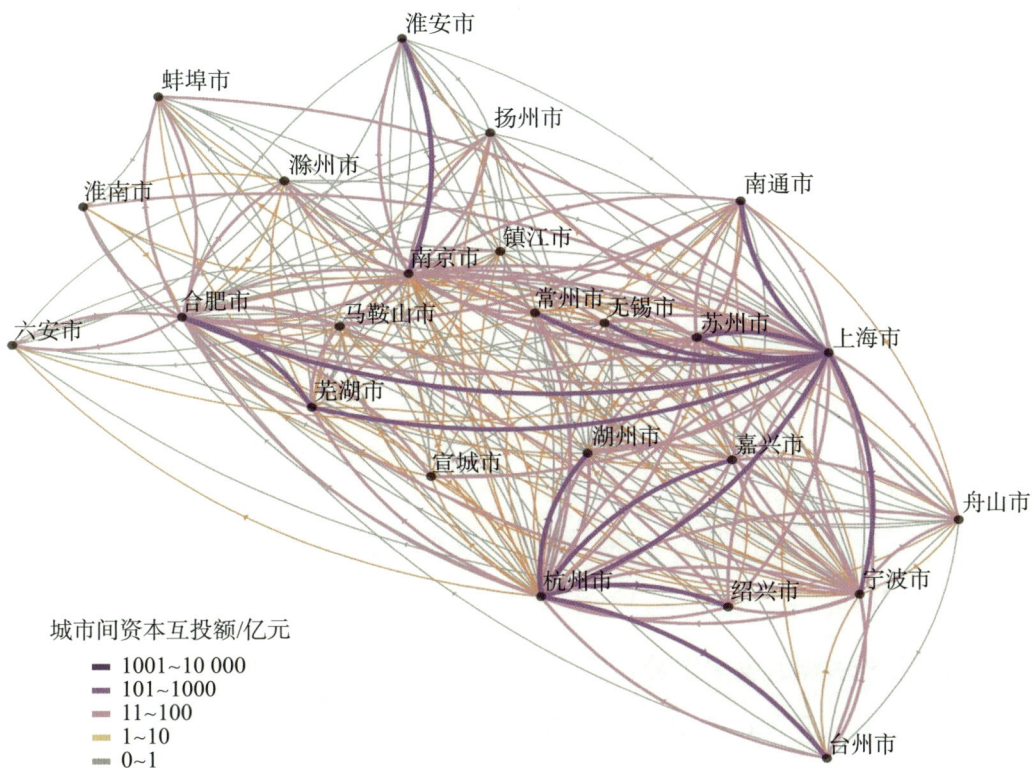

图 2-21　2023 年长三角都市连绵区内部城市间资金互投网络

（数据来源：企业工商数据）

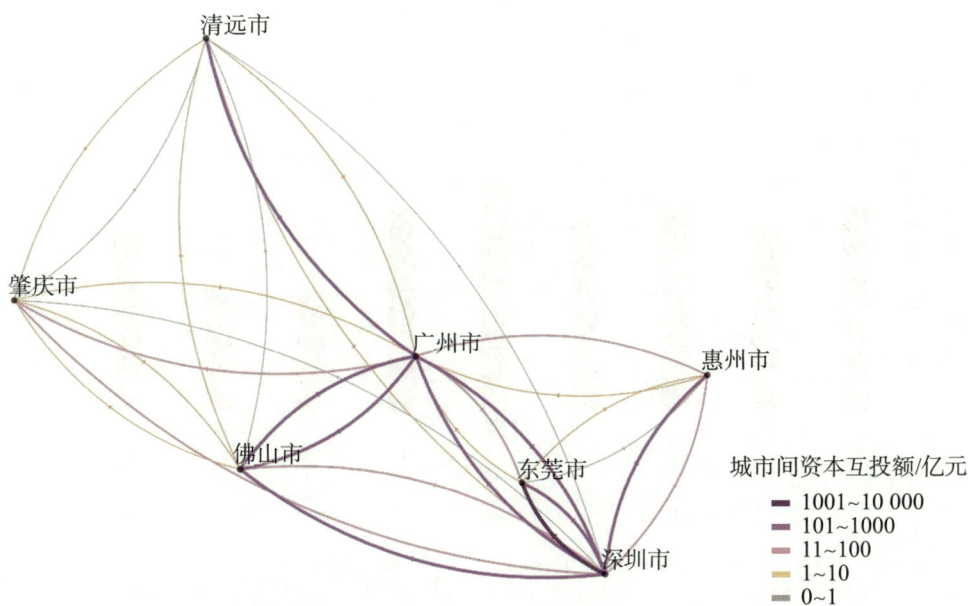

图 2-22　2023 年珠三角都市连绵区内部城市间资金互投网络

（数据来源：企业工商数据）

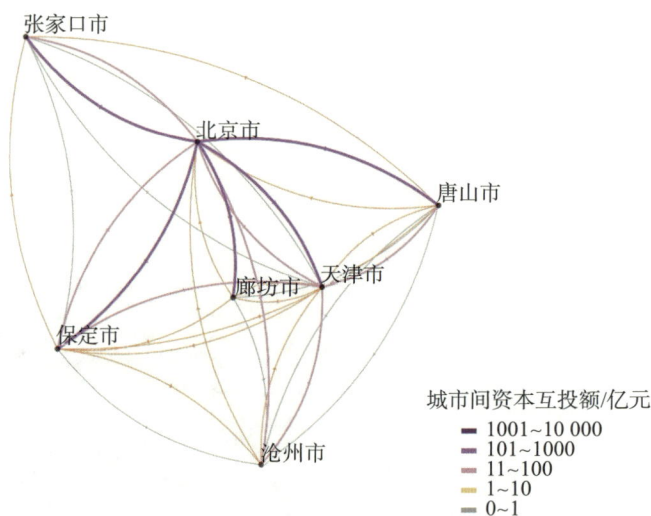

图 2-23　2023 年首都都市圈内部城市间资金互投网络

（数据来源：企业工商数据）

3. 连绵区城乡融合发展态势趋显

2023 年，长三角都市连绵区城乡可支配收入比为 1.95，较全国（2.39）低 0.44，其中杭州都市圈、宁波都市圈、上海都市圈的城乡可支配收入比分别为 1.63、1.76、1.84，人均 GDP 也排在 34 个都市圈前列，区域一体化效益逐渐显现。珠三角都市连绵区的城乡可支配收入比（2.14）也低于全国水平，其中深圳都市圈比 2021 年缩小较多。首都都市圈虽城乡差距较大，且北京都市圈城乡可支配收入比仍高于全国水平，但与 2021 年比较差距有所缩小，城乡经济呈逐步融合发展态势（见图 2-24）。

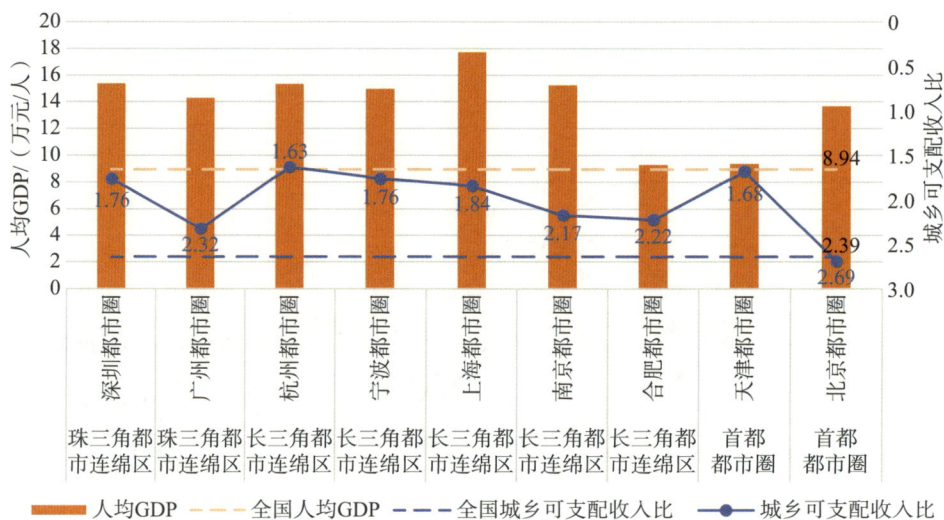

图 2-24　2023 年连绵区内都市圈人均 GDP 与城乡可支配收入比情况

（数据来源：根据统计公布数据整理计算）

第三章 都市圈建设重点领域的主要进展

第一节　便捷通勤、强化往来——都市圈交通基础设施互联互通

　　都市圈交通基础设施体系逐步完善是都市圈空间拓展和结构优化的重要支撑，拉近了地区与地区之间、城市与城市之间的时空距离，使得城市基本功能和服务共享范围不断扩大，跨行政边界的要素联系持续增强，交通网络优化与产业布局调整互促互进。自 2019 年 2 月国家发展改革委《关于培育发展现代化都市圈的指导意见》印发，将基础设施一体化作为都市圈发展的重要内容，并从畅通公路网、打造轨道上的都市圈、提升都市圈物流运输效率等三个方面提出交通基础设施协同发展的要求，《国家综合立体交通网规划纲要》《"十四五"现代综合交通运输体系发展规划》《国家新型城镇化规划（2021—2035 年）》《2022 年新型城镇化和城乡融合发展重点任务》等重要文件均对推进都市圈交通基础设施建设提出要求和指引，以城际铁路、市域（郊）铁路、高快速路、国省干道等为代表的交通基础设施互联互通建设是都市圈落实最好、发展最快的重点领域。多层次轨道交通建设不断完善，干线铁路、城际铁路、市域（郊）铁路融合建设加快，干线铁路建设提速，高铁、动车、城际列车开行对数不断加密，构建起都市圈轨道交通 1 小时通勤圈主骨架。城市轨道交通规模持续扩大，至 2022 年末，城市轨道交通运营线路规模迈进 1 万公里大关，市域快轨增长较快。高速公路网络不断加密，实施都市圈高速公路"加密、扩容、提速、增智"工程，提升城市间公路通达能力，加强城市间快速联通水平。公共交通便捷化水平不断提升，都市圈内城市基本实现公共交通一卡互联互通。

一、多层次轨道交通"四网融合"构建都市圈联通网络

　　都市圈对日常交通快速化、便捷度的要求较高，轨道交通高效、准时、大运量、

经济的出行服务,能够打破都市圈出行时间瓶颈,有效引导和促进各类资源的合理流动和高效配置(陈卫等,2020)[1]。截至 2023 年末,我国高速铁路运营总里程达到 4.5 万公里(见图 3-1),复兴号开行实现 31 个省份全覆盖,2021—2023 年新增高速铁路均覆盖了都市圈所在城市。城际列车服务于都市圈内城市间快速、便捷、短途往来需求,根据网络公开售票数据显示,2023 年开行城际列车 2655 次,比 2021 年增开 527 次。此外,城市群、都市圈城市轨道交通运营线网规模建设持续提速,2022 年长三角、京津冀、珠三角、成渝城市群城市轨道交通运营线网规模占全国总规模达 67.03%[①],比 2021 年增长 0.43%。

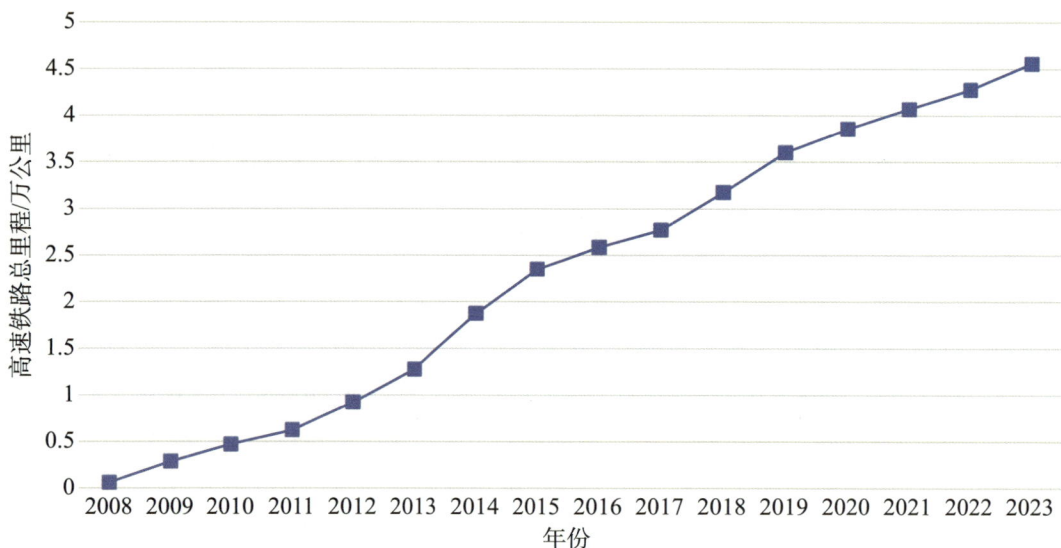

图 3-1　2008—2023 年全国高速铁路运营总里程

（数据来源：国家铁路局网站）

都市圈轨道交通可分为干线铁路、城际铁路、市域（郊）铁路、城市轨道等多种交通模式。多层次轨道交通融合发展包含多个内涵:一是多层次轨道交通合理布局和分工合作,单一制式轨道交通无法满足都市圈多层次出行要求,需根据服务对象和适用范围合理规划布局多层次轨道交通系统,形成多种制式轨道交通有机组合和合理布局;二是各层级系统融合协同,即多层次轨道交通线网的互联互通,包括线网衔接、综合枢纽衔接、制式兼容、运营衔接、票制票价一体化等;三是顶层体制机制一体化,都市圈多层次轨道交通发展设计多方主体参与,需要地方、铁路各主体之间的协同合作、利益平衡(郭婷,2022)[2]。

目前我国都市圈轨道交通"四网融合"发展呈现总体起步、局部引领的局面。长

---

① 　参见《城市轨道交通 2022 年度统计和分析报告》。

三角区域作为高质量协同发展示范区，从整体和全局角度进行统筹布局、按时序推进建设进程，建立多层级一体化轨道交通体系，满足轨道交通各层级网络功能的相互兼容，既处理好技术上的知识统一、服务标准、换乘衔接问题，也处理好建设体制和运营机制的管理问题，作出了先行示范。成都都市圈、杭州都市圈、武汉都市圈等在各自都市圈建设协调机构组织下，长短期计划并行，逐步推进都市圈内分层分级轨道交通体系建设。深圳都市圈、广州都市圈、长株潭都市圈等在加密轨道交通线网规模、枢纽换乘衔接、灵活运营模式等方面有先行探索。西安都市圈、沈阳都市圈等逐步梯次布局多层次轨道交通网络，在运营通勤化、多层级系统融合等方面仍要考虑一体化统筹部署。太原都市圈、呼和浩特都市圈、南宁都市圈等尚未步入轨道交通融合发展阶段，仍在进一步加密轨道交通线网规模，部分都市圈结合实际情况提前预留通道、规划线网布局，以便后续发展。

> **专栏：长三角一体化区域——建设多层次轨道交通融合发展示范区**
>
> 　　2021年国家发展改革委印发《长江三角洲地区多层次轨道交通规划》（以下简称《规划》），提出将长三角地区建设成为多层次轨道交通深度融合发展示范引领区。这也是国家层面出台的首个多层次轨道交通规划。《规划》分别从轨道交通网络建设、枢纽衔接、运营服务等三大方面对长三角地区多层次轨道交通建设提出指引。网络建设方面，提出干线铁路网、城际铁路网、市域（郊）铁路网、城市轨道交通网统筹考虑、系统布局，实现四个轨道层级功能分工明确，适应区际、城际、城郊、城市不同运输需求；枢纽衔接方面，借鉴上海虹桥枢纽经验，推进Ⅰ型枢纽内任意方式间换乘最长行走时间不超过5分钟，有序推进Ⅱ型枢纽衔接通道换乘改造为立体换乘，推动有条件轨道交通方式间实现同站台换乘，力促Ⅲ型枢纽间步行2分钟完成换乘；运营服务方面，强化规划建设、运营管理、政策支持等方面全面衔接，推进设施共建、资源共享，推动信息互认、安检互信、支付互容等一体化服务落实。截至2023年末，《规划》中涉及安徽省干线铁路13条已开通运营6条，成为长三角第一个市市通高铁的省份；苏州10号线、南京S5号线、南京S2号线、无锡S1号线、无锡S2号线等市域轨道交通建设打通长三角城市重要经济发展轴，可满足高客流通勤需求。

> **专栏：长三角一体化区域——沪苏城市轨道交通实现无感换乘**
>
> 　　上海、苏州两地地铁集团经过长达半年的沟通对接，签订了运输组织、客运服务、安检互认等多方面互联互通的战略协议。2023年苏州11号线正式开通，与上海11号线实现便捷换乘。苏沪两地乘客使用"苏e行"或"Metro大都会"APP乘车码，无须二次安检、刷卡、扫码，即可通过无感换乘通道，从沪／苏11号线进入两地城市轨道交通网络并出站。乘客在上海地铁任意一站进站时使用"上海地铁"乘车码扫码进站，在苏

州地铁任意一站出站时，APP 便可根据定位自动切换至"苏州地铁"乘车码扫码出站。此外，为方便跨城通勤，苏州轨道交通 11 号线开行了仅在大客流车站停靠的大站快车，保障上海、苏州两地往返民众需求。苏州 11 号线西起苏州工业园区唯亭站，东至昆山花桥站，沪苏城市轨道衔接后，为花桥和昆山在产业布局、人才引进、城市塑造等方面注入强劲动能。

专栏：成都都市圈——中心城市成都出资建设成资市域轨道交通 S3 线

  一般轨道交通建设项目由途经的市、区、县共同出资，资金按各行政区划内线路长度比例进行分摊。而成都都市圈在共建轨道上的"朋友圈"方面探索了新的资金投入方式。资阳是成都向东发展的第一城，是连接成渝双城经济圈的重要节点；成资市域轨道交通 S3 线是成都都市圈先行建设的第一条市域轨道交通线，既是成都推进空铁联运的重要支撑，也是临空经济产业发展的重要撬动点。S3 线项目工程总投资 133.84 亿元，其资金来源如下：项目资本金 53.54 亿元由成都市财政安排出资；资阳市仅出资筹措辖区内征地拆迁费用约 7.85 亿元；剩余债务资金 72.45 亿元，占总投资的 54.1%，由成都市通过银行贷款解决。

二、高快速路网建设畅通都市圈骨干通道

  公路交通作为最基础、最广泛的运输方式，在促进都市圈要素高效流动发展中发挥着基础保障作用。2022 年 7 月，国家发展改革委、交通运输部印发的《国家公路网规划》提出要补强城市群、都市圈内部城际通道、临边快速通道，增设都市圈环线，增加高速路网效率和韧性。2022 年 1 月，交通运输部印发的《公路"十四五"发展规划》也提出要积极完善城市群都市圈快速网络，加强重点区域城际快速通道建设。目前，都市圈高速公路网络不断完善，成都都市圈 G5 成德绵高速扩容、"成都三绕"等标志性工程全力推进；郑州都市圈郑民高速、郑云高速、连霍高速等高速路网体系初步形成。在已公开批复的都市圈发展规划中，完善优化都市圈高速路网也是交通基础设施建设中的重要任务。如图 3-2 所示为 2020—2022 年部分都市圈高速公路密度。

  与此同时，随着城市扩张及发展，都市圈内城市间跨城出行愈发频繁，快速通达的需求不断上升，高速公路无法满足日益增长的城际交通需求，城际快速路应运而生。城际快速路是连接城镇、速度介于高速公路和普通国省道的公路形式，可与高速公路、普通国省道共同服务区域交通联系需求，也可与城市快速路有效衔接，可作为产业园区重要物流运输通道、重要枢纽节点快速联系通道、居住商务的通勤联系通道等（谢臻，2023）[3]。区别于高速公路对行驶速度要求高、下道口距离控制严格等建设要求，城际快速路能够灵活服务沿线小城镇、功能节点，支撑轨道交通、高速公路等未覆盖

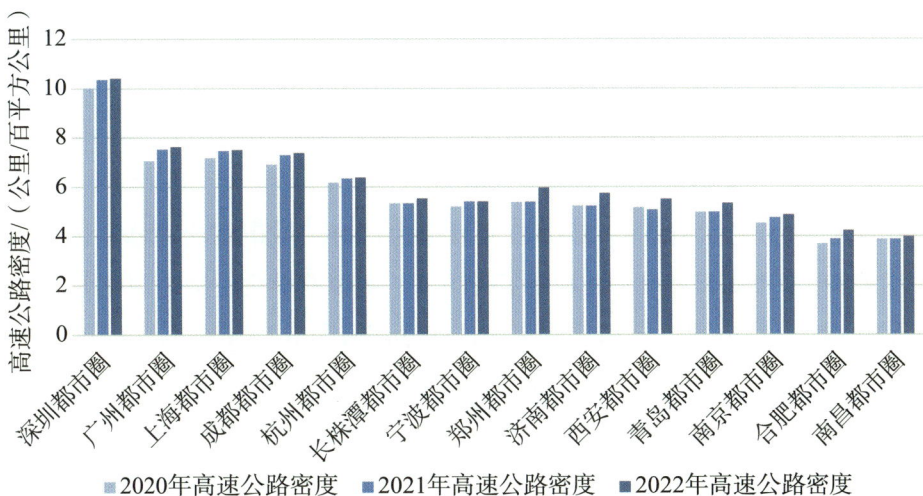

图 3-2　2020—2022 年部分都市圈高速公路密度

（数据来源：各城市统计年鉴）

的部分重要节点。而相较于普通国省道，城际快速路技术标准更好，对开口进行一定限制和管理，能够更好地实现城市间重要节点快速通达的目标。长三角地区、成渝双城经济圈、广州都市圈等对城际快速路建设开始先行探索，如广佛同城化新干线、广州—东莞广园快速路、成都—邛崃成温邛快速路等。

专栏：广州都市圈——广佛新干线复合通道工程

广州市、佛山市已形成多中心团块发展结构，各组团形成连绵发展态势，开辟新走廊带会对现有用地造成隔离，同时征地拆迁代价较大。充分考虑对外、过境交通需求，选择广佛新干线、兴业路、规划博爱路廊道形成高速＋快速路的复合通道建设模式，通过地面铺道＋地上一层快速路＋地上二层高速公路实现与区域高速公路"高接高"，快速路衔接高速路和辅路，实现组团间快速联系同时服务沿线周边地块。广佛新干线复合通道工程作为广昆东延工程，直接串联了佛山南海区等组团，加强了东南向连接；同时，广州核心路网承载力及快速疏散能力也得到了进一步加强（赵海洋，2021）[4]。

专栏：成都都市圈——畅通城际快速通道

自 2021 年 11 月国家发展改革委函复同意《成都都市圈发展规划》以来，成都都市圈谋划布局了天府大道北延线、东西城市轴线等城际快速通道重大项目，加快构建都市圈统一高效的骨干通道。在四川省同城化发展办公室牵头下，以重点项目为抓手，专项工作组加强调度，四市实施推进。截至 2023 年末，已建成天府大道北延线、天府大道眉山段、成资临空大道等，有力推动了天府大道科创走廊、成资协同开放走廊建设。

三、公共交通体系衔接联通都市圈同城生活

从目前我国都市圈发展情况来看，绝大部分都市圈仍处于培育发展阶段，轨道交通建设仍有经济、客流、资源等多方面的限制发展因素。相较之下，城际公交建设运输组织更灵活，在短期内能够有效满足都市圈城市间出行需求。因此，针对不同发展速度、不同发展阶段的都市圈，城际公交可作为都市圈城市间交通联系的重要方式，也可作为成熟型都市圈交通廊道建设的补充方式，实现差异化供给（刘花等，2023）[5]。福州都市圈、南京都市圈、成都都市圈、长株潭都市圈等均开通了城际公交线路，济南都市圈等采用现有客运班线公交化改造的方式，推进城际公交线路运营，提升都市圈交通承载能力，并在城际公交体系中推进公交"一卡通"使用。

此外，公共交通"一卡通"的推广和使用也极大地促进了都市圈公共交通体系的完善和优化，更好地服务于人民群众便捷出行，促进都市圈同城化发展。目前，交通运输部发行的市政交通一卡通（交通联合）已覆盖327个地级以上城市，累计发行量超2.3亿张，覆盖全国3.6万余条公交线路。除此之外，各都市圈也纷纷推出公共交通"一卡通"，在一卡通刷的基础上进一步实现优惠共享，如成都都市圈的"天府通"、杭州都市圈的"杭州通"、西安都市圈的"长安通"等。

> **专栏：济南都市圈——城际客运公交化运营加强核心圈层同城化发展**
>
> 为方便周边城市居民进出省会，加强济南与周边城市同城化发展，山东交运集团通过更换车型、降低票价、增设站点及调整班次等措施对济南至泰安、济南至德州等多条客运班线进行了公交化改造，并以济南"泉城通"卡为依托，实现了城际公交、城市公交刷卡"一卡通"。考虑到城际公交运行线路长，乘客的乘车区间相差比较大，线路票价根据市场标准制定，执行多级票价，相较于普通客运车辆便宜不少。自2019年济南—泰安城际公交K919正式开通，截至2023年末，与济南开通城际公交的周边区县已有肥城、邹平、齐河、茌平、高唐、禹城等城市。

第二节　深度协作、集群壮大——都市圈产业协作共赢

产业的集聚与扩散深刻影响着城镇化的方向与演化路径。当前我国城镇化进入"下半场"，人口、资本、技术、数据等产业要素进一步向都市圈集聚，有利推动都市圈内的产业分工协作。产业高水平协同发展不仅是都市圈建设的重要目标，也是衡量都市圈建设进程的重要表征、都市圈演进的重要驱动力（龙婷玉等，2023）[6]。

2019年，国家发展改革委《关于培育发展现代化都市圈的指导意见》中将产业专业化分工协作作为都市圈发展的重要内容，从促进城市功能互补、推动中心城市产业

高端化发展、夯实中小城市制造业基础等三个方面提出强化城市间产业分工协作的要求与路径。近年来，商务部、工业和信息化部（以下简称工信部）等部门陆续出台的产业相关文件中，部分提及了都市圈作为引领推动产业转型升级、实现高质量发展的重要功能平台的作用。2021 年 12 月，工信部、国家发展改革委等 10 部门联合印发《关于促进制造业有序转移的指导意见》，提出了从区域维度引导各地统筹资源环境要素禀赋、产业发展基础、能耗双控和碳达峰碳中和目标，差异化承接产业转移，对产业分工协同提出指引。2024 年，工信部、教育部等 7 部门联合印发《关于推动未来产业创新发展的实施意见》，针对丰富应用场景提出了"依托城市群和都市圈建设，打造绿色集约的产城融合场景"。

从国际发展经验来看，都市圈产业协同发展一方面是市场经济发展到一定阶段的结果，另一方面受到规划引导的影响。国内成熟型都市圈（如长三角、粤港澳大湾区等）的产业合作大多经历了市场主导、政府推动、政府和市场双重推动三个阶段。目前各个都市圈均积极谋划，出台产业协作相关规划文件、行动计划、实施方案等，如工信部会同国家发展改革委、科技部等有关部门以及京津冀三地政府共同编制《京津冀产业协同发展实施方案》；围绕汽车、电子信息这两个共有的支柱产业，川渝两地经信部门联合编制《成渝地区双城经济圈汽车产业高质量协同发展实施方案》《成渝地区双城经济圈电子信息产业高质量协同发展实施方案》等；"广佛同城""杭绍同城"等同城化谋划均针对产业错位与协作明晰了具体路径与方案。

一、有效市场主导推进都市圈产业体系建设

随着产业要素向中心城市集聚到一定水平，产业集群会进一步带动周边产业的发展，并逐步形成扩散的局面。各个都市圈普遍探索以产业功能区联动为载体，以产业协同为重点，通过"飞地经济""园中园"及"共建园"等合作模式推动产业发展，培育并壮大产业集群。如成都与资阳联合打造制鞋产业园；西安与渭南共同建设临渭经济协作区，富平—阎良产业合作园区被赋予市一级经济管理权限（王政等，2020）[7]；安徽省建设了苏皖合作示范区等一批省际产业合作园区，入驻的江淮蔚来先进制造基地年产能 12 万台，并预计升级完成后将达到 24 万台整车及零部件年产能（韩鑫，2022）[8]。此外，部分都市圈开展了反向飞地、互为飞地等一系列探索，推动创新资源要素在中心城市或相对发达的城市实现从外部向园区集聚流动，再从飞入地流入欠发达的飞出地，利用"两次跳跃"发展机制实现创新资源的异地集聚和跳跃式转移、输送。如衢州海创园的建设，通过反向飞地的设立有效缩短了高端生产要素与衢州海创园，以及创新要素进入衢州本土的距离，弱化距离对创新发展的负面影响，带动衢州紧跟杭州

步伐实现产业升级转型。

都市圈内部经济、空间结构的发展演变始终以产业为核心，制造业空间差异化趋势明显，逐渐形成了围绕核心城市的产业在外围地区形成专业化集中分布区的格局（孙承平，2021）[9]。产业分工层面，以成都都市圈为例，初步构建成德以中国东方电气集团、成眉以通威集团有限公司、成资以爱齐医疗公司为代表的总部（研发）在成都、生产制造在德眉资的协同格局，都市圈内 1000 余家工业企业形成稳定配套协作产业生态。产业链供应链对接合作层面，重庆市通过发挥龙头企业的辐射带动作用，在承接产业转移过程中，着力构建研发、制造、服务一体化的产业链体系，形成了电子信息、汽车制造等完整产业链，形成了"滚雪球"效应，到 2023 年全市整车企业已达 21 家，零部件企业超过 1000 家，70% 以上零部件实现本地配套。

全球新一轮科技革命和产业变革加速，创新在推动区域协同发展、产业升级转型方面发挥着重要作用。都市圈发展模式呈现协同创新与产业发展的深度融合，都市圈的整体竞争力得以提高（许竹青等，2022）[10]，京津冀、长三角、粤港澳地区等先发成熟都市圈连绵区均在创新资源高度集聚的基础上进一步形成了创新尖峰与产业高地相互促进的空间范式。2016 年至今，我国启动建设了 23 家国家制造业创新中心（见表 3-1），均以都市圈为主要空间载体，结合各大都市圈优势领域的产业基础和创新资源，都市圈创新策源和创新转化载体作用进一步凸显，持续推动产业升级（孙承平，2021）[9]。

表 3-1　国家制造业创新中心

启动建设时间（年份）	创新中心名称	所在都市圈
2016	国家动力电池创新中心	北京都市圈
2017	国家增材制造创新中心	西安都市圈
2018	国家印刷及柔性显示创新中心	广州都市圈
2018	国家信息光电子创新中心	武汉都市圈
2018	国家机器人创新中心	沈阳都市圈
2018	国家智能传感器创新中心	上海都市圈
2018	国家集成电路创新中心	上海都市圈
2018	国家数字化设计与制造创新中心	武汉都市圈
2018	国家轻量化材料成形技术及装备创新中心	北京都市圈
2019	国家先进轨道交通装备创新中心	长沙都市圈
2019	国家农机装备创新中心	郑州都市圈
2019	国家智能网联汽车创新中心	北京都市圈

续表

启动建设时间（年份）	创新中心名称	所在都市圈
2019	国家先进功能纤维创新中心	上海都市圈
2020	国家稀土功能材料创新中心	南昌都市圈
2020	国家集成电路特色工艺及封装测试创新中心	上海都市圈
2020	国家高性能医疗器械创新中心	深圳都市圈
2021	5G 中高频器件创新中心	深圳都市圈
2021	国家玻璃新材料创新中心	合肥都市圈
2021	国家高端智能化家用电器创新中心	青岛都市圈
2021	国家智能语音创新中心	合肥都市圈
2022	国家石墨烯创新中心	宁波都市圈
2022	国家虚拟现实创新中心	南昌都市圈
2022	国家超高清视频创新中心	成都都市圈

专栏：广州都市圈——从市场主导到市场与政府双重推动广佛产业协同发展

2008 年以来，广州市基于优化城市产业结构和空间布局的考虑，颁布并实施"退二进三"政策，同时调整产业布局，逐步形成以汽车、电子、石化等为支柱的产业体系。在这一过程中，佛山积极承接广州所疏散的产业，实现错位发展。2009 年《广州市佛山市同城化建设合作框架协议》出台，落实两地产业规划对接、共商重大问题、协调重大项目、优化产业布局等合作内容，进一步完善合作制度与合作平台。从 2016 年至今，广州"三二一"型和佛山"二三一"型产业结构相对稳定，产业结构的内部差异性为两市产业的互补合作提供了基础。目前，广佛两地已形成较为紧密关联的产业分工体系。"十三五"期间两市共计实施产业协作项目 31 个，互相投资企业达 4291 家，企业"总部—分支"联系数量达 2500 多家，共育产业平台 30 个，对整个大湾区发展影响深远（广州市人民政府统计数据，2020）[11]。2022 年，两市进一步谋划产业合作，印发《广佛全域同城化"十四五"发展规划》，明确提出要进一步凸显"广州服务 + 佛山制造"协同效应，不断增强产业竞争力，大力共建先进装备制造、汽车、新一代信息技术、生物医药与健康四个万亿级产业集群。

以汽车产业链为例。随着中日合资的广汽本田、东风日产、广汽丰田分别在黄埔区、花都区、南沙区成立，2005 年广汽集团成立，2007 年以爱信精机（佛山）、佛山丰田纺织等为代表的日系零部件一二级供应商在佛山南海、禅城等地布局。到 2009 年，广佛集群化产业化特征凸显，日系国产化下以合资整车及零部件生产为主的"广州整车，佛山配套"区域分工合作初步形成，产业链条不断延伸，技术创新获得突破，产销规模大。自 2010 年起，广佛地区自主品牌逐步崛起，产业集群持续扩大。广汽集团建成广汽研究院，广汽传祺在番禺建成投产；北汽项目落户广州增城，北汽福田整车落户佛山三水；此外，广汽菲亚特、广汽埃安、小鹏陆续建成投产。近年来，广佛地区汽车产业链进一步迈向生态化，并依托技术创新优势支撑起新能源汽车版块发展。2023 年广州市汽车产量达 318 万辆，整车产量连续 5 年全国第一，基本达到"国内每 10 台车就有 1 台广州造"（黄楚旋，2024）[12]；其中新能源汽车产量达 65.16 万辆（广州市统计局，2024）[13]，占全国产量的 6.9%。

专栏：杭州都市圈——加大政策优惠力度，积极对接转移产业

杭州都市圈建设初期，杭州经济发展面临"退二进三""优二进三"的产业结构转型和动能外溢的内在需求，制造业转移与集聚趋势明显。对比周边其他县市，德清县对接杭州的政策优惠力度较大，对比周边县市吸引了最多的杭州企业到德清发展。目前德清地理信息产业园引进了千寻位置、国遥、正元、中海达、长光卫星等 430 余家各类地理信息企业以及中科院微波特性测量实验室、武汉大学技术转移中心等科技创新载体，协同建设杭州——德清国家级人工智能试验区，高水平建设联合国全球地理信息知识与创新中心。从具体政策举措来看，为进一步吸引杭州企业及人才转移到德清，德清县从多方面着手，积极做好产业承接及服务工作。一是通过购买车辆通行费服务的方式，进一步对德清县境内 12 个高速收费点且在杭州——德清区间内起止的持杭州、德清牌照的一类客车实行免费通行；二是以政府专项债支撑杭州——湖州德清城际轨道交通项目，推动建设轨道上的都市圈，进一步强化德清与杭州之间的联系；三是推出便民利企 178 项"湖杭"一体化通办事项清单，率先探索实现公安、市场监管、公积金等数据互通互认。

二、有为政府引导完善都市圈产业协同机制

越来越多的都市圈寻求"政府＋市场"等多方形成合力，以市场机制为主导、产业政策为引导，从政府主导向市场导向转变，将市场视为资源配置的有效手段，建立统一的市场机制；同时，政府加快完善产业协同方面的监管和服务体制机制，为重点产业发展营造有竞争力的良好环境，促进产业协作，带动形成产业链和产业集群。此外，在市场化环境中，往往有更多元形式的机构参与产业共建共享。如上海都市圈近年积极通过股份合作、飞地自建、托管建设等模式推动共建异地产业园区，积极发挥上海中心城市的辐射作用，促进都市圈内各城市的产业协同发展和互动共生，推进创新成果的异地转化。运营模式大致有三种：一是政府主导—政府运营模式，以乐清市南翔镇科创合作基地为典型，该飞地采用轻资产运作模式，由国资公司运营管理；二是政府主导—企业化运营模式，以慈溪（上海）飞地服务中心为典型，主要采用轻资产运作模式，由浙大网新上海团队（浙江飞地科技产业发展有限公司）专业化运营管理；三是政府主导—基金引导—企业化运营模式，以南浔（上海）科创中心为典型，主要采用重资产运作模式，通过产业基金对项目进行研判、分析与投资，在科创中心经过

孵化加速后，把规模产业化的项目导入南浔，最终形成"基金＋产业＋园区"的产业生态闭环，由湖州浔英沪融科创有限公司运营，南浔产业引领股权投资基金负责产业投资（曹贤忠等，2021）[14]。

设立共建基金等金融同城化方式是促进都市圈内产业协作共兴的重要抓手，能显著提升对都市圈区域内产业创新主体的赋能支持力度。诸多都市圈通过不断完善联动机制，积极推动都市圈内的金融资源、金融工具优化配置，有效促进都市圈金融服务均衡化、高效化，从而增强源头供给，提升产业协作的主动性和水平，同时，建立利益共享激励机制也能有效促进不同利益主体权益分配的协商。其中南京都市圈、成都都市圈、福州都市圈等积累了较多经验，积极以市场化途径设立都市圈协同发展投资基金、同城化科创专项基金等，用以促进产业转移承接和技术的输入输出，为都市圈的产业链协同及创新产业合作提供了资金支持。以成都都市圈为例，成德眉资同城化办会同成都市科技局、成都科创投集团等多元主体共同探索组建同城化科创基金，"科创投"系列基金群总规模增至48.11亿元，有效促进了科研院所成果"外溢"、转化为新兴产业，促进都市圈内城市的产业协作。

专栏：福州都市圈——多市联合设立基金撬动重点项目投资

为促进闽东北协同发展区建设和区域协调可持续发展，福州市联合宁德、南平、莆田、平潭综合实验区等"四市一区"，于2020年底共同设立了闽东北两翼基础设施发展基金，由兴业银行福州分行担任两翼基金的基金管理人。基金规模40亿元，期限10年，主要支持闽东北"四市一区"的"两新一重"重点基础设施建设、产业园区建设以及实体企业技术升级改造等。从认缴出资额来看，福州与其他三市一区的认缴比例为6∶1；从资金撬动比例来看，闽东北两翼基础设施基金出资撬动比例超过4倍，有效带动其他资金支持重点项目。基金首期项目库储备超30个项目。该基金投资的第一个项目是华电福新周宁抽水蓄能有限公司的"周宁蓄能电站项目"，通过两翼基金，兴业银行福州分行、宁德分行携手向该项目投放项目贷款5000万元，利率较现行5年期LPR下浮后，可为企业节约融资成本达400万元。2020年12月底，基金又向京福高速投放金额约4亿元、优惠利率4.165%的贷款，为后续高速道路养护等方面提供金融支持，助力闽东北区域间要素畅通往来。此外，福州都市圈各成员城市还共同发起成立了福建闽东北两翼股权投资发展基金。

专栏：广州都市圈——积极探索跨区域产业转移与合作模式

2023年3月，广东省委、省政府出台《关于推动产业有序转移　促进区域协调发展的若干措施》，实施新一轮省内对口帮扶协作，明确支持珠三角各市在粤东粤西粤北地区探索布局创新共建园区、双向"飞地经济"等多种形式的跨区域产业合作模式。广清经济特别合作区以承接广州产业转移为主要契机，探索建立以广州开发区主导开发运营、清远负责社会管理的园区共建共享模式，有效推动广清产业链条的融合发展。一是创新园区开发模式，引入产业集群龙头项目。广清特别合作区中开发区主导模式的特点是园区开发建设"充分授权、封闭运作"，以"园区管理机构＋国有平台公司＋产业集群"的形式进行开发。广清经济特别合作区广清、广佛（佛冈）、广德（英德）三大园区充分发挥广州开发区、黄埔区主导开发的优势，聚焦产业定位和优势特色，稳商招商，以商招商，着力引进一批延链、补链、强链的龙头项目，如广清园园区进驻企业约80%来自广州，已初步形成智能家居、汽车零部件、高新现代农业生物技术、新材料、食品美妆五大产业集群。截至2022年底，合作区内的广清产业园、广佛（佛冈）产业园、广德（英德）产业园"三园"共引进项目646个，其中世界500强项目6个、高新技术企业54家、上市企业11家，计划总投资近2000亿元。二是营造良好营商环境，确保"留得住""可持续"。广州开发区、黄埔区营商环境便利度已连续数年位居全国开发区第一，带来大项目的同时，来自该区的援建干部也将有口皆碑的黄埔营商体系带到广清合作区的三大产业园区。在广州开发区、黄埔区的积极推进下，广清合作区的三大园区积极践行"一切为了投资者，一切为了企业"的服务理念，营商环境完全对标广州开发区、黄埔区，"有事速办、无事不扰"，深入推进"一门式""一网式"服务建设，实现工程建设项目从立项选址到竣工验收备案全流程"一网通办"。目前，广清两市合计629项事项实现跨城"自助办"，2871项事项实现跨城"专区办"，两市办事无缝衔接。2023年，广清合作区完成规模以上工业总产值243.94亿元，同比增长22.26%；完成规模以上工业增加值79.42亿元，同比增长13.75%；完成全社会固定资产投资67.17亿元，实现全口径税收8.32亿元，为推动全省产业有序转移和城乡区域协调发展提供了可复制、可推广的"广清经验"。（陈国飞，2023）[15]（付鹏等，2024）[16]

专栏：杭州都市圈——探索反向飞地、互设飞地等互补协作、利益共享模式

为转变自身经济发展的落后态势，衢州、诸暨等周边城市在承接杭州转移的大量制造产业基础上，提出要转换新旧动能、引进优质资源要素、加强产业和科技创新、培育产业新业态，并创新"飞地模式"，走企业"研发在杭州，生产在本土，创业为本土"、人才"工作生活在杭州、创业贡献在本土"的合作新路径。一是项目上共享共赢。聚焦"飞地"和"飞入地"的重点产业的补链、配链、延链、强链，强化两地产业链精准招商系统赋能互补协作，探索建立杭衢研发创新和生产制造互为"飞地"利益共享模式，招引建设一批重点项目。二是人才上同城待遇。如形成杭衢人才政策同城化备忘录，对接杭州高层次人才分类标准，帮助在衢州海创园工作的飞地人才对接落实人才落户、购房资格、子女教育、医疗服务等人才政策，不断提升人才获得感，让人才安心创新创业。三是活动上共同参与。将衢州海创园等"飞地"纳入统一的当地园中园进行相应管理，例如重要活动的通知、活动的参与、招商活动的推介、公共服务平台的开放等，为"飞地"提供招商引资、招才引智、科技创新、机制创新、业态创新、管理创新、服务创新等全产业链服务。四是成本利益共同商议。以衢州海创园为例，在用地指标配置方面，衢州

以土地指标换取在杭"飞地"空间，满足杭州未来科技城在开发过程中的大量土地指标需求，缓解其用地紧张的矛盾，最大化区域土地资源利用的总体福利；在税收方面，衢州海创园地方税收 100% 返还给衢州，GDP、外商投资额等指标原则上按照协商比例纳入合作双方相关指标统计范围。目前衢州海创园、诸暨岛等已经初见成效，衢州海创园一期已入驻企业 37 家，其中数字经济类企业 20 家，占比 54%，浙江智网科技有限公司、浙江锐文科技有限公司等一批高质量项目已在衢州转化落地；在杭州滨江区设立"诸暨岛"，在诸暨开发区打造"杭州港"，并以一岛一港主动承接杭州都市圈创新创业孵化成果，"杭州诸暨岛 - 诸暨杭州港"创新园已汇聚 80 多家企业，引进国家高新技术企业 42 家，省千① 以上人才 22 名，促成杭州 15 家企业在诸暨设立生产基地，28 家企业在诸暨实现产业化。

第三节　能级提升、共谋发展——都市圈科技创新协同

当今世界正经历百年未有之大变局，新一轮科技革命和产业变革深入发展，"十四五"时期乃至更长一段时期的发展对加快科技创新提出了迫切要求。党的二十大报告确立了到 2035 年实现高水平科技自立自强、建成科技强国的战略目标，提出"深入实施科教兴国战略、人才强国战略、创新驱动发展战略"。2024 年政府工作报告中提出，大力推进现代化产业体系建设，加快发展新质生产力。充分发挥创新主导作用，以科技创新推动产业创新，加快推进新型工业化，提高全要素生产率，不断塑造发展新动能新优势，促进社会生产力实现新的跃升。在 2019 年 2 月国家发展改革委印发的《关于培育发展现代化都市圈的指导意见》中，对都市圈科技创新协同的指引主要集中在两个部分：一是"推动中心城市产业高端化发展"中，明确提出要加快推动中心城市集聚创新要素、提升经济密度、增强高端服务功能，并通过关键共性技术攻关、公共创新平台建设等方式，加快制造业转型升级，重塑产业竞争新优势；二是"推动技术市场一体化"中，支持联合建设科技资源共享服务平台，鼓励共建科技研发和转化基地，建立都市圈技术交易市场联盟，推动科技创新券在城市间政策衔接、通兑通用。

从科技创新的规律来看，创新技术转移与创新协同发展具有明显的地理毗邻性特点，具有地理毗邻优势的群带状区域逐步成为知识空间溢出效应和区域创新活动频繁交流的组织形态，并且通过紧密的跨境合作可以进一步削弱区域科技创新合作的"负面边界效应"，实现共赢（孙哲等，2017）[17]（Hjaltadóttir R E et al.，2020）[18]。都市圈

---

① 省千，指浙江省"千人计划"，是浙江省高层次人才政策之一。

的协同创新（见图 3-3）主要以不同等级城镇作为创新载体，以企业、政府、科研机构、大学、中介组织等作为创新主体，通过不同主体的交互联通作用及重新配置，初步形成了以核心城市为创新孵化源头、其他城市为转化 - 中试 - 生产载体的区域性产业布局模式，实现集群的跨区域转移、创新链不同环节的分工。创新集群的跨区域承接也有利于各城镇协调发展、充分发挥各主体的优势，建立密切关联，区域创新能力可以得到提升，也能促进都市圈区域竞争力的提高。目前，都市圈内核心城市、中小型城市、外围区域的创新交流与合作日益加深，创新主体的跨区域联通逐步加密，进一步推动了创新系统协同发展，有助于都市圈的可持续创新发展。

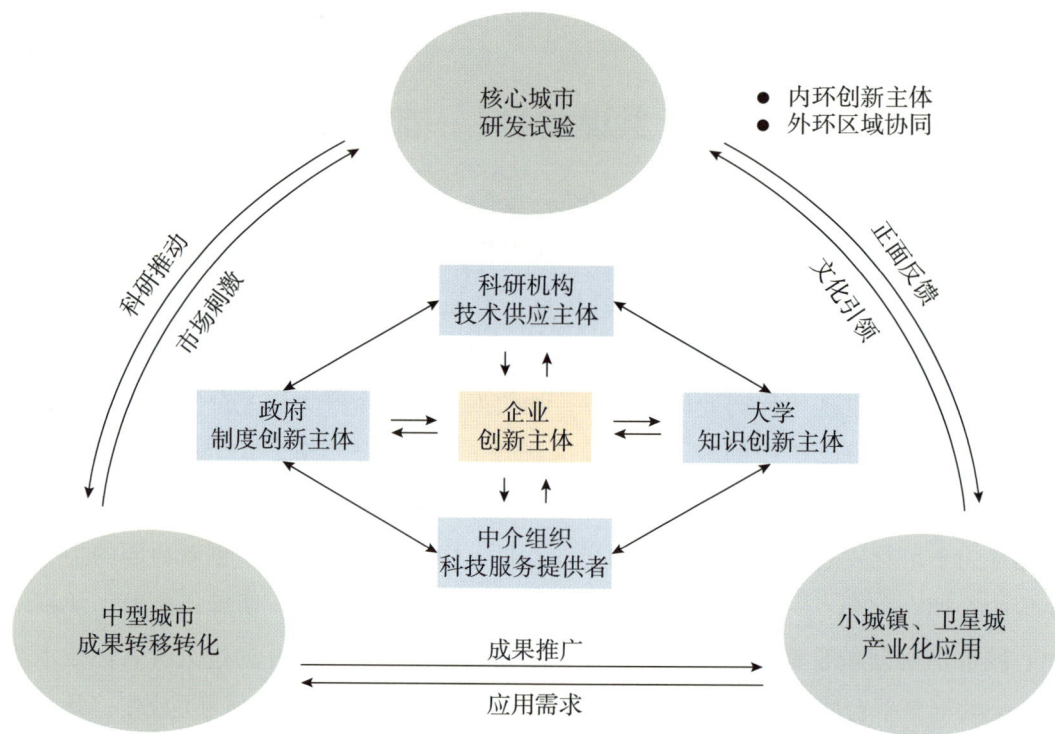

图 3-3　都市圈协同创新运作机制

[根据参考文献改绘（许竹青等，2022）[10]]

一、创新资源集聚提升都市圈科技创新能级

创新要素包含信息、技术、知识、人力资本和资金等资源要素，也包含结构、主体、环境等要素，其中资源要素的匹配是都市圈创新系统形成的关键，都市圈正是依靠主体协同和要素流动形成了创新网络。都市圈内的创新要素得到高效利用能加快知识溢出、技术转移和学习特征，促进区域创新能力提升。目前我国都市圈的创新要素正在

不断聚集，截至 2021 年，长三角城市群联合打造 G60 科创走廊，长三角科技资源共享服务平台整合了区域内 2420 家法人单位的 3.1 万台（套）大型科学仪器设施，四省市政府共同出资支持长三角重大科技攻关项目，设立长三角 G60 科创走廊科技成果转化基金，有效聚集优势科创资源（陈迪宇等，2021）[19]；粤港澳大湾区围绕产学研转化创新已建成 34 家国家级、71 家省级国际科技合作基地，20 家粤港澳联合实验室，国家高新技术企业达 5.7 万家；科技创新综合水平迈入全球"第一方阵"。根据世界知识产权组织（WIPO）发布的《2022 年全球创新指数报告》，广深港科创集群排名全球第二，仅次于东京 - 横滨。其中广深港科创集群 PCT 国际专利申请量达到 9.4 万件，排名世界第二；科学出版物 13.3 万件，排名世界第五。

目前都市圈的创新协同已取得一定成效，在各类创新主体、资源的聚集下，都市圈逐渐成为我国的创新高地，有效发明专利数量优势突出。公开统计数据显示，2023 年，我国国内（不含港澳台）发明专利拥有量 401.5 万件（邱海峰，2024）[20]，其中都市范围内有效发明专利拥有量为 323.7 万件，占全国的 80.62%。都市圈对区域的创新带动能力则更为突出，上海都市圈在长三角科技创新产出方面具有核心影响，能通过核心技术攻关带动长三角创新能力提升。2023 年上海都市圈专利授权数为 54.11 万件，占长三角地区的 47.86%，其中发明专利 11.65 万件，占长三角地区的 47.07%。

专栏：深圳都市圈——加强大型科研平台、大科学装置建设，提供坚实技术支撑与保障

2013 年 2 月，中国科学院高能物理研究所在广东东莞设立东莞研究部，负责推动国家重大科技基础设施中国散裂中子源（CSNS）的建设和运行。2011 年 10 月，中国散裂中子源于广东省东莞市奠基，2018 年 8 月通过国家验收并正式对国内外各领域的用户开放。中国散裂中子源不仅填补了国内脉冲中子源及应用领域的空白，技术和综合性能进入国际同类装置先进行列，显著提升了我国在相关领域的技术水平和自主创新能力，使我国在强流质子加速器和中子散射领域实现了重大跨越，为我国在物质科学、生命科学、资源环境、新能源等方面的基础研究和高新技术研发提供了强有力的研究平台，而且为粤港澳大湾区综合性国家科学中心的建设提供了重要的支撑平台。

同时，中国科学院高能物理研究所为进一步拓宽研究领域，加强大型科研平台的建设，积极推进南方先进光源关键技术预制研究，为未来南方先进光源建设提供技术支撑和保障。南方先进光源项目设计为具有国际领先水平的基于衍射极限储存环的第四代中能区同步辐射光源，同时实现高通量模式运行，可应用于所有与微观结构有关的领域，如物理学、化学、生命科学和医学、材料科学和工程、能源科学和技术、地球和环境科学、纳米科技等。未来，南方先进光源将和已建成的中国散裂中子源实现优势互补，形成世界一流的物质科学研究中心，有利于进一步拉动科技创新对产业的发展，对发展新一代信息技术、新材料等新兴产业有很大的促进作用，对于大湾区的产业升级和综合性国家科学中心建设具有重要意义。

专栏：深圳都市圈——大力支持新型研发机构发展，引领自主创新

自 1996 年以来，深圳市持续探索新型研发机构的建设与发展，鼓励并支持新型研发机构充分发挥其云集众多科研工作者，同时直面市场需求的优势，形成产业发展的"中间体"，进而提升原始创新能力，拉动产业规模提升。目前，深圳市以深圳清华大学研究院、中科院深圳先进技术研究院、鹏城实验室、华大基因研究院、深圳光启高等理工研究院等为代表的深圳新型研发机构，开创了一个快速提升源头创新能力并快速实现产业化的新型科技研发模式，以市场化、产业化、多元化、社会化和国际化的特性，引领我国新型科研机构自主创新。

2022 年，结合当前新的发展形势及新型研发机构实际需求，为更好地支持新型研发机构发展，深圳市及 12 个区分别出台了针对包括新型研发机构在内的科创孵化器支持政策，政府根据申报项目情况给予对应的投资与经营辅导。其中，《深圳市前海深港现代服务业合作区管理局支持新型研发机构管理办法（试行）》出台，在建设资金扶持方面，按照研发投入强度，设置 300 万元、600 万元和 1000 万元三档年度支持标准，对港澳高校、研发中心设立的新型研发机构通过协议方式予以支持；在发展扶持方面，对机构获评粤港澳联合实验室、承担各级科技立项予以奖励。

新型研发机构中，以深圳清华大学研究院和中国科学院深圳先进技术研究院为代表。一是深圳清华大学研究院，由深圳市政府和清华大学共建，是以企业化方式运作的事业单位。目标为服务于清华大学的科技成果转化和服务于深圳的社会经济发展。研究院首创"四不像"创新体制，形成研发平台、人才培养、投资孵化、创新基地、科技金融和海外合作六大功能板块。由深圳市政府和清华大学各出资 50% 建设，下设 8 个专业研发平台、3 个孵化中心、4 个创业基地、3 个人才实践基地等机构。成立了面向战略性新兴产业的 80 多个实验室和研发中心，累计孵化企业 2600 多家，培养上市公司 25 家；在珠三角地区成立了一批创新中心及孵化基地；为中小微科技企业提供"一揽子"科技金融支持，用投贷结合、投保结合等创新方式为科技企业提供服务。如图 3-4 所示为初创企业与深圳清华大学研究院合作模式。

二是中国科学院深圳先进技术研究院，是由中国科学院、深圳市政府和香港中文大学合作共建的，定位建设成为国际一流的工业研究院。在人力资源管理、财务管理、平台建设等多个领域进行了体制机制的探索和实践，在创新生态上形成了"科研＋教育＋产业＋资本"四位一体的微创新体系。以"国有新制"的模式发展，坚持事业单位企业化、市场化运营机制运作。中国科学院深圳先进技术研究院从组建开始的定位就贴近市场需求，从科研项目立项再到人才引进均以产业化为目标，累计与华为、中兴、创维、腾讯、

美的、海尔等知名企业签订工业委托开发及成果转化合同逾 700 个，合作开展产学研项目申报超过 800 个。

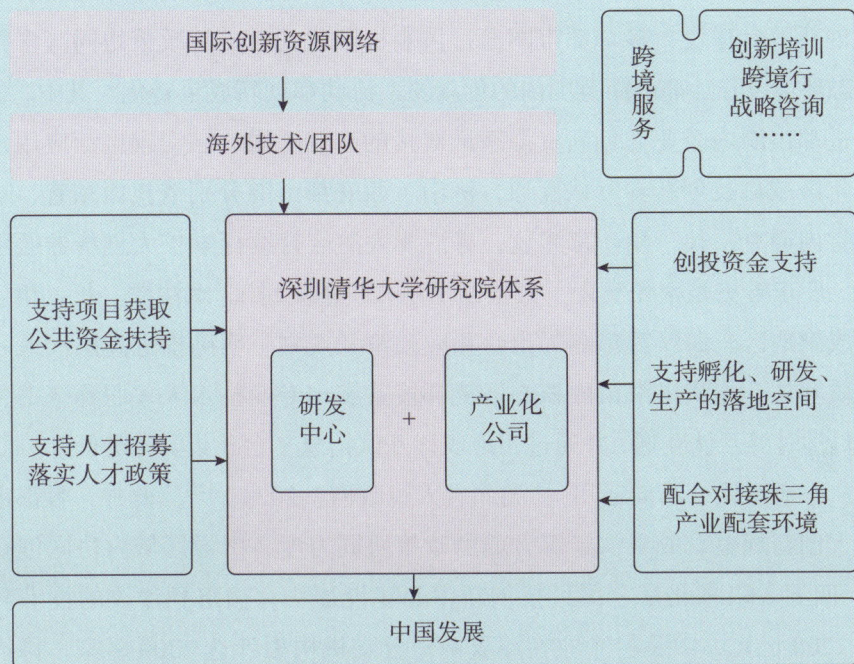

图 3-4　初创企业与深圳清华大学研究院合作模式图（深圳清华大学研究院，2023）[21]

二、创新要素自由流动推动都市圈创新合作

都市圈作为我国推进科技强国战略的重要支点，近年来以打造国家战略科技力量为目标，充分发挥都市圈内城市的不同优势，加快推进国家实验室、技术创新中心等区域高能级科创平台协同建设，推动都市圈内科技创新服务平台、技术合作与交易平台等的共建共享，完善"基础研究—应用研究—成果转化"的区域创新体系链条建设，取得了显著进展。以长三角都市连绵区为例，之江实验室成为浦江国家实验室核心支撑，领衔建设国家智能计算研究院，昌平、临港国家实验室建设方案已明确支持西湖实验室、浙大余杭脑机交叉研究院建设国家实验室浙江基地，西湖大学积极承担合肥实验室战略任务。2022 年，三省一市共同承担国家重点研发计划 296 项，两项成果[①]入选 2022 年度中国科学十大进展。此外，宁波甬江科创大走廊的建设，打造了以科学研究及技术研发平台为主体、以创新孵化及科技公共服务平台为支撑的创新平台体系；南京都市圈共建国家级科技创新平台，充分发挥国家第三代半导体技术创新中心（南京）

---

① 包括：之江实验室、中国科学院上海天文台共同参与的"FAST 精细刻画活跃重复快速射电爆"，浙江大学和上海理工大学等共同研发的"发现飞秒激光诱导复杂体系微纳结构新机制"。

的作用，优化重大科研基础设施布局；上海都市圈建设技术合作与交易平台，鼓励市场化的技术转移中心设立，关注共性技术研发、标准制定和产品市场化等方面，提升创新转化与合作的能力。

除了创新平台建设，多个都市圈通过体制机制联动、支持政策协同等多种方式优化创新生态环境，鼓励都市圈范围内的创新要素流动和创新成果转化。其中，科技创新券作为促进都市圈内企业与创新资源精准对接的有效手段，已实现广泛应用，如成德眉资同城化区域科技创新券互认互通，济南、西安都市圈分别依托山东省、陕西省创新券实现省内通兑，长三角、京津冀、粤港澳大湾区持续探索扩大创新券通用通兑的适用范围，广东省更是率先实现了"全国使用、广东兑付"。京津冀、长三角、粤港澳大湾区、成渝地区、武汉都市圈等出台相应政策及规划，明确推进高层次人才引进和跨区域资质互认，如武汉都市圈核心区武鄂黄黄实现专业技术人才职称证书、继续教育公需科目学时等互认互通，并通过四地职称互认信息平台建设，实现职称"源头核验、协同联动、一地确认、四地通用"（湖北省人民政府，2024）[22]。此外，各都市圈还积极探索加大创新规范、成果认定等方面的政策协同力度，引导区域内协同创新网络的构建。"十四五"以来北京全国科技创新中心建设加快，输出到津冀的技术合同成交额累计超1200亿元，中关村企业在津冀两地分支机构累计达8300多家，科技创新链加快形成。长三角地区成立国家科技成果转移转化示范联盟，开展成果转移转化体制机制创新和政策先行，2022年三省一市相互间技术合同输出2.5万余项，技术交易额1860亿元。

专栏：长三角都市连绵区——积极推进"科技创新券通用通兑"

2021年1月9日，上海市青浦区、江苏省吴江区、浙江省嘉善县和安徽省马鞍山市（"青吴嘉马"）四地首先开展了长三角科技创新券通用试点工作，支持试点区域科技型中小企业跨区域用"券"，使用外部区域的科技资源开展创新创业活动。2021年，长三角四省市及生态绿色一体化发展示范区执委会等五部门发布《关于开展长三角科技创新券通用通兑试点的通知》，设置"企业申领、企业兑付"的通用模式及"企业申领、机构兑付"的通兑模式。2022年，为进一步放大科技创新券政策效果，三省一市科技厅（委）联合印发《关于促进长三角科技创新券发展的实施意见》，推进四项任务：一是分类推动科技创新券政策发展，按实施基础分为成效较好、初步开展和基础薄弱三类区域，分类指导，逐步解决科技创新券政策区域不平衡的问题；二是推进科技创新券政策互联互通，明确"三统一"（支持对象、支持范围、平台支撑）和"三灵活"（服务机构、使用额度、兑付方式），在"求同"和"存异"方面提出实施路径，为长三角科技创新互联互通和一体化奠定基础；三是提升长三角科技创新券服务系统效能，加强长三角科技资源共享服务平台与各省市科技资源共享服务平台联动，用数字化和智能化手段，提升开放协同质量；四是建立长三角科技创新券服务保障体系，增强便利性，推动政策、资源、市场的有效联动。目前，浙江省已经打通浙江科技大脑与长三角科技创新券通用通兑平台，实现全域参与通用通兑，2022年共有700多家企业跨区域获取科技服务1800余次，使用创新券金额达3600万元；江苏省有2个试点地区参与通用通兑，2022年江苏与沪浙皖间的技术合同总数超1.8万项，成交总额超1100亿元，仅苏州试点区域就有超550家企业申领使用长三角科技创新券，兑付金额超800万元。

专栏：西安都市圈——探索建设秦创原创新驱动平台

2021年3月30日，秦创原创新驱动平台在西咸新区创建，成为陕西省全省创新驱动发展的总源头、总平台。秦创原为政府、高校、院所、企业、金融机构共同参与提供平台支撑，具体由政府提供政策支持，高校和院所提供智力支持，企业和金融机构提供落地转化支持，形成了创新转化的完整链条。一是通过加快推进"一中心一平台一公司"（秦创原创新促进中心、秦创原网络平台、秦创原发展公司），支持总窗口与地市创新促进中心的交流协作，打通各地市与总平台的互联共享，满足企业主体和创新创业人员需求。二是依托"三器"（立体联动"孵化器"、成果转化"加速器"、两链融合"促进器"）建设，围绕23条重点产业链及薄弱环节、技术瓶颈和发展需求，持续加大关键核心技术攻关，加快重大产品开发、重大成果转化和重大示范工程建设，推动产业链、创新链双链融合。三是持续复制推广"三种模式"（"一院一所"模式、"三项改革"试点、"校企合作共建"创新平台模式），支持科研院所等突破原有制度机制障碍，促进科技成果"有权转""愿意转""转得顺"。截至2023年6月底，秦创原发展股份有限公司完成2044项高校成果遴选，聚合各类服务机构561家，上线科技金融产品143个，吸引入原创新主体4792家。此外，实现高校院所科研人员累计创办领办企业832家，仍有12 973项成果正在实施转化，国家重大科技基础设施、国家重点实验室等高能级创新平台数量居中西部前列，秦创原的带动效应不断凸显。

专栏：南京都市圈——集成创新机制打造区域科创高地

南京都市圈在落实国家级科创金融改革试验区建设的同时，积极推动区域创新协同发展，集成多项政策机制，形成合力共推南京都市圈建设成为区域科创高地。2022年年底，南京获批成为全省唯一的国家级科创金融改革试验区，一年来按照中国人民银行等八部门联合印发的《上海市、南京市、杭州市、合肥市、嘉兴市建设科创金融改革试验区总体方案》和江苏省政府办公厅印发的《南京市建设科创金融改革试验区实施方案》的工作要求，努力构建与科技创新相适配的科创金融服务体系，金融助力科技创新的动能得以持续增强。实施方案中，提出用足用好多层次资本市场、探索知识产权等融资模式创新等，并针对都市圈探索城市统一科创金融标准建设、跨区域融资联动等，提升科创金融开放创新和一体化发展水平。目前，面向建立科创企业和金融机构供需双方新链接，建设了南京市科创金融产品库和南京市科技型中小企业库，公布 2 万余家科技型中小企业名单，精选推出 200 余款科创金融产品，利用南京金服平台以及"宁企通"金融服务专区等平台，推动科创金融资源高效配置。科创金融服务触角进一步延伸，面向各开发园区和重点孵化器，设立了 18 家科创金融服务驿站，为科创企业提供专业化、综合性金融服务（南京市人民政府，2024）[23]。

专栏：杭州都市圈——建设概念验证中心，破题科技成果转化"最初一公里"

为培育一批具有高水平服务能力的概念验证中心，打造全国科技成果概念验证之都，构筑科技成果转移转化首选地，杭州在全国率先建设一批概念验证中心。2022 年 11 月，杭州首批 15 家概念验证中心获正式授牌，其创建单位名单中，由高校和实验室负责建设的占大多数，围绕生物医药、新材料、智能物联等领域，精准推动五大产业创新。这些概念验证中心可以对科技成果进行初步筛选、验证，比如技术落地快不快、产业结合后规模大不大、可替代性强不强等维度，再对筛选后的成果提供验证资金，帮助生产样品，到一定阶段后再进行孵化。2022 年 12 月杭州市科学技术局印发《杭州市概念验证中心建设工作指引（试行）》。此外，围绕构建概念验证体系所需人才引进与培养，杭州"有的放矢"制定新人才政策，提出了概念验证领域的人才评价和职称评定制度，并将技术经纪（经理）人列入紧缺人才需求目录。2023 年 6 月，杭州构筑科技成果转移转化首选地建设的核心支撑平台——杭州技术转移转化中心启用，目前已建设科技成果库和技术需求库，现有成果超过 50 万项，技术需求超过 1.2 万项；已引进上海技术交易所等 42 家机构入驻，并推动 600 余项成果对接，40 余项完成转化。在一系列举措的助推下，2022 年，杭州规上科技中介服务企业实现了零的突破，服务科技成果转移转化的从业人员越来越多，市场已初具活力。2023 年，杭州全市技术合同总数超过 3.8 万项，较 2022 年同期增长 47.6%；技术交易总额达到 1588 亿元，较 2022 年同期增长 49.7%，其中技术合同吸纳金额增长 230 亿元，预计保持全国第 5 位；超过 2100 件发明专利实现产业化，科技成果转化指数达到 994.17，居浙江首位。

专栏：成都都市圈——高层次人才引进和跨区域资质互认

成都人才园与各市州共建"双招双引"人才工作站，建立"人才飞地""研发飞地"，形成研发在青羊（成都）、转化在市州，居家在青羊、工作在市州的人才和创新资源共享模式。此外，继在川渝省际间、川渝高竹新区内开展外国人才来华工作许可互认试点后，四川省科技厅与公安厅再度联合，印发了《成德眉资外国人才来华工作许可互认试点实施方案》，在成德眉资区域开展外国人才工作许可互认试点，明确经成德眉资任一市级科技行政管理部门认定的外国高端人才（A 类）和外国专业人才（B 类），转聘到其他 3 市工作时可直接认定，有力助推人才资源要素在成德眉资同城化区域有序流动、优化配置。

第四节 普惠均衡、协调发展——都市圈公共服务共建共享

推进基本公共服务均等化是我国保障和改善民生的重要内容，都市圈内公共服务均衡普惠、整体提升是推动都市圈同城化发展的重要目标之一（傅娟等，2020）[24]，能促进都市圈内各城市之间协同发展，增强都市圈综合竞争力，提升居民生活质量和满意度。2019 年 2 月，国家发展改革委印发的《关于培育发展现代化都市圈的指导意见》提出要推进公共服务共建共享，从基本公共服务、社会保障、社会治理等方面推动一体化发展，尤其是都市圈内优质公共服务资源共享，推动政务服务的联通互认。2021 年 12 月国家发展改革委等多个部门联合印发的《"十四五"公共服务规划》、2022 年 6 月国家发展改革委印发的《"十四五"新型城镇化实施方案》等文件均指出，要针对义务教育、医疗卫生、社会服务等重点领域缩小区域、城乡、人群间的基本公共服务差距，加快补齐基本公共服务的软硬件短板弱项，加强跨地区的统筹协调，共建共享公共服务设施。近十年来，我国持续推进优质高效医疗服务体系的构建，医疗联合体建设逐渐由"松散"转向"紧密"（王笑频，2023）[25]，医疗管理信息化建设已基本完成，正朝向临床医疗管理信息化和区域医疗信息化阶段迈进。都市圈内跨区域、跨城市的教育集团化办学模式不断完善，越来越多的孩子在家门口就能享受到优质教育。通过数字赋能，创新都市圈政务服务一体化，实现了跨市的政务服务"一圈通办"，有效提升了办事效率。

一、医联体信息化建设实现都市圈医疗服务共享

都市圈通过医疗共建共享可以实现医疗资源的优化配置，提升医疗服务质量，促进区域协调发展，打破地域限制，实现优质医疗资源的合理流动和高效利用，缓解医疗资源分布不均的问题，是实现健康中国战略目标的重要实施途径。当前都市圈跨区域医疗资源共享的实践做法主要包括医疗联合体建设①与信息化平台的搭建（秦思思等，2023）[26]。我国医联体建设主要包括城市医疗集团、县域医共体、跨区域专科联盟、远程医疗协作网 4 种模式，对都市圈内医疗资源的整合利用具有重要作用（张霄艳等，2022）[27]。

当前我国都市圈在医疗服务共建共享方面积极推进，通过资源整合、信息化建设和区域协作，正逐步实现医疗服务的高效利用和均等化。自 2017 年国务院办公厅发布《关于推进医疗联合体建设和发展的指导意见》以来，国家卫生健康委于 2020 年发布

---

① 医疗联合体是指在一定区域内，由不同级别和类型的医疗结构（如综合医院、专科医院、基层医疗卫生机构等）通过协议或其他合作形式组成的医疗服务共同体。

《关于印发医疗联合体管理办法（试行）的通知》，医联体建设全面推开。长三角地区成立"长三角医院联盟"，2023 年成员单位规模已经扩展至近 50 个城市的 150 余家医院，对促进医学人才流动和医疗水平的均衡化发展具有重要作用（林琳，2023）[28]。成都都市圈、南京都市圈等通过专科联盟、远程会诊等方式扩大优质医疗资源的覆盖范围。京津冀、武汉都市圈等地区持续推进医疗检查检验结果互认。在信息化平台建设方面，我国医疗信息化经历了医疗管理信息化的起步阶段，正处于临床医疗管理信息化阶段，未来将向区域医疗信息化阶段推进（薛涛等，2010）[29]。

专栏：成都都市圈——成德眉资构建紧密型医疗协作共同体

2020 年四川省制定《四川省城市医疗联合体建设试点城市工作推进方案》，实施城市医联体网格化管理，推进跨区域专科联盟建设。成德眉资四市积极配合落实，2021 年签订《成德眉资区域医疗检查检验结果互认协议》《成德眉资区域医疗专家资源共享协议》。截至 2022 年，成都都市圈已建成跨区域医联体 18 个，形成了以华西医院、华西二院、成都中医药大学附属医院、四川省人民医院等多家医院与四市医院共建紧密型医联体的局面。其中华西医院早在 2016 年就与成都市成华区政府合作，建立"华西 - 成华"城市医疗服务联盟，旨在通过资源共享和服务协同，提高医疗服务质量和效率。后自 2017 年起，华西医院开始实施领办型医联体建设，通过下沉高水平管理团队和专家技术团队，实现区域医疗中心构建。例如，华西医院通过"华西学科主任＋特聘教授＋专家工作站"的方式，与德阳绵竹市人民医院建立专科联盟；在眉山，华西医院派出 11 名专家，分别担任眉山医院血液内科、肿瘤科、急诊科、胸外科等科室学科主任，建立 8 个专科专病联盟，加强医疗技术合作与联系（四川省推进成德眉资同城化发展领导小组办公室，2023）[30]。同时，成都都市圈实施医联体"一号通"，医联体信息平台实时共享，提升双向转诊效率，患者无须重新挂号便可获得转诊后服务，能实现异地就医结算（曹宇阳等，2023）[31]。据成德眉资同城化办数据统计，至 2023 年前三季度，成都都市圈检查检验结果互认医疗机构已由 25 家三甲医院扩展至 154 家二级及以上公立医院，互认项目由 99 项增至 138 项（四川省推进成德眉资同城化发展领导小组办公室，2023）[32]。

专栏：南京都市圈——城市医院统一预约挂号服务

2010 年南京市正式建成统一预约挂号平台，2015 年，镇江、扬州、滁州、宣城、芜湖、马鞍山、淮安等城市陆续接入。以前外市市民到南京医院挂专家号，需提前一天到南京，现在可以"一站式"网上预约挂号，跨区域医检查询。截至 2023 年底，南京都市圈预约挂号平台接入 10 个城市的 99 家医院进行预约挂号服务，累计注册用户超过 805 万人，累计提供预约挂号服务超 3000 万人次，同时，南京都市圈医学检验报告查询系统已经建成并向市民开放，市民可以登录南京卫生 12320 网、健康南京 APP 等，异地查询医检报告，南京、镇江、扬州、芜湖等 4 个城市的医院已向南京市卫生信息平台累计上传各类医学医检报告超 4.5 亿份（南京都市圈建设办公室，2024）[33]。此外，2018 年，南京都市圈的 8 城市（南京、镇江、扬州、淮安、芜湖、马鞍山、滁州、宣城）共同签署了《共建中大医院南京都市圈医疗联合体合作框架协议》。该协议旨在通过政策支持、信息共享平台建设、人员交流培养机制和双向转诊机制的建立，深化医疗卫生合作。各城市通过组建医疗集团、医联体、专科联盟等形式，在都市圈内开展三甲医院之间的技术合作与学术交流，例如南京鼓楼医院与都市圈十多家医院建立疼痛、生殖、泌尿、血管等 9 个专科联盟，南京脑科医院与滁州、宣城、镇江、淮安等地医院建立医联体，推动了南京都市圈城市整体技术医疗水平。

专栏：京津冀鲁四省市实现跨省市临床检验结果互认

2021—2022 年度京津冀鲁区域临床检验结果互认项目在原 43 个基础上新增 7 个，达到 50 个（孙乐琪，2022）[34]，并具体拟定了《京津冀鲁区域检验结果互认实验室精密度及重现性要求》。符合检验结果互认条件的医疗机构在检验结果报告单相应检验项目名称前增加"京津冀鲁 HR"标识；临床免疫、凝血试验项目应注明检测系统品牌；部分临床生化项目（肌酐、白蛋白）应注明检测方法。此外，京津冀鲁拓展了临床检验结果互认医疗机构，经过四地医学检验质控专家对医疗机构的复查与审核，结果互认医疗机构在现有 542 家（北京 262 家、天津 67 家、河北 156 家、山东 57 家）基础上新增 271 家，达到 813 家（北京 284 家、天津 89 家、河北 312 家、山东 128 家），覆盖了符合要求的三级、二级和一级医疗机构、独立医学检验实验室及民营医疗机构。

二、教育联盟联合办学促进都市圈优质教育资源均等化

优质教育资源均等化是实现教育公平的重要途径，有助于提升区域整体的教育水平，从而激发区域内发展潜力，促进经济和社会的全面发展。主要实现路径包括优化和完善城镇学校布局规划、推进县域内义务教育优质均衡、办好乡村学校推进乡村振兴、保证随迁子女平等享受教育服务等（薛二勇等，2019）[35]。

全国各大都市圈通过政策推动、资源整合和合作共享，正逐步实现教育质量的提升和教育公平的推进。都市圈内各城市政府逐渐打破城乡教学分割的局面，通过推动城乡一体化发展，将优质教育资源向农村地区和贫困地区延伸，逐步缩小城乡之间的教育差距。多个都市圈内开展教育联合体建设，采取教育集团、学校联盟、结对帮扶等方式，推进跨区域合作办学。例如，京津冀联合签署《京津冀教育协同发展行动计划（2023—2025 年）》，持续开展京津冀幼儿园及中小学教师、校（园）长挂职交流、互访互学等活动，促进优质教育资源的共建共享。在高等教育创新发展方面，组建不同类型高校联盟，实施高校干部教师异地挂职交流计划，实现教育资源和区域发展的精准对接（吴月，2023）[36]。2022 年，四川省教育厅、重庆市教委、广安市人民政府

签订合作协议，共同建设成渝地区双城经济圈教育协同发展试验区，这是全国首个跨省域教育协同发展实验区，旨在推动与重庆中心城区的同城化发展，加快优质教育资源的共享。长株潭三市教科院合作成立长株潭教研共同体，通过课堂展示、论坛研讨、考察交流等形式，提升三地的教研水平，建立了三市共享专家库，互聘专家参加教师培训、职称评审等。西安都市圈三年行动计划将推动建立都市圈内教育集团、学校联盟，进行校长、骨干教师跨市交流，开展高等学校联合办学，进行课程互选、学分互认、教师互聘等方面的合作（付玉玮，2023）[37]。

专栏：南京都市圈——南京优质教育资源输出

2021 年南京都市圈教育专委会制定《2021—2025 年教育工作合作协议》（南京市教育局，2023）[38]，推进跨省 10 城的教育一体化合作行动，通过开展校际交流合作、教师跟岗研训、教育结对帮扶、建设高等职业教育创新园等方式提高南京都市圈学校管理和教师队伍的整体水平。南京与马鞍山、滁州、淮安、镇江句容等城市陆续开展教研合作，例如：南京外国语学校在淮安落户开办分校，校长和主要骨干教师由南外委派，管理模式和南京外国语学校完全一样；南京理工大学与盱眙县签订校地融合发展深化合作协议，共建产学研合作基地。此外，2023 年南京都市圈成立职业教育名师名校长联盟，旨在整合教育资源，建设具有重要影响力的区域人才交流平台。

专栏：长株潭都市圈——长株潭产教融合一体化建设

2020 年《长株潭区域一体化发展规划纲要》提出，要推动优质教育资源共享，完善教育科研协作机制，推动区域教育科研、人才建设、成果推广运用等综合实力中部领先。《长株潭一体化发展三年行动计划（2023—2025 年）》中也提到，要促进优质教育资源延伸覆盖，优化高校布局结构，组建高校联盟，建立跨区域学校共同体，建立长株潭校长和教师交流培训机制。2021 年，长株潭成功入选国家首批产教融合试点。截至 2022 年，长沙所有职业院校均开展校企合作，开展预备员工制班级近 100 个，吸引三一重工、中联重科、奔驰汽车、联想集团等近 700 家企业深度参与预备员工制培养，累计提供实习实训工位 1.5 万多个（澎湃新闻，2022）[39]，对接特色优势产业，组建 28 个职教集团（联盟），共建"教学研创训做"合一的产教融合综合体。此外，三市教科院合作成立长株潭教研共同体，在全国率先开发"智慧研训"系统，提供线上备课、教学、研训，普及共享优质基础教育资源，制作了一批名师网络课件和在线课堂。

三、政务服务"一圈通办"构建都市圈便民生活圈

政务服务互联互通可以实现不同城市和区域之间的行政流程、服务标准等的统一和衔接，从而提高行政效率，减少企业和市民的办事时间和成本。

近年来，政务服务在都市圈范围内跨域通办取得长足进展，实现了政务服务效率

的提升：一是跨区域政务合作机制进一步完善。多个都市圈建立政务服务和数据共享联席会议制度、出台政务服务圈内通办工作方案、共同签署合作备忘录或合作协议等机制。如长株潭都市圈建立了政务服务和数据共享联席会议机制，制定了《长株潭都市圈政务服务一体化和数据共享工作合作事项》。二是异地通办水平不断提升。各地根据都市圈内企业、市民的实际需求，及时设置并增加"都市圈通办""跨城通办"服务窗口及无差别受理事项；以"互联网＋政务服务"的办理方式打破了时间和空间局限，依托信息化平台、自助终端等载体，创新手段推动异地信息交换、资格认证、统筹结算等方面对接，拓宽都市圈内跨城通办服务的渠道与范围，促进部门协同、条块联动、跨界整合，增强利企惠民服务能力。如武汉都市圈九市"圈内通办"事项已达410项，2023年1—5月武汉都市圈九市"通办"各类业务83.5万件，同比增长近一倍，发布《武汉市深入推进武汉都市圈政务服务圈内通办工作方案》，拟进一步拓展圈内通办事项。目前，本研究识别的34个都市圈中，已有17个都市圈实现了"一圈通办"，甚至线上一网通办，线下异地可办；西安、贵州、南宁、重庆、呼和浩特等都市圈则依托"全省通办"，提升都市圈内政务服务办事效率。

> **专栏：成都都市圈——公积金同城化贷款落地**
>
> 　　2021年，成都都市圈在全国率先出台了住房公积金同城化贷款异地使用，并实现异地办理公积金组合贷款业务。成都缴存职工在德眉资三市购房有关公积金贷款政策措施在2021年8月正式实施后，打通了成德眉资住房抵押互认，将原来职工异地贷款只能向购房地申请"一地办"，增加可向缴存地申请，实现"两地通办"。成德眉资公积金同城化贷款政策落地，不仅减少了职工跨区域跑动次数，缩短了贷款轮候时间，还实现了同城区域公积金中心的资金互济，缓解了购房地中心流动性压力；同时，还创新了公积金异地贷款模式以及公积金跨区域融通机制，破解了资金跨城市融通的体制性难题。三年来，已累计发放同城化住房公积金贷款46笔，共计1779.5万元。

> **专栏：宁波都市圈——"新居民"一件事应用平台上线并更新**
>
> 　　宁波市作为都市圈中心城市，是流动人口流入大市，目前登记流动人口有514万余人，占常住人口的50%以上。为更好地提供"新居民"全生命周期管理服务，宁波首创了"新居民"一件事改革综合性应用平台，该平台通过全省IRS一体化数字资源系统，归集省市两级公共数据平台44类8000余万条数据，完成与长江经济带部分城市和长株潭都市圈政务服务"跨省通办"事项89个高频事项受理办理等。一方面，平台为"新居民"日常生活、工作等提供了便利。一件事应用平台建设了积分优享一件事、租房住房"一键通"、"跨省通办"一件事等11个场景应用，流动人口来甬信息登记、电子居住证办理等事项均实现"一指办理"；居住登记、出租房登记及电子居住证申领实现"零跑

腿"；积分申评由先前 4 个环节减为 2 个环节，平均办理时间由 5 个工作日减为 1 个工作日。另一方面，平台为政府决策提供了必要依据。如 2021 年，依托平台已归集的全市 510 余万名"新居民"数据（包括学历、社保、医保、住房、公积金等业务数据）及流动人口业务，预判某区两所小学 2021 学年学额缺口有 170 余人，及时决策扩招了 4 个班，解决了流动人口子女入学难的问题。

专栏：粤港澳大湾区——推行政务服务"跨境通办"

2023 年 11 月，粤港双方签署《粤港政务服务"跨境通办"合作协议》（以下简称《协议》），启动粤港两地"跨境通办"服务专区，并首次推出跨境通办"粤智助"和"跨境政务服务地图"。加快了两地政务服务双向互通，进一步提升了两地企业群众跨境办事便捷度和获得感，实现了共同推进"数字湾区"建设。

其中，《协议》统一了跨境通办事项目录清单和服务模式、服务规范，改变了过去服务入口分散、缺乏标准规范和安全保障的局面。粤港双方共同上线了标准统一、互联互通的跨境通办服务专区，目前在广东政务服务网跨境通办服务专区，大湾区内地 9 市首批上线了香港市民或在香港生活的内地市民常办的 54 项高频政务服务事项，专区同步在粤省事 App、智方便 App 上线；在香港特区政府跨境通办专题网页，有来自多个政府部门 54 项网上服务的申请信息，支持内地市民或在粤香港市民便捷办理。同时，两地专责部门创新建立粤港在线身份互认体系，依托广东省统一身份认证平台，通过"可用不可见"的可信身份认证技术对接，首次实现内地政务系统对香港市民身份的在线认证，实现粤港政务服务跨境在线身份认证（肖文舸，2023）[40]。

第五节　联防共治、价值实现——都市圈生态环境一体化发展

在区域协调和新型城镇化的发展趋势下，生态环境一体化发展是构建现代化都市圈的重要任务之一，有助于提升都市圈内资源要素的利用效率，统筹治理大气、水、土壤等污染，有利于经济的高质量发展，是实现国家生态文明战略的重要实施路径。2019 年国家发展改革委发布《关于培育发展现代化都市圈的指导意见》中强调了都市圈层面生态环境共保共治的重要性，提出加强生态网络共建和环境联防联治，以实现都市圈生态环境质量的同步提升，同时强调了建立生态环境协同共治机制，探索生态保护性开发模式，建立生态产品价值实现机制、市场化生态补偿机制。2021 年中共中央办公厅、国务院办公厅印发了《关于建立健全生态产品价值实现机制的意见》，提出要选择跨流域、跨行政区域和省域范围内具备条件的地区，深入开展生态产品价值实现机制试点。我国跨区域的生态环境协同治理经历了早期探索、问题导向、战略建设、整合改革等阶段后，虽然依旧存在跨区域主体的产权制度和管理等问题，但在生态补

偿政策制度建设、河湖林湾长制协同管理等方面取得了一定的成果，为我国的生态文明建设做出了重要贡献。

一、生态环境联防联控提升都市圈环境品质

目前都市圈内生态环境联防共治制度体系不断创新，逐步建立跨区域环境保护协作机制，探索生态补偿机制、河湖长制、排污许可制度、生态环境治理市场化机制等，从制度层面保障生态环境的持续改善。

2020 年生态环境部、水利部联合印发《关于建立跨省流域上下游突发水污染事件联防联控机制的指导意见》。在长三角、京津冀、成渝等区域，大气和水污染防治协作机制相继成立，跨区域、跨流域的污染防治联防联控取得了一定成效。逐渐形成了国家指导、地方担责、区域协作、部省协同的工作机制。长三角地区生态环境联防联控模式不断深化拓展，跨界水体共保联治措施全面落地，已推广至京杭大运河、太湖等跨界水体，2022 年，示范区地表水优良水质断面比例比 2019 年提升 21.2 个百分点，PM2.5 浓度比 2019 年下降 26.3%（长三角生态绿色一体化发展示范区执行委员会，2023）[41]。

各都市圈的生态环境数字监测平台逐步建立。生态环境数字监测平台能有效提升监测效率，解决传统监测技术所存在的算力、存储、安全等问题。为更好地实现跨区域生态环境联合监控、数据共享，目前已有多个都市圈内城市构建了跨区域的生态环境数字化监测平台，实现了各城市之间的数据共享和联动预警。例如，长三角生态绿色一体化发展示范区已构建了包括环境空气、地表水、饮用水源地、水生态等环境要素在内的生态环境质量监测网络，基于网络监测数据编制了《长三角生态绿色一体化发展示范区生态环境质量报告（2022 年）》（上海市生态环境局，2022）[42]。成都都市圈建立成德眉资河长制 E 平台（四川省推进成德眉资同城化发展领导小组办公室，2021）[43]，通过构建"一套制度、一张地图、一个平台、一套标准"，实现四市河长在线巡河、问题协办、指挥调度等功能，截至 2023 年 12 月 31 日，平台注册河长共计 14 173 名，汇聚四市河长制基础数据 8.6 万条，河长巡河业务数据 1.1611 亿条，河湖水环境问题处置率 98.96%（四川省推进成德眉资同城化发展领导小组办公室，2024）[44]。福州都市圈依托福建省生态云平台，不断健全空气质量联合监测、数据共享机制，基本实现了闽江沿线福州、宁德、南平等设区市国省考断面、重要饮用水源地水质监测数据共享互通（朱榕等，2023）[45]。

专栏：成都都市圈——协同立法治湖模式

三岔湖地处成眉交界区域，为加大对湖水的环境保护力度，成都、眉山灵活运用立法权和重大事项决定权，推动形成"条例＋决定"法治治湖新模式，相继出台《成都市

三岔湖水环境保护条例》《关于加强三岔湖眉山区域水环境保护的决定》，将三岔湖水生态环境保护纳入成眉两地法制体系，并写入周边 164 个村（社区）村规民约，构建区、镇、村（社区）三级湖长制体系。此外，两地协同开展法规实施评估、联动开展执法检查、专项监督、跨区域调研等工作，推动立法协同向监督协同拓展，建立联合监督机制、联系协调机制和信息通报制度，常态化联合开展巡河巡湖和执法行动。通过对三岔湖自然生态系统的全方位管控及后续的治理、修复，推动了三岔湖水质从劣 Ⅴ 类提升为 Ⅲ 类，部分区域达到 Ⅱ 类。

专栏：长三角都市连绵区——建立生态环境信息数据共建共享平台

2022 年长三角生态绿色一体化发展示范区生态环保平台正式上线，该平台以数字化赋能一体化，围绕"打破市场壁垒、搭建供需桥梁、加强引导监督"3 条核心思路，设置惠企服务、需求大厅、标准政策、绿色课堂、智能问答 5 大功能模块。平台集成了示范区内生态环境业务的第三方治理机构档案，形成业务供给和需求库，并实时汇总发布生态环境领域的最新政策法规、先进经验做法，提供培训视频和课件。该平台运用数字信息技术，完善生态环境治理的市场化机制，解决了生态环境第三方治理过程中的低价恶性竞争、存在市场壁垒、行业自律性低等痛点问题，形成"一个平台、一套机制"的制度创新成果。在监测领域，2023 年上线长三角生态绿色一体化发展示范区智慧大脑，其中开发了生态环保监测分析和联保共治两大模块，可以实现区域内 62 个水质自动站、37 个重点水质监测断面、4 个饮用水源地的监测，能实时监控各方面指标数值，及时跟上海青浦、浙江嘉善、江苏吴江三地联动，实现对环境质量的自动预警、对生态环境数据的统计分析，直观地反映各地生态环境联保共治成效。

二、生态价值转化助力都市圈绿色经济协调发展

党的二十大报告提出中国式的现代化是人与自然和谐共生的现代化，要建立生态产品价值实现机制，完善生态保护补偿制度。2021 年，中办、国办印发《关于建立健全生态产品价值实现机制的意见》，提出支持在符合条件的重点流域开展横向生态保护补偿。

目前各都市圈通过政策创新、市场创新和技术创新，努力探索实现生态产品价值转化，初步形成了政府为主导、企业和社会各界参与、市场化运作的生态产品价值实现路径。一是从国家、地方层面均探索建立生态产品总值核算规范。生态环境部于 2020 年发布《陆地生态系统生产总值（GEP）核算技术指南》供地方参考使用，2022 年国家发展改革委、国家统计局研究制定了《生态产品总值核算规范（试行）》，明确定义了基于行政区域单元的生态产品总值核算的指标体系及数据来源和计算方法等。

北京、深圳等城市也陆续构建地方城市的生态产品总值核算规范。二是全国碳排放权交易市场启动，促进了企业的节能减排，同时也为保护生态环境的企业提供了经济回报。例如，福州都市圈四市一区协同推进海峡股权交易中心统一建设用能权、排污权交易平台，打造综合性资源环境生态产品交易市场。据福州政府数据显示，2022年福州完成了约450万元的跨市排污权交易额（朱榕等，2023）[45]。三是探索跨区域生态补偿机制，多地区构建了跨流域的生态补偿机制，已建立了新安江流域（皖浙）、汀江—韩江流域（闽粤）、九洲江流域（粤桂）、赤水河流域（云贵川）、九龙江流域（福建省）、渭河流域（陕甘）、引滦入津（津冀）等跨区流域生态补偿机制试点，围绕补偿目标、补偿方式、资金来源、补偿标准等问题推进跨流域的协同共治（朱仁显等，2021）[46]。2022年，国家有关部委联合印发《关于推动建立太湖流域生态保护补偿机制的指导意见》，为实现长三角更高质量一体化发展奠定了坚实的生态基础。

专栏：长三角都市连绵区——新安江 - 千岛湖跨流域生态补偿机制

　　新安江发源于安徽黄山，上游流经黄山市大部分地区，下游流入浙江省境内，于杭州市淳安县并入千岛湖。21世纪初随着黄山工业化、城镇化的加速发展，大量污水和垃圾经由新安江进入千岛湖，导致水体环境恶化，严重威胁流域乃至长三角的生态安全。为加强新安江流域水污染治理，改善千岛湖水环境状况，安徽省与浙江省持续探索新安江流域生态保护补偿制度。新安江—千岛湖流域生态补偿机制成为全国首个跨省流域生态补偿机制试点，2012年以来，新安江流域生态补偿机制试点不断推进，至今已完成3轮试点。在第三轮的试点工作中，在补偿资金、考核体系、补偿方式上进行了改进提升。第一，补偿资金上参照浙皖两省年度GDP增速，建立逐年增长机制。第二，补偿方式上探索多种合作模式。浙皖两省在多个产业开展协作，加强上下游产业人才合作，深入探索园区共建、产业协作、人才交流等多种合作方式。浙江省每年通过"浙皖合作十件事"，助力上游安徽省提升生态环境保护能力，增强造血功能。第三，逐步健全水质考核标准。第二轮试点中加大生态保护在考核体系中的比重，改变了首轮试点中综合治理评价较为单一的情况，减轻了上游地区的整治压力。第三轮补偿协议在水质考核中加大总磷、总氮等指标的权重系数，提高了水质稳定系数，引导社会资本加大流域综合治理和绿色产业投入（李俊杰等，2023）[47]。

　　当前，新安江街口安徽出境断面水质连续达到或优于地表水Ⅱ类标准，每年向千岛湖输送约70亿立方米优质水。2022年1月至12月，千岛湖出境断面水质持续保持Ⅰ类标准，35条入湖溪流水质优秀率达100%。2022年5月，淳安县首次发布千岛湖水生态评估报告，主要水域水质维持优良，并长年保持湖库Ⅰ类水质。与过去5年相比，水体总氮、氨氮、总磷、高锰酸盐指数等关键水质指标均呈改善趋势。

专栏：长三角示范区——探索生态产品价值实现机制

为率先探索将生态优势转化为经济社会发展优势，长三角示范区执委会会同两省一市发展改革部门于 2022 年 10 月印发《示范区建立健全生态产品价值实现机制实施方案》，围绕打造生态优势转化新标杆的战略定位，在衔接国家、两省一市建立健全生态产品价值实现机制相关实施政策的基础上，结合示范区实际需求，以充分挖掘生态产品价值、整体提升生态产品溢价为核心任务，细化形成可指导可落地的各项任务措施。吴江区和嘉善县分别推出了排污权抵押组合贷款交易及碳排放权配额质押贷款模式；青浦区出台了关于水源地生态补偿转移支付"以奖代拨"的管理办法；同时吴江区不仅开展了类型多样的林地补偿、湿地补偿、蚕桑生态补偿，还率先试行区镇空气质量补偿模式。吴江汾湖高新区曲水善湾项目借助所在地钟家荡自然生态本底，使用乡土建筑材料、利用与环境相融合的设计元素，最大程度将村庄改造开发与自然生态相结合，实现"优化乡村空间、共融共生共享"目标。

参 考 文 献

[1] 陈卫，王若丞.高铁对中国城镇化发展的影响 [J].人口研究，2020，44（3）：85-101.

[2] 郭婷.我国都市圈轨道交通"四网融合"发展程度评价研究 [D].北京：北京交通大学，2022.

[3] 谢臻.基于区域发展的城际快速路系统构建研究 [C] // 中国城市规划学会.人民城市，规划赋能——2022 中国城市规划年会论文集（06 城市交通规划）.重庆市规划设计研究院，2023：10.

[4] 赵海洋.高城镇化水平地区高、快速路复合通道研究 [J].城市道桥与防洪，2021（6）：29-34+44+12.

[5] 刘花，王亚洁，王新宁，等.促进都市圈城际公交可持续发展的对策研究 [J].综合运输，2023，45（6）：38-42.

[6] 龙婷玉，于强，王瑞民.以产业有效协同助推都市圈高质量发展 [J].中国发展观察，2023（8）：67-71.

[7] 王政，徐颖.培育发展现代化都市圈的路径与措施 [J].宏观经济管理，2020（9）：21-22+25.

[8] 韩鑫.产业布局更优 区域协同更强（经济新方位）[N].人民日报，2022-03-25（2）.

[9] 孙承平.我国都市圈高质量发展研究 [J].城市，2021（12）：3-11.

[10] 许竹青，赵成伟，王罗汉，等.高效协同联动：都市圈创新发展策略 [J].开放导报，2022（6）：19-25.

[11] 广州市人民政府.广佛同城：催生全国首个"双万亿"组合 [EB/OL].（2020-10-20）[2024-07-29].https://www.gz.gov.cn/xw/jrgz/content/post_6858200.html.

[12] 黄楚旋.2023 年广州汽车产量达 318 万辆 整车产量连续 5 年全国第一 [N].南方日报网络版.2024-05-23.

[13] 广州市统计局.2023 年广州市国民经济和社会发展统计公报 [EB/OL].（2024-03-30）[2024-07-29].https://www.gz.gov.cn/zwgk/sjfb/tjgb/content/post_9570687.html.

[14] 曹贤忠，曾刚.基于长三角高质量一体化发展的创新飞地建设模式 [J].科技与金融，2021（4）：36-41.

[15] 陈国飞.广清经济特别合作区"三园"实体运行 [N].南方日报，2023-05-25（A06）.

[16] 傅鹏，刘珊.广清合作新探索 产业共建新范式 [N].南方日报.2024-01-30（A10）.

[17] 孙哲，周密，刘秉镰.复合邻近条件下大城市的区域吸收能力 [J].科学学研究，2017，35（5）.

[18] Hjaltadóttir R E, Makkonen T, Mitze T. Inter-regional innovation cooperation and structural heterogeneity: Does being a rural, or border region, or both, make a difference?[J]. Journal of Rural Studies, 2020, 74: 257-270.

[19] 陈迪宇，王政，徐颖，等.我国城市群建设进展及任务举措 [J].宏观经济管理，2021（11）：18-20.

[20] 邱海峰.知识产权数据映射中国经济活力 [N].人民日报海外版，2024-01-17（3）.

[21] 深圳清华大学研究院.初创企业服务 [EB/OL].(2023-08-21)[2024-01-01].https://www.tsinghua-sz.org/cooperation.

[22] 湖北省人民政府.武鄂黄黄四城实现职称互认 [EB/OL].（2023-12-11）[2024-07-29]. https://media.hubei.gov.cn/zyxmt/push/weixin/202312/t20231211_4997673.shtml.

[23] 南京市人民政府.通报南京市科创金融改革试验区建设进展情况 [EB/OL].（2023-12-07）[2024-07-29]. https://www.nanjing.gov.cn/hdjl/xwfbh/xwfbhtbnjskcjrggsyqjsjzqk/.

[24] 傅娟，耿德伟，杨道玲.中国五大都市圈同城化的发展审视及对策研究 [J].区域经济评论，2020（6）.

[25] 王笑频.以"区域矩阵"推进紧密型医联体建设 [N].人民政协报，2023-07-19（6）.

[26] 秦思思，李栋，郭颖婕，等.基于共享经济视角的区域医疗资源分配问题思考 [J].天津科技，2023，50（9）：62-65.

[27] 张霄艳，戴李怡，蔡学礼，等.全周期健康服务视角下专病医疗联合体运行机制分析 [J].中国医院管理，2022，42（7）：13-16.

[28] 林琳.开创高质量一体化发展新局面 长三角医院联盟 高峰论坛成功召开 [N].都市快报，2023-04-24（A10）.

[29] 薛涛，刘潇潇.医院信息系统建设与发展研究 [J].电子商务，2010（2）：40-41.

[30] 四川省推进成德眉资同城化发展领导小组办公室.促进医疗资源共享 成都都市圈共建医联体 [EB/OL].（2023-06-09）[2024-07-29]. http://www.cdmztch.com/news/id/1984.html.

[31] 曹宇阳，朱馨月.探访成都试点医联体"一号通"实施情况 [N].成都日报，2023-08-07（7）.

[32] 四川省推进成德眉资同城化发展领导小组办公室.盘点都市圈前三季度亮点工作④ | 成都都市圈公共服务红利持续扩大 [EB/OL].（2023-10-25）[2024-07-29]. http://www.cdmztch.com/news/id/2212.html.

[33] 南京都市圈建设办公室.2023 年南京都市圈城市卫生信息化学术交流会暨南京卫生信息学会年会召开 [EB/OL].（2024-01-25）[2024-07-29].https://mp.weixin.qq.com/s/L6X0Iy9xdkh69qQg9YctmA.

[34] 孙乐琪.京津冀鲁 813 家医疗机构检验结果互认 [N].北京晚报，2022-11-15（07）.

[35] 薛二勇，李健，单成蔚，等.实现基本公共教育服务均等化——《中国教育现代化 2035》的战略与政策 [J].中国电化教育，2019（10）：1-7.

[36] 吴月.《京津冀教育协同发展行动计划（2023 年—2025 年）》签署 [N].人民日报，2023-10-10（7）.

[37] 付玉玮."西安都市圈"建设三年行动计划发布 [N].陕西日报，2023-12-01（7）.

[38] 南京市教育局.南京都市圈职业教育名师名校长联盟成立 [EB/OL].（2023-03-27）[2024-07-29]. https://edu.nanjing.gov.cn/xwdt/yw/202303/t20230327_3871903.html.

[39] 澎湃新闻.长株潭都市圈教育共享：为每个学生全面发展提供更好的教育 [EB/OL].（2022-03-08）[2024-07-29]. https://www.thepaper.cn/newsDetail_forward_17014107.

[40] 肖文舸.粤港签署合作协议提升双方跨境办事便捷度 54 项跨境通办政务服务上线 [N].南方日报

网络版，2023-11-03（2）.

[41] 长三角生态绿色一体化发展示范区执行委员会 . 携手深耕制度创新试验田 | 生态环境共保联治 [EB/OL]. （2023-12-19）[2024-07-29]. https://mp.weixin.qq.com/s/IoqSGAWYjZsDj0Mz-1StOQ.

[42] 上海市生态环境局 . 长三角生态绿色一体化发展示范区生态环境质量报告（2022 年）[EB/OL]. （2023-06-01）[2024-07-29] .https://sthj.sh.gov.cn/cmsres/69/69d17089d2ad4dabba51a88b37f976cb/f51c4ef7dac557e8b404e91b97f848c4.pdf.

[43] 四川省推进成德眉资同城化发展领导小组办公室 . 河长制 E 平台 给力都市圈同城治水 [EB/OL]. （2021-10-11）[2024-07-29] .http://www.cdmztch.com/news/id/640.html.

[44] 四川省推进成德眉资同城化发展领导小组办公室 . "数"读成都都市圈 2023 | 河长制 E 平台注册河长 14 000 余名 都市圈河湖保护联防联控持续强化 [EB/OL]. （2024-01-02）[2024-07-29].http://www.cdmztch.com/news/id/2364.html.

[45] 朱榕，严鑫 . 生态出彩文旅出圈 [N]. 福州日报，2023-09-26（4）.

[46] 朱仁显，李佩姿 . 跨区流域生态补偿如何实现横向协同 ?——基于 13 个流域生态补偿案例的定性比较分析 [J]. 公共行政评论，2021，14（1）：170-190+224-225.

[47] 李俊杰，窦皓 . 一条江，打开人们思想文化空间——新安江生态补偿机制调查 [N]. 人民日报，2023-08-30（1）.

改革创新与重塑都市圈的跨界协同治理体制机制，推动碎片化的"行政区经济"走向共建共享的"都市圈经济"，对提升都市圈高端要素配置能力和综合承载能力、有序推动经济区与行政区适度分离改革具有重要意义。进一步加强跨域协同治理相关理论分析和研究，既要借鉴国外相关理论研究方法，更要结合我国发展型地方主义导向下地方竞合机制的特征、优势和问题开展分析，围绕治理模式、合作条件和激励机制进行针对性研究。都市圈政府间合作涉及复杂的体制机制问题，需要循序渐进、重点突破，当前尤其需要在合作的利益激励机制方面加强分析研究和经验总结，才能有效降低交易成本、促进利益交换、融入统一市场，奠定都市圈地方政府开展区域长效合作的制度基础。

第一节　跨域协同治理理论

加强跨域协同治理相关理论的分析和研究，有利于客观、透彻、全面地认识我国现代化都市圈培育发展中的跨行政区合作治理机制，而且有利于更有针对性、建设性地分析都市圈协同共治机制的特征、问题和对策。

一、都市圈跨域协同治理理论概述

20 世纪中叶以来，国际学术界长期持续研究都市圈跨域协同治理有关理论，重点关注如何引导区域内多元利益相关方建立共识，处理好行政区与经济区之间的关系，促进要素自由流动，合作提升资源配置能力和整体竞争力，共同推动都市圈经济发展。其中较为成熟的包括"大都市政府理论""多中心公共选择理论""新区域主义理论"等重要理论流派，分别提出了集权和单中心的大都市区政府模式、多中心的市场竞争模式和网络化的区域合作模式等主要的区域合作治理模式。

国际上关于区域协同治理理论，以政府与市场、政府与政府、地方与全球之间关系等为核心，针对都市圈和城市群地区的"行政碎化"难题，提供了"单中心治理"理论、"多中心治理"理论、"新区域主义"理论等多方面的理论基础。"单中心治理"理论主张通过建立集权的大都市政府提升城市区域治理效率，解决资源配置不均、缺乏整体利益考虑等难题（Polanyi M, 1951）[1]。"多中心治理"理论则认为城市区域存在着"社会运转的多中心秩序"，城市区域治理应通过这一多中心决策网络展开公共服务的竞合、协同（汪波，2015）[2]。"新区域主义"理论与"多中心治理"理论同样强调构建跨地方公共事务治理与协作网络，在此基础上其更强调网络建构的过程而非最终形态（Downs A, 1994）[3]。上述理论也有许多实践案例，例如，伦敦大都市区建立双层大都市区政府机制、华盛顿大都市区建立区域规划委员会、东京都市圈建立政府联席会等，对我国都市圈跨域协同治理具有一定参考意义。

20世纪90年代以来，欧美学术研究更加强调多元、均权、协同等区域治理思路，更加强调充分发挥政府、企业、社会公众等多元主体作用，通过区域内多元主体的协商合作，实现区域经济适度均衡、合理分工、可持续发展等目标。区域协同治理有别于自上而下的政府管理，也不同于自由竞争的市场交易，而是从区域基本特征出发，充分发挥区域内各级政府、企业、社会公众等利益相关方的积极作用，采取协商沟通、相互协作等方式，不断调和区域内矛盾、逐步建立统一目标和开展区域协作行动的持续过程。

国内学术界近十年来对协同治理相关课题也较为关注。伴随着区域公共问题的大量出现，行政区行政模式逐渐暴露出其内在的局限性，区域协同治理研究和实践日益成为解决中国区域经济发展与行政区划冲突的新思路。国内现有研究多从跨域治理理论、区域治理理论、制度性集体行动理论等理论基础出发，分析都市圈发展过程中的重大政策实践和成效、问题，并探讨新时代背景下的发展建议和措施。从研究视角和理论基础看，相关研究涉及城乡规划学、公共管理学、经济学、社会学等多个学科视角，是一个典型的复杂系统问题。从研究重点领域来看，相关研究主要聚焦于基础设施共建共享、生态环境协同治理、产业协同发展、协同发展政策供给等方面，重点分析治理主体、治理手段、治理模式以及治理成效与不足（卓凯等，2007）[4]（赵斌，2022）[5]（李国平等，2023）[6]。总的来看，国内学者对我国府际关系和区域协同治理的理论与实践进行了广泛的研究，尤其在运用制度性集体行动理论、契约协同型治理工具等促进政府、市场、企业、公众参与构建协同治理网络，以及运用跨界治理、复合行政等理论推动地方政府建立长效合作的利益激励机制等方面都取得了积极进展，对我国都市圈发展建设发挥了引导作用。

二、集体行动理论与制度性集体行动理论探索

区域合作是各地区作为特殊的"个体"或者"集团"参与的集体行动，将政府视为"理性人"的集体行动理论是区域合作治理领域的重要理论。制度性集体行动理论则进一步聚焦区域合作或政府合作行为，以合作收益、合作成本、合作风险等关键要素解构区域合作行为的"黑箱"，是当前较为成熟的区域治理理论和区域合作治理的主流分析框架。

1. 集体行动理论

集体行动理论以奥尔森《集体行动的逻辑》为主要代表，沿着个人理性—搭便车—集体无理性—集体行动困境的逻辑演绎（沈荣华等，2014）[7]。该理论认为在个人谋求自身利益时，理性的社会结果并不会自动出现，个人理性并不必然导致集体理性，而是往往带来集体困境。如何有效控制搭便车行为，走出集体困境，是集体行动理论研究的核心，也是指导区域合作治理完善的重要参考。

集体行动理论认为，从个体理性走向集体理性的过程是一个制度化的过程，带有明显的强迫和激励特征。该理论的主要结论及其在都市圈跨域协同治理中的应用建议有以下四点：一是小集团组织成本低，往往比大集团更容易实现集体行动，因此合理控制都市圈整体规模和成员城市数量十分必要；二是个体参与者对其包括社会地位在内的公众身份的关注，有助于促成集体行动，所以应强化都市圈集体组织的身份认同，并建立都市圈整体与各成员城市之间透明的双向反馈机制；三是通过与制度紧密结合的，包括社会规范、社会信任和社会网络等在内的社会资本①的有效运作，可避免搭便车或机会主义行为、促进集体行动，因此应构建政府、企业、公众等多元主体密切参与的合作网络，并推动合作网络降低交易成本、提升合作收益；四是实施有选择性的激励措施，"赏罚分明"，有助于实现集体行动，所以设计有效的约束和激励机制是关乎都市圈协作成效的关键因素。

2. 制度性集体行动理论

制度性集体行动理论由美国佛罗里达州立大学 Feiock 教授等人于 2004 年提出，是以政府及其部门为主要研究对象，从制度分析研究视角，以解决制度性集体行动困境为主要内容的公共政策和公共治理领域的理论分析框架（锁利铭等，2018）[8]。该理

---

① 社会学视阈下的社会资本指的是个体或组织间的信任、共识与互惠关系等。

论认为，地方政府合作行为及合作机制的选择基于三大关键因素——合作收益、交易成本（合作成本）和合作风险，而降低合作成本、提高合作净收益、规避合作风险是推动地方政府走向合作的主要动力（Feiock R C et al.，2019）[9]。根据合作机制的效力是否来源于社会嵌入、合同、法律或政治权力，并按照合作自主性程度由高到低排列，制度集体行动理论提出了嵌入性网络、约束性契约、委托授权、强制权力四种处理集体行动困境的合作治理机制（赵斌，2022）[5]（见图 4-1）。

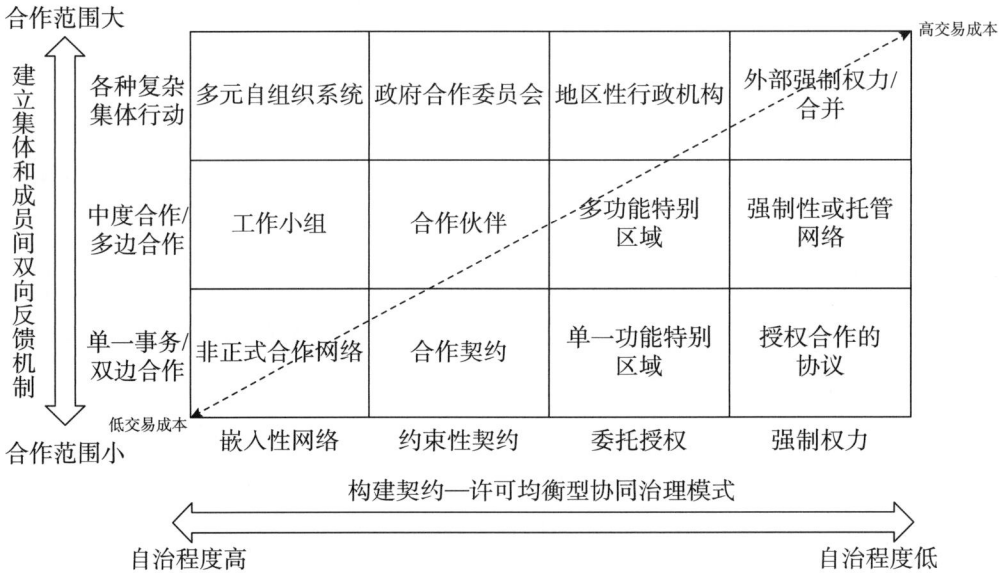

图 4-1　基于制度性集体行动理论的合作机制
[根据参考文献改绘（赵斌，2022）[5]]

嵌入性网络机制是指地方政府通过密切的政治、经济和社会关系网络，以自组织机制等形式达成合作。紧密联系的网络关系不仅能增强相互信任、减少责任推卸、增强可信承诺、提高区域社会资本，还能最大限度地保留地方自治权。因此都市圈建设应注重将较为松散的组织体系向实体化、常态化运作转变，并着力加强社会、市场、公众力量的参与，才能更好凝聚打破行政分割壁垒的合力。

约束性契约机制是指地方政府通过签署具备法律约束力的合作协议开展合作，组建各种区域组织，相互间结成伙伴关系，该方式保留了地方政府的自治性并提供了一个较为正式的解决外部性问题的机制。因此在都市圈的组织和运行中，既要重视都市圈整体组织架构的设计，也要支持成员城市双方或多方通过签署共建协议、联合共建园区等形式建立约束性契约，并引导企业、社会建立起一套基于利益的交换网络，才能促进都市圈跨越治理过程中的利益交换成本、制度成本、时空成本大幅下降。

委托授权机制是指在授权模式下，将原来涉及不同地理区域的跨界问题集中在一个具有特定功能的地区内，以此组织地方政府开展合作，实现功能性管制、协调参与主体间的利益关系、促进资源共享。其方式主要包括两种：更高层级的政府通过委托权力机构并提供资金等要素支持；成立具有单一功能或多元功能的特别区，并组建专门的管理机构。我国都市圈往往在各成员城市的交界地带选择交通便利、合作基础较好的地区推动毗邻区域一体化发展（南京都市圈）或建设同城化综合试验区（成都都市圈），率先推进基础设施一体化、生态环境共保共治、产业协作共建、对外开放协同共进、公共服务共建共享，力争取得更多创新成果和改革经验。

集权管理/强制权力机制指的是通过上级政府的介入将分权化的地方政府进行集权化整合，创建新的政府单元或者对下级政府直接进行权力合并。这种方式由更高级别政府通过改变空间或功能边界来解决地方单元的"碎化"和外部性问题，在"大都市政府理论"中亦有丰富的阐释，但因为其行政成本、社会成本较高，所以国内近五年来对行政区划层级、单元的调整更趋审慎，更倾向于通过推进经济区与行政区适度分离改革来促进都市圈跨域协同治理。

三、从区域复合行政到利益激励机制研究的演进

西方国家的区域治理研究延续上百年历史并历经多次区域主义运动，但其时代背景、动力机制与我国的实际情况也存在明显的差异。因此，我们在学习西方理论经验时更应因地制宜、因时制宜观察自身的特点和经验。国内学界普遍认为，中国市场化改革和经济增长与行政性分权、发展型地方主义和"干部晋升锦标赛"体制有密切关系。但是，这一体制在推动"为增长而竞争""块状经济"发展模式的同时也产生了地方保护、恶性竞争等问题，这些问题本质上都与属地化的行政职责和利益边界导致地方政府在区域合作中的职能缺位有关。因此，中央日益重视区域经济合作和一体化，各地区也开展了广泛的跨行政区经济协作、城市群和都市圈建设等实践，学界也广泛开展了复合行政、复合治理、激励机制设计等探索。

1. 区域"复合行政"理念

改革开放以来，中国政府治理最为突出的特征是属地化行政发包制和以经济增长绩效为基础的晋升竞争，即在一个高度集权化的政治体制中嵌入了高度的地方分权和地方官员的强激励方式（周黎安，2017）[10]。然而经济全球化发展给世界各国带来了深刻的变化，同时区域一体化发展也正在影响着各级政府所面对的社会环境，这些都

对传统的"行政区行政"管理模式带来强烈的冲击。在这一背景下，我国学者围绕区域经济一体化下的区域间政府合作问题开展了大量研究。

其中国家行政学院王健等人在美国学者奥斯特罗姆夫妇"复合共和制"（compound republic）理论的基础上提出了"复合行政"（compound administration）理念，其内涵是在经济全球化背景下，为了促进区域经济一体化，实现跨行政区公共服务，跨行政区划、跨行政层级的不同政府之间吸纳非政府组织参与，经交叠、嵌套而形成的多中心、自主治理的合作机制（王建等，2004）[11]。"复合行政"的理念主要包含多中心、交叠与嵌套、自主治理等核心思想，具有鲜明的多层级参与、多元化共治特点，主要具有以下关键要素：一是政府要突破传统行政区划的刚性约束，提供完善的公共产品与服务，其角色由"管理"向"治理"转变；二是将地方各级政府、企业、社会组织、公民等纳入治理主体；三是以自主治理为原则，建立起政府、企业、社会互相依赖、相互信任的合作伙伴关系，形成多元自主治理网络。

复合行政理念为观察我国区域协调发展提供了一个良好的分析框架。这一理念的提出有利于摆脱依赖行政区划调整解决区域矛盾冲突的惯性思维，同时顺应了从传统行政区之间"个体竞争"向当代区域之间"抱团竞争"的转换，有利于推动政府职能转变和治理模式创新，有利于我国建设全国统一大市场、抢抓全球生产要素优化重组等机遇，从而实现全球竞争力提升。在复合行政理念的启发下，杨爱平、毛寿龙等学者又围绕区域合作的条件和机制展开研究，对我国粤港澳大湾区、京津冀协同发展进行了观察和讨论。学界普遍关注制度环境供给、激励约束机制设计对区域合作的作用机理，尤其认为激励机制相对约束机制对推进区域合作更具有持续的、内在的动力。

2. 从垂直激励到水平激励的探索

合作的利益激励机制是推动地方政府开展区域长效合作的制度基础。我国在发展型地方主义下形成的地方竞合机制，是以行政分权、财政分权和干部晋升博弈为三大杠杆的一种垂直激励机制。这种激励机制具有鲜明的垂直化特点：其一，它们是基于政府等级体系从中央到地方自上而下产生的；其二，它们是单向度运行的，地方政府要听命于高层政府；其三，地方政府之间是垂直或上下串连，同层或左右不连，体现出封闭竞争的特点（杨爱平，2011）[12]。

在这种垂直激励的地方竞合机制下，地方政府出于对上负责的利益激励，优先甚至是仅考虑本地政区内部事务的管理，在没有足够的外部利益驱动下，对于跨政区事务的合作治理态度较为冷淡，造成内部激励与外部激励不兼容并导致跨域合作目标失效。一方面，选择性行政分权和财政分权改革不利于基于利益协商和利益分享的区域合作，部分拥有地方产权和政策优势的"强势政府"不主动也不愿意和那些"弱势政府"开展合作，因为它们担心区域合作加深会削弱自身的产权和政策优势。另一方面，政治晋升机制决定了一些地方干部更倾向排斥区域合作，这一机制导致一些地方干部只关注那些能够被上级政府考核的指标，而对那些不在考核范围或者不易测度的考核指标不予重视；同时晋升博弈的基本特征近似于"零和博弈"，对于那些利己不利人的事情激励较充分，而对于那些利己又利人的"双赢"合作则激励不足（周黎安，2007）[13]。所以，要破解这种垂直激励机制的先天不足，应该通过高层政府的指导和协调，推动区域合作各个地方政府协作构建一种地位平等、意思自治①、利益兼容的平行激励机制。

这种平行激励机制的特点主要有三方面：一是地方政府作为合作主体，各自的地位是相对平等的；二是地方政府均是意思自治的，高层政府有必要重点通过指导或协调的方式让地方政府在自愿的原则下开展合作，而不是仅仅依赖政治动员的方式强制地方政府开展合作；三是地方政府通过集体行动能够发现或找到区域公共利益的交汇点，其合作机制是基于横向利益驱动而非垂直利益诱导（赵斌，2022）[5]。这种平行激励机制主要涵盖地方政府间利益分配、利益让渡、利益协调和利益补偿等维度。在利益协调机制方面，我国城市群、都市圈普遍建立了决策层、协调层、执行层相结合的多层次协调机制，长三角生态绿色一体化发展示范区进一步探索了理事会、执委会、发展公司的协调机制；在利益补偿机制方面，我国城市群广泛推进了流域水环境保护的财政激励机制以及排污权有偿使用和政府间交易机制，这里不再展开讨论。

区域合作的核心问题是地方利益的再调整和再分配问题，所以地方政府间利益分配、利益让渡机制是水平激励机制的重点。首先，针对地方发展之间的差异乃至不平衡，构建合理的区域利益分配机制，是平行利益激励机制建设的首要问题。发展水平不同意味着不同的利益诉求，这就需要遵循平等、互利、成本共担的原则构建让合作各方都能接受的利益分配机制。我国城市群、都市圈发展规划中普遍提出要建立地方政府间 GDP 和财税收入的共享体制，对跨地区投资、跨地区产业转移、"飞地产业园"合作等进行合理的制度设计和政策安排，同时提出借鉴欧盟区域结构基金的经验组建

---

① 意思自治（voluntariness），这一概念主要源自法律和伦理学中的意思自治原则，它强调个人或集体在没有外部强制的情况下，根据自己的意愿和判断做出决定的能力。

区域一体化发展基金，都是构建利益分配机制的具体体现。其次是利益让渡，是指区域合作中地方政府应树立大局意识和培养战略眼光，在不损害本地发展根本利益的情况下，应让渡出部分利益给其他地区以协同发展，避免挫伤合作方参与积极性。例如，杭州市在产业升级过程中，按照市场化规律支持一般制造业等非核心功能疏解到周边中小城市，自身则利用"退二进三"的机会空间发展科技创新、数字经济、金融贸易等核心功能，有效带动杭州都市圈整体竞争力的提升。此外，近年来各城市群、都市圈广泛探索的"飞地合作"模式，其成功的关键也是能否建立可量化、可落地的利益让渡机制，飞出地政府往往输出项目、资金、技术、管理等资源，飞入地政府则普遍提供土地、劳动力、社会管理等资源，通过合作成立平台公司并根据双方投入比例确定 GDP、财税等利益分配方案，其取得成效的合作模式和激励机制值得进一步研究总结。

需要注意的是，在加强水平激励机制建设的同时，积极发挥高层级政府在指导和协调方面的作用也不可或缺。其在优化完善地方政府考核指标体系中应合理增加促进区域协同发展、建设统一大市场的有关要求，考核方式中应探索在党委组织部门之外纳入人大、政协、市场经营主体、市民代表相关意见。同时应积极指导、支持都市圈跨界合作地区、飞地园区有关地方政府在经济指标统计分算、财税分成方面形成可落地、可执行的方案，以期有效克服晋升锦标赛零和博弈，利益分配和利益让渡机制规则不清晰、落地困难等重点问题。

第二节　都市圈跨域协同相关进展

一、国际都市圈跨区域合作模式探索

从国际研究与实践来看，有关都市圈合作模式的探讨是都市圈跨区域协同中经久不衰的重要议题之一。尽管不断提升都市圈治理水平是所有利益相关方的共同愿景，但由于历史和政治原因以及意识形态、经济发展水平、文化氛围等迥异，每个都市圈的发展都有其特殊性，都市圈合作模式在实践中会因为合作传统、政治联盟、政府部门之间的关系以及公共和私人利益相关者的地方配置而有所不同，因此都市圈的治理模式及跨区域合作模式并不统一，采用哪种模式更优也并无定论。

国际上各大都市圈的合作模式大致可以分为以下四种类型（Mariona Tomàs Fornés，2023）[14]。

1. 建立统一部门推进并负责管理都市圈工作

为应对都市圈（或大都市区）的挑战，专门设立政府层级及机构。该类型合作模式下的都市圈管理权力相对集中，协调能力也相对较强。其中包括两种模式：一是单级政府管理，如多伦多和东京，在明确要建立都市圈后，与市政当局合并成立管理都市圈的领导部门；二是两级政府，如里昂、蒙特利尔和波特兰，在保留市政当局政府领导的基础上，成立新的组织架构对都市圈级别事项进行协调与管理。

2. 以部门合作为重点推进都市圈内城市间合作

以具体的事项领域或部门之间的合作为基础，成立公共交通、环境、执法等单一领域的都市圈机构进行管理或规划，如瓦伦西亚、毕尔巴鄂和纽约，该类型的合作模式制度化水平对比第一种类型相对较弱，但对于某一领域的纵深推进效果显著。

3. 以自愿合作为基础带动都市圈各类事项合作

基于市镇之间的市级需求形成自愿合作，该类型的合作模式制度化程度较低，仅通过成立城市间的合作组织或共同编制战略规划保持城市间的合作与联结，如波兹南和阿姆斯特丹。

4. 依托既有垂直管理体系协调都市圈事务

在这种模式中，并未设置特定的都市圈相关行政管理机构或组织负责都市圈政策制定与各项事务推行，而实际上由已经存在的其他各级政府（如地区政府、省政府、县政府等）执行，马德里、哥本哈根和柏林均为这种模式。

此外，合作模式也可能会随着时间推移而发展，部分都市圈、城市群根据发展阶段的不同，采用不同的跨区域合作模式，如从单一的政府管理到多个管理机构，从单一战略规划到多类政府管理事项深入合作等。

以旧金山湾区为例，为了更好地开展跨区域工作，湾区创建了众多区域性治理职能机构，尽可能平衡地方政府在湾区发展上的公共利益冲突，并利用组建的湾区政府机构将地方政府在涉及湾区发展公共问题上的行政职权进行了归集使用。1945年旧金山湾区成立非政府组织的重要协会型治理主体——湾区委员会（Bay Area Council，BAC），在全球率先提出了湾区发展理念，首次以"湾区"为发展单元，构建跨行政区域的协调组织机构。此后，在湾区委员会推动下，逐步形成了湾区层面成熟的，包含湾区政府协会（ABAG）、大都市交通委员会（MTC）、湾区空气质量局（BAAQBD）、湾区保护和开发委员会（BCDC）等的多组织管理体系。值得注意的是，在旧金山湾区协同发展过程中，湾区组织机构仅对具有一定普遍性的领域，如交通、环境保护等进行全面的统筹规划（张靓等，2024）[15]。

二、国内都市圈跨区域合作模式探索

从国内都市圈建设实践来看，与国际都市圈建设相同的是柔性治理措施成为各地区在都市圈层面进行跨域治理的主要路径（张艺帅等，2023）[16]，包括成立市长联席会议、城市发展联盟、规划研究组织等合作机制，发布各类都市圈尺度或相邻交接地区的发展规划、空间协同规划、专项规划、行动计划等。

目前国内各个都市圈根据自身实际情况，形成了四种不同的组织模式。

1. 探索政府与社会、市场多主体协同参与都市圈建设

都市圈建设过程中涉及政府、市场、社会公众等多个治理主体，为合理保障多主体共同参与都市圈建设，充分发挥多主体的积极性，需完善相应组织架构，明确市场化、社会化治理相关机制。多主体协同参与模式下，都市圈主体合作范围广且自治程度高，都市圈内各类事项合作意愿强烈。

以长三角一体化示范区①为例，通过构建"理事会—执委会—发展公司"三层次架构，形成"机构法定、业界共治、市场运作"新型跨域治理模式。该模式中理事会由浙江省、江苏省、上海市政府部门和示范区属地政府组成。同时探索市场化、社会化治理机制组建企业家联盟参与示范区治理，发挥类似公司独立董事的作用。理事会下设执行委员会作为管理机构，其工作人员由两省一市共同选派，并共同遴选具有丰富开发经验的市场化主体，共同出资成立示范区发展公司，负责基础性开发、重大设施建设和功能塑造等（孙世芳等，2021）[17]。

2. 设立省级协调机构牵头统领都市圈建设事务

由都市圈所在地省委省政府牵头，成立专门的都市圈共治领导小组，由都市圈内各城市共同参与协商，建设形成"决策层、协调层、执行层"多层次合作共治机制。该类合作模式制度化水平高且权利集中，能有效弥补市场动力不足的短板，有力推进都市圈合作事项落实。

---

① 2019 年《长三角生态绿色一体化发展示范区总体方案》出台，明确了长三角一体化示范区范围包括上海市青浦区、江苏省苏州市吴江区、浙江省嘉兴市嘉善县"两区一县"，面积约 2300 平方公里；其理事会由浙江省、江苏省、上海市政府部门和示范区属地政府组成，理事会的理事长由两省一市常务副省（市）长轮值。

以成都都市圈为例，建立了"领导小组统筹、省级部门指导、同城化办公室协调、成德眉资四市主体推进、专项合作组联动"的决策层、协调层、执行层多层次合作工作机制（见图4-2）。由四川省委省政府专门成立省推进成德眉资同城化发展领导小组，领导小组办公室负责统筹推进、组织协调和督促落实成德眉资同城化改革发展的各项工作，牵头谋划同城化发展的重大规划、重大政策、重大项目、重大改革，承担领导小组的日常工作。在领导小组及其办公室框架下，组建成德眉资同城化专项合作组，涉及空间规划、交通路网、现代农业、文旅产融、教育医疗等各个方面，每个合作组均由省直有关部门进行指导，共同推进重点领域同城化发展工作。

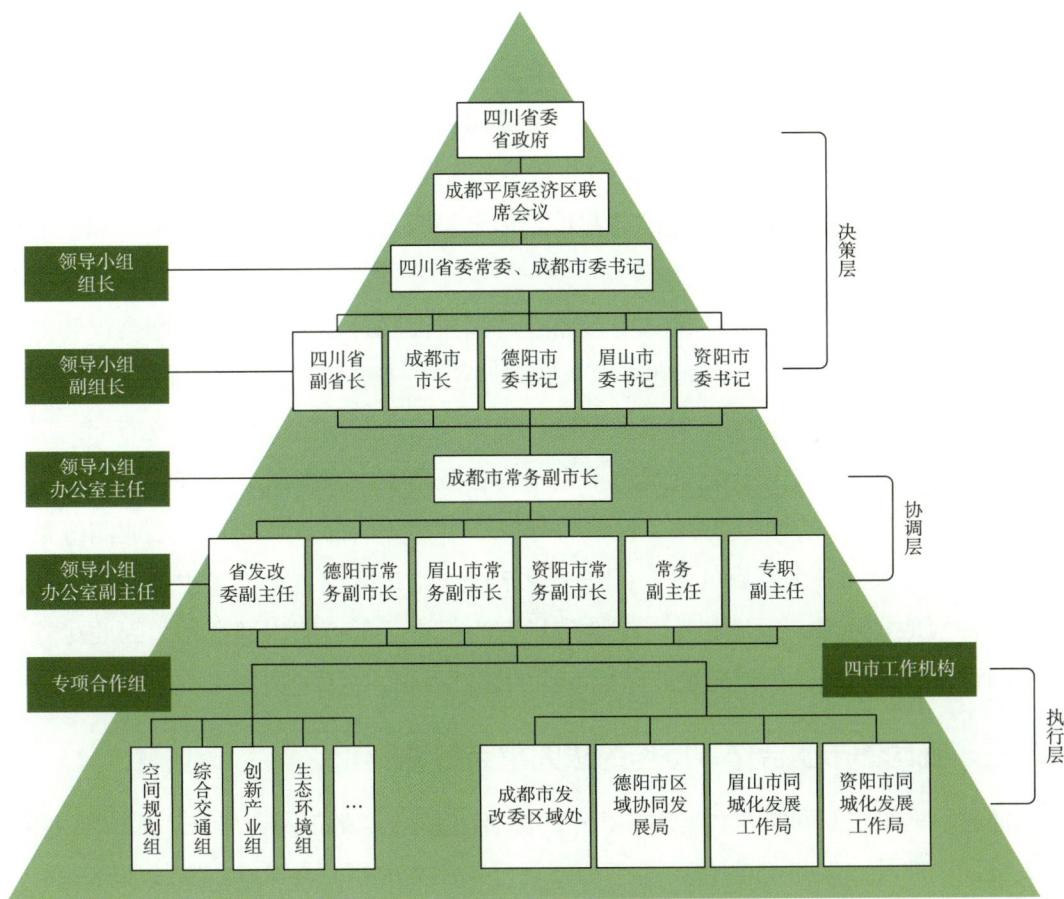

图4-2　成都都市圈组织架构示意图

3.成立省级事业单位负责协调都市圈建设事务

在某一部门下设专门的都市圈管理部门、机构或合作组织，保障都市圈事务的推进及各类规划政策的编制、实施与监督管理。该类型的合作模式制度化水平对比设立省级协调机构牵头而言相对较弱，但权责划分明确，仍能一定程度上保障都市圈合作事务的推进。

以长株潭都市圈为例，在湖南省发展和改革委员会下设省长株潭一体化发展事务中心，承担领导小组办公室日常事务性工作，并负责推进长株潭一体化发展、长株潭都市圈与城市群发展，协调联动省内外区域合作相关事务性、服务性工作；在长沙、株洲、湘潭各市发展改革委下设市长株潭一体化发展事务中心，承担市级长株潭一体化发展规划及相关重大专项规划编制、实施和监督管理相关事务性、服务性工作，其中长沙市长株潭一体化发展事务中心负责对长株潭一体化发展资金提出安排建议。

4. 中心城市牵头并建立市长／党政领导联席会议制度

我国大部分都市圈均为该类型的合作模式，由中心城市牵头，建立都市圈或更大范围的市长／党政领导联席会议制度，通过定期召开联席会议商定都市圈合作中的各类事项及瓶颈问题，后续由各地政府分头推进相关工作。该类型的合作模式相对松散，需要充分发挥各市的主观能动性推动都市圈内各项事务相向而行，在各都市圈中的推行效果不一。

以广州都市圈为例，在广佛肇清云韶经济圈层面联合建立了市长联席会议和专责小组等工作机制；进一步围绕推进广佛全域同城化、广清一体化，建立了党政联席会、市长联席会等区域合作机制，对重大问题、重大项目进行研究、协调，政府部门层面通过制定、督办年度工作计划等推进重点工作任务落实。在此机制下有力推动了广清经济特别合作区、广佛肇（怀集）经济合作区、佛山（云浮）产业转移工业园等重大合作平台的建设及各个领域的深入合作。由于广州都市圈中各类市场主体合作意愿强烈、广佛两地实际城市地域相连，有效市场有力促进了都市圈内部合作，因此尽管没有专门设置管理机构，仍能满足广州都市圈的建设需求，保障各类事项的推进。

三、我国都市圈合作、协作的研究重点领域

通过检索中国知网期刊数据库，截至 2023 年 8 月，以"都市圈合作"或"都市圈协作"为关键词，涉及文献共 4509 篇。对于都市圈合作相关的研究与对都市圈的研究基本同步，自 2002 年开始稳步增长，2019 年国家发展改革委出台《关于培育发展现代化都市圈的指导意见》以来，都市圈得到了更为广泛的关注，相关研究发文量进一步快速增长；伴随着几大重点区域协同发展实践的推进，研究对象从京津冀、长三角、珠三角等城市群区域，逐步细化至南京都市圈、杭州都市圈、济南都市圈等区域。相关检索结果如图 4-3~ 图 4-6 所示。

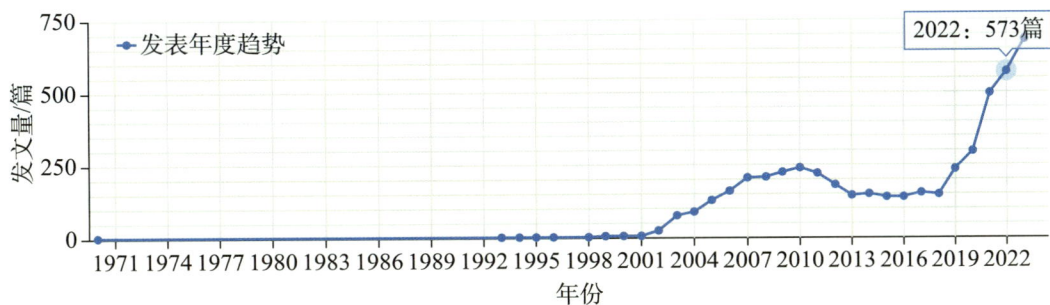

图 4-3　知网"都市圈"发布文章年份分布

（数据来源：中国知网）

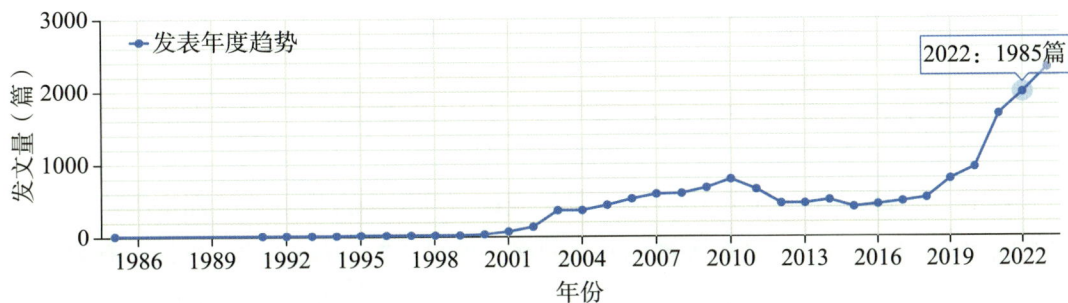

图 4-4　知网"都市圈合作"或"都市圈协作"发布文章年份分布

（数据来源：中国知网）

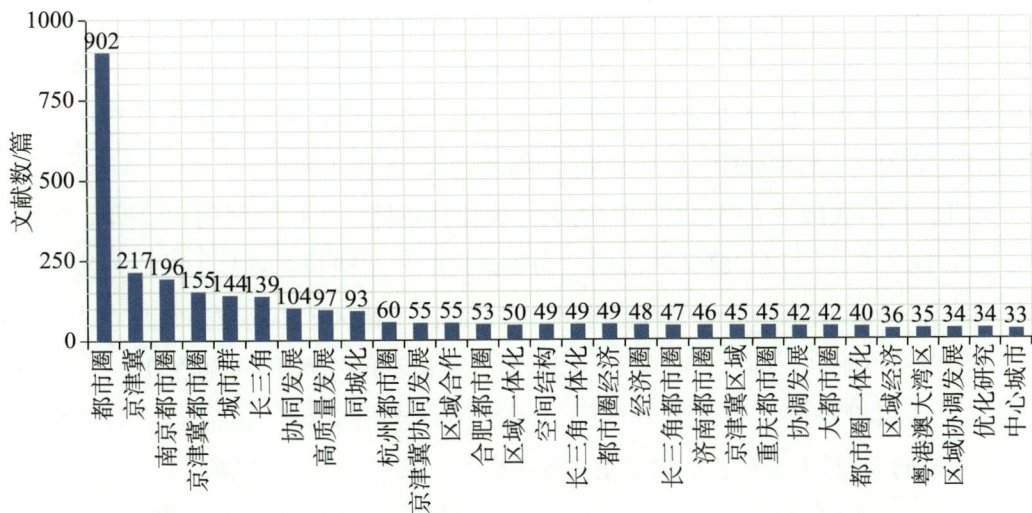

图 4-5　知网"都市圈合作"或"都市圈协作"文章主要主题分布情况

（数据来源：中国知网）

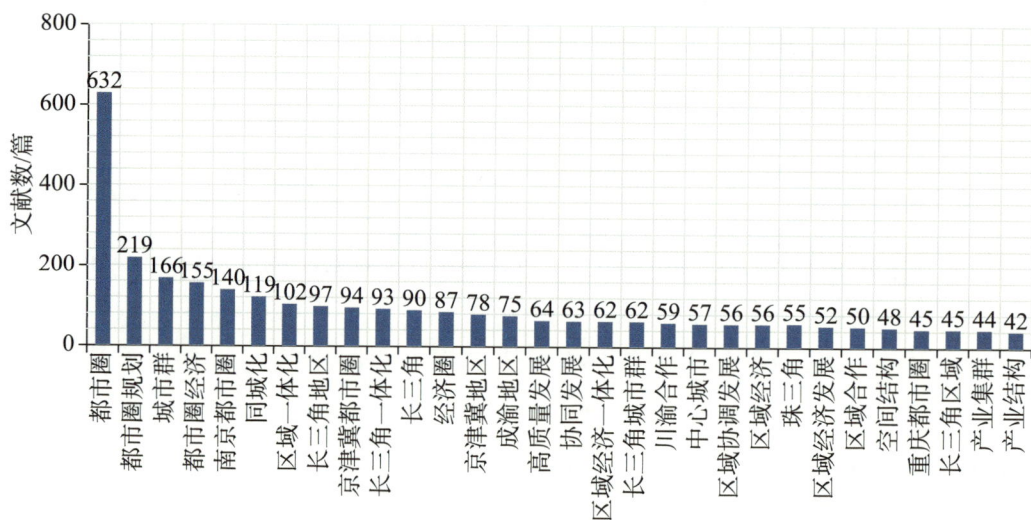

图 4-6　知网"都市圈合作"或"都市圈协作"文章次要主题分布情况

（数据来源：中国知网）

其中，从 2021 年 9 月至 2023 年 8 月发表的"都市圈合作"或"都市圈协作"相关主题 200 篇期刊及会议文献关键词共线网络（见图 4-7）可以看出，近两年有关都市圈合作的文献中，普遍关注都市圈的一体化发展，包括"一体化发展"（频次 27）、"同城"（频次 28）、"双城"（频次 26）；重视区域协作与治理，包括"协同治理"（频次 12）、"区域协同"（频次 11）、"区域协作"（频次 8）、"区域合作"（频次 7）、"区域治理"（频次 6）、"分工协作"（频次 6）。具体合作领域方面，产业相关内容出现频次最高，包括"产业协同"（频次 16）、"产业协同发展"（频次 10）、"产业协作"（频次 9）、"产业分工"（频次 9）、"营商环境"（频次 7）、"产业链"（频次 6）、"现代产业体系"（频次 6）；其次是"国土空间"（频次 9）、"基础设施"（频次 8）、"城乡融合"（频次 8）。

此外，目前我国对于跨区域协同的关注度相对较低，中国知网期刊数据库中 2017 年 1 月至 2023 年 8 月以"跨区域协同"为关键词的相关期刊文献共 158 篇，其关键词共线网络如图 4-8 所示。从图中可以看出，一是我国的跨区域协同主要实践地域与城市群、都市圈高度重合，如"长三角"（频次 23）、"长三角一体化"（频次 9）、"京津冀"（频次 6）"京津冀一体化"（频次 6）等；二是重视跨域协同治理，包括"区域治理"（频次 12）、"协同治理"（频次 5），以及治理的主体与方式，如"地方政府"（频次 17）、"多元主体"（频次 8）、"路径"（频次 7）；三是关注跨区域协同的事项中，除了产业协作、协同创新以外，对于发生地点、影响范围并不局限在固定区域，可能超越特定行政边界的事项更为关注，如"公共危机"（频次 7）以及生态环境相关议题，包括"生态环境"（频次 12）、"环境治理"（频次 12）、"区域环境"（频次 7）、"大气污染治理"（频次 6）、"河长制"（频次 6）。

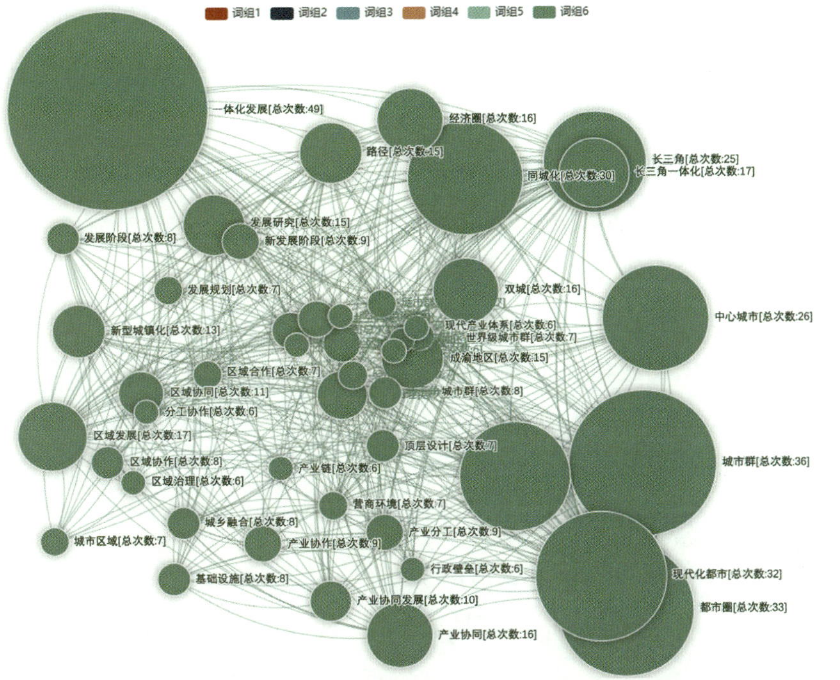

图 4-7 2021 年 9 月至 2023 年 8 月中国知网期刊数据库 "都市圈合作"或
"都市圈协作"相关期刊文献关键词共线网络

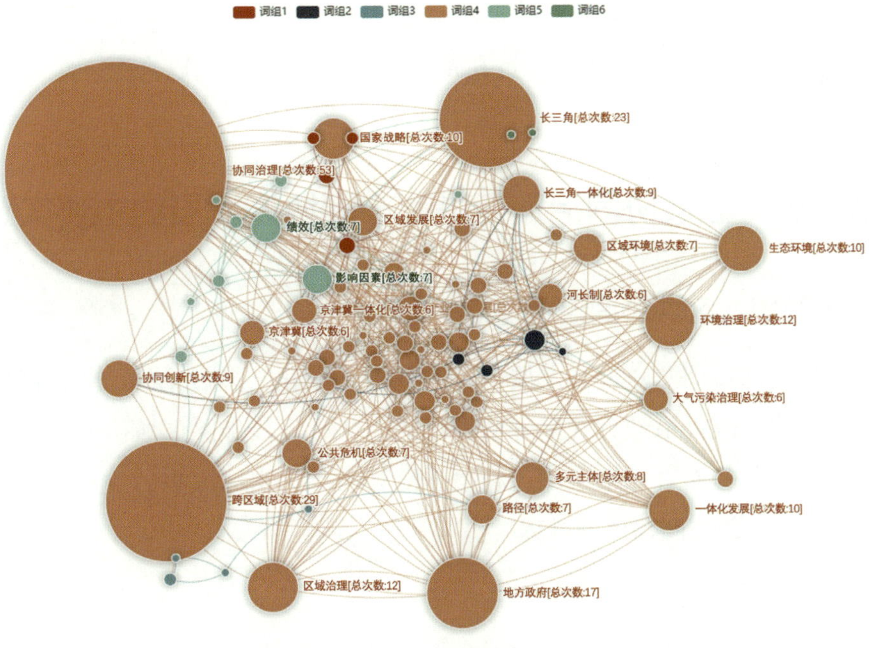

图 4-8 2017 年 1 月至 2023 年 8 月中国知网期刊数据库 "跨区域协同"
相关期刊文献关键词共线网络

由上述初步分析可见，目前广泛的研究明确了都市圈内一体化、同城化发展的必要性，认识到了跨域协作治理的重要性，但目前我国都市圈跨行政区体制机制的研究进展并不相同。

一是高度集中关注的领域，包括规划管理、产业合作、基础设施互联互通等方面，在实际实践中也是大多数都市圈首先开展的合作领域。

二是潜在重点合作领域，包括政务服务相关制度规则合作、公共服务合作、人才干部交流合作等，该类机制大多与政府决策密切相关，在实际实践中进展相对较好。

三是区域一体化发展相关领域，包括要素自由流动、区域融合发展等事宜，在实际都市圈建设中大多仍然停留在纸面规划之上，相比定点定位、易于协同的空间建设类项目，制约人口与各类发展要素合理流动、优化配置的政策、机制与标准等普遍突破行政区壁垒的难度较大。

四是亟待探索突破的领域，包括法治建设、资金分配、税收管理与分成、统计、财政、共同责任分担等领域，目前进展相对滞后，是目前各类合作机制中不活跃甚至空白区域。

此外，尽管文件中跨域协作治理相关内容频繁出现，各地逐步认识到都市圈经济社会的协同发展不仅有赖于城市政府间的合作，更需要有紧密、稳定的社会基础与广泛认同，但都市圈的现代社会协同治理机制建设在实际工作推进中尚未引起足够重视，除政府外的社会民间力量、市场力量在都市圈协同发展中难以发声，难以有效参与（张京祥等，2023）[18]。

第三节　区域协同治理促进都市圈协调发展的主要实践

一、按领域：区域协同治理重点领域合作

当前，我国都市圈的建设与发展已经呈现出全面化、多样化的趋势，都市圈战略目标趋于多元化、政策治理方式呈现精准化的态势，逐步破除区域协同重点领域的体制机制壁垒，尤其是面对要素流动、利益分配等改革深水区面临的重点问题积极展开探索，有力推动了都市圈建设的进程。

1. 要素市场一体化

加快建设全国统一大市场，有利于各类要素在更大范围畅通流动，促进国内国际市场高效联动，是畅通国内大循环、推动构建新发展格局的必然要求。2023 年中央经济工作会议提出"加快全国统一大市场建设，着力破除各种形式的地方保护和市场分

割"。2022 年 4 月《中共中央 国务院关于加快建设全国统一大市场的意见》提出"结合区域重大战略、区域协调发展战略实施，鼓励京津冀、长三角、粤港澳大湾区以及成渝地区双城经济圈、长江中游城市群等区域，在维护全国统一大市场前提下，优先开展区域市场一体化建设工作"。

城市群、都市圈是城市的空间组合，其建设过程需突破行政壁垒实现更大空间范围的分工协作；推进城市群、都市圈建设，本质上要在市场主导下促进资源要素自由流动和优化配置。因此，以都市圈建设为区域一体化建设的切入口，探索区域市场一体化建设、突破全国统一大市场建设中的难点堵点，如探索出台数据、能耗、用地等要素统筹、市场交易、有偿流转等标准规范，推动要素合理流动，是服务全国统一大市场的重要任务。

目前，我国都市圈在信息共享、公共服务一体化和行政事务异地通办等事项方面进行了积极尝试，为打破制度壁垒、深化体制机制改革、优化营商环境积累了丰富经验，已经成为建设全国统一大市场的一个重要突破口。

专栏：成都农村产权交易所探索农村产权交易市场调配机制

成都农交所以农村产权交易机构统筹、服务体系统筹、平台系统统筹、鉴证应用统筹、资金结算统筹"五个统筹"为核心，建立健全都市圈农村产权有形交易市场，积极融入全国统一大市场建设，有力助推成都都市圈乡村振兴、城乡融合发展、共同富裕。一是农村产权交易机构统筹，成都农交所在德阳、眉山、资阳三市以"合资共建"模式专设农村产权交易机构，在三市下辖区（市）县设立农村产权交易分中心，搭建完善都市圈农村产权有形交易市场。二是农村产权交易服务体系统筹，德眉资三市政府均参照成都出台相关办法，确保体系建设、交易品类、政府购买服务等方面基本一致。三是农村产权交易平台系统统筹，逐步建成农村"三资"数字交易平台、农村产权交易平台、动态监测平台以及粮食交易平台等。四是农村产权交易鉴证应用统筹，基于成德眉资四市统一的交易鉴证，实现交易数据分析成果同城化运用，及时精准掌握成德眉资四市各类农村产权价格趋势、乡村产业发展态势、投资走势等情况，可针对性地推介各类农村产权交易项目和引入产业项目。五是农村产权交易资金结算统筹，结合全省地市州实际，明确全省农村产权统一清算结算适用范围、结算程序和流程，规范各项业务交易资金清算结算，保障交易资金安全。

截至 2023 年 6 月底，成德眉资 4 市农交所共成交项目 3.40 万宗，面积 391.91 万亩，交易规模 1720.69 亿元；建立了市、县（区）、镇（乡）、村四级农村产权交易服务体系；德阳、眉山、资阳三家农交所公司净资产合计 3333.18 万元，总计增值 66.66%，有力提升了都市圈农村产权交易机构国资经营效率。

2. 成本共担、利益共享机制

随着都市圈建设发展，城市之间产业协作往来日益密切，重点理顺都市圈内跨区域企业转移、企业跨区域兼并重组及总部与分支机构产生的重新分配、重大基础设施建设、园区合作等方面利益分配关系，有助于促进区域协作发展，全面深化合作。因此，探索建立跨区域投入共担、利益共享机制，尤其是在财税分享管理制度方面探索建立互利共赢的税收利益分享机制和征管协调机制，是深入推进都市圈建设的重要内容。

针对涉及多个行政主体的现实，我国部分都市圈积极探索建立共同开发、税收分成、组建基金等利益共享机制。如：武汉都市圈 2023 年出台《武汉都市圈园区合作共建利益共享机制指导意见》，成功设立总规模 100 亿元的武汉都市圈高质量发展基金（李建华，2024）[19]；杭州都市圈探索建立跨区域产业转移、重大基础设施建设的成本分担和利益共享机制，跨区域重点平台协调发展、投资税收等利益争端处理机制，共建园区增加值统计归属、招商数据互算、财税利益分成等机制。

专栏：苏南苏北"共建园区"发展和统计分算机制探索

南北共建是江苏省委省政府促进区域协调发展、深化南北挂钩合作、加快苏北新型工业化进程、促进共同富裕的重要举措。一是省级层面高位推进、整体统筹。近年来省委省政府相继出台了《关于推动南北共建园区高质量发展的若干政策措施》《关于提升苏北共建园区建设发展水平的意见》等文件，全面确立园区共建的基本思路、关键举措、管理制度、考核体系等。江苏省在建设用地、专项资金、税收返还等方面加大协调支持力度，对年度考核排名靠前或特色化发展成绩突出的园区予以资金和用地指标奖励，同时对苏北共建园区实行电价补贴（每度电降价 0.1 元），为共建园区推进产业创新发展起到了良好的护航作用。二是苏南苏北合作方携手共建高效工作机制、合力推动南北产业转移。形成了苏南方人员、资金、项目"三为主"，苏北方确保规划建设、社会管理、政府服务"三到位"的跨行政区合作机制，确保了共建园区的高效运行；依托产业链、创新链的跨区域联动，南北共建园区发挥出了"双向互利"的共赢优势，有效推动了苏南"腾笼换鸟"和苏北"筑巢引凤"的联动发展，促进了科创成果跨区域转移转化。三是不断完善共建园区利益共享的体制机制。各园区均组建开发公司，各方主体投入园区资金以股权方式投入，实行公司化运营管理，公司创造的净利润由各方按投资比例进行分成，园区内产生的税费收入可按双方协商比例在各地间进行分配；在经济指标考核中，共建园区的 GDP、外商投资额等指标原则上按照协商比例纳入合作双方相关指标统计范围，并适当提高在苏南城市考核中权重，部分共建园区按照 100% 比例计入双方经济指标统计，全省核算时由省统计局剔除重复计算部分。

3. 公众参与

在推动都市圈建设过程中，往往涉及多元主体的利益分配和资源配置等问题，从国外都市圈建设经验来看，公私协作、公众参与和监督能在一定程度上平衡权利的"放"和"收"（张书海等，2024）[20]。通过广泛听取社会各界特别是利益相关方的意见和建议，让地方政府、技术单位、企业、非政府组织、专家和公众等多方主体均参与到都市圈重大事项讨论和决策中，有利于激活各类主体的积极性与自主性，充分发挥市场的积极作用，提升社会对都市圈规划建设的认同度。

国外都市圈规划通常由多主体协商决策，有效的公众参与贯穿规划始终（王红，2004）[21]。如大伦敦规划编制过程中通过法定的公众参与环节，整合了政府机构、社会团体、企业、行业代表机构、志愿组织和社区等各方意见，使得规划在更大程度上凝聚共识；芝加哥大都市区规划编制过程中，通过宣传性、展示性公众参与活动来增强规划的接受度和认同感；德国柏林 - 勃兰登堡联合规划部通过举办柏林和勃兰登堡各自的"城市／州论坛"、两州交界地区的"邻里论坛"等，积极促进社会各界就都市区各项发展议题展开对话（唐燕，2009）[22]。

专栏：成都都市圈搭建同城化发展宣传矩阵

成都都市圈通过搭建同城化发展宣传矩阵，加强都市圈建设宣传，有效凝聚了4市群众和社会各界共识，营造了全社会共同加快建设动能更充沛的现代化成都都市圈的良好氛围。主要有以下三项举措：一是形成特色显著的工作品牌，设计成都都市圈logo并广泛应用于会务和宣传等场景，持续举办"成都都市圈建设论坛""兴汇大讲堂""互信互通 共建共享""原汁原创讲台"等学习分享平台，吸引专家学者、高端智库为成都都市圈建言献策，组建产业发展、社会治理等各类都市圈联盟，充分调动行业协会、社团组织的积极性，提高成都都市圈形象辨识度和宣传影响力；二是搭建网状式媒体矩阵，通过建设形成4市同城化牵头部门、广播电视台横向联盟，中央、省、市、区（县）4级主流媒体纵向联动、省同城办自有新媒体平台多向互动的网状式媒体矩阵，提高成都都市圈的媒体曝光度；三是扩大重要节点宣传覆盖面，以重大活动为契机，线上线下互联互动，扩大宣传"乘数效应"，提升成都都市圈显示度。截至2023年6月，成都都市圈官方微信公众号阅读量破万原创文章5篇，较上个年度周期同比增加200%；省内外关注人数16 252人，同比增加63.5%；公众号传播指数（WCI数值）月均700左右，领先于其他获批都市圈，提升了成都都市圈在全国都市圈中的话语权。

---

4. 都市圈法制建设探索

都市圈法制建设，或者说都市圈法律制度建设，是指某一都市圈内不具有行政隶属关系的若干行政区域，为促进经济社会发展，解决都市圈发展运行过程中面临的共同问题而逐步形成的多层次、多领域的法律规范系统及其运行制度的总称。由于都市圈协同治理涉及多元性的区域合作，需要强有力的组织制度保障，因此与其他法律制度相比，都市圈法律制度具有宽领域、多层次和多元化的特点（第十一届深圳市律师协会党委政府法律顾问法律专业委员会，2024）[23]。

从国际都市圈发展经验来看，部分都市圈的区域规划具有相应的法律效力，如德国都市圈的区域规划本身就是一种法律的存在形式，区域政府间通过协商确定协作规划的目标、手段等要素及各类事项，并在法律上具有权威性，直接转化为合法的职权与职责、权利、义务（侯松岩，2023）[24]。以莱茵 - 内卡地区为例，巴登 - 符腾堡州、黑森州和莱茵兰 - 法尔茨州共同缔结了州际公法协定，协定主旨是在三州共同发展目标的基础上协调莱茵 - 内卡地区的空间规划和进一步发展方面的合作，后续三州共同编制《莱茵 - 内卡地区规划》，经过公布程序后自 2014 年 12 月起具有法律上的效力，对都市圈内的公私主体都具有约束力；此外，莱茵 - 内卡地区的规划协会内部设置了决策机构，以保障三个州在规划决策上的平等（Baden-Württemberg，2005）[25]。

目前，国内部分都市圈也逐步以特定领域为切入口开展了区域协同立法探索。如南京都市圈于 2021 年 10 月 19 日同期审议、同时提交、同步实施"关于加强跨市域轨道交通运营和执法管理若干问题的决定"，以轨道交通为切入口，统筹制度设计，构建综合协同一体化联动体系，为实现跨区域、同城化管理功能提供法治保障（陈月飞，2021）[26]。成都都市圈由成都市人大常委会牵头四市人大，以地方人大常委会"重大事项决定"的形式对区域协同立法实践进行总结提升和总体谋划，进一步创新形成"决定先行＋条例跟进"的协同立法模式，并在生态环保和营商环境领域形成一系列条例①。

专栏：深圳都市圈以地方性立法破解合作区发展障碍

《广东省深汕特别合作区条例》（以下简称《深汕条例》）于 2023 年 9 月 27 日经省十四届人大常委会第五次会议表决通过，自 2023 年 11 月 1 日起开始施行。《深汕条例》是全国首部明确由"飞出地"全面主导区域协调发展的地方性法规，旨在在地方立法权限范围内破解深汕特别合作区长远发展所面临的障碍，重点解决区域发展难题，加快补齐发展短板，并确保在法治轨道上有力有效推进深汕特别合作区改革探索，为新时代区域协调发展探索可复制、可推广的制度经验（王淼，2023）[27]。

《深汕条例》的主要内容包括八个方面：一是明确合作机制，强调区域协同和融合发展；二是明确管理架构，构建合作区完整管理体系；三是明确管理职能，规定合作区重要工作任务；四是明确产业发展方向，强力推进产业高质量发展；五是明确规划创新，加快

---

① 引自《成德眉资同城化暨成都都市圈建设探索实践案例汇编》。

推动城乡建设发展；六是明确治理模式，完善合作区多方治理体系；七是明确具体措施途径，营造一流营商环境；八是明确多方合力保障，助推合作区发展。可见《深汕条例》立足地方立法权限，对合作区的组织机构、规划建设、运营管理、资源配置等方面进行规范和明确，着力明确好体制机制、营造好营商环境、稳定好社会预期，探索从根本上解决合作区长远发展所面临的障碍，加快推进合作区开发建设，助力实现省委、省政府对合作区发展的战略定位和目标。

二、按地域：交界地区市（县、区）合作

在城市群、都市圈等区域合作的大趋势和背景下，先推进交接地带发展后纵深推进多领域合作成为推进区域合作、同城化发展的重要策略。而交界地区作为不同行政边界实体接壤区域的连接体，地理、交通、人文、产业的一系列综合因素决定了交界地区是跨行政区域一体化探索的天然先行军，融合程度最深；同时由于区位及历史等多重因素，交界地区往往是开发建设的边缘空白区和行政区划藩篱负面影响的集中体现地，存在激烈的招商竞争及各项行政管理冲突，受行政区划羁绊最为明显。因此，推动都市圈城市交界地带毗邻地区在规划布局衔接、公共设施统筹、产业协作互补、公共服务共享、生态环境共治、社会治理融合等方面积极探索、深度合作，支持都市圈交界地带先行先试、建设同城化体制机制改革创新试点，有利于推动都市圈高质量发展，促进区域协作持续走深走实。

目前，在我国都市圈建设中，部分都市圈提出了以交界地区为重点，率先打造一体化先行示范区。如杭州都市圈提出重点推进杭黄、杭嘉、杭绍三个一体化合作先行区，打造以生态旅游、新型城镇化、临空经济一体化为特色的先行示范区，并以项目清单形式持续推进先行区建设工作；成都都市圈提出协同推进"三区三带"建设，即成都国际铁路港大港区联动德阳共建成德临港经济产业协作带，天府新区联动眉山共建成眉高新技术产业协作带，成都东部新区联动资阳共建成资临空经济产业协作带。

1. 省内交界地区合作

由于交界地区一体化的难度与所需参与协调的政府层级密切相关，因此相比其他交界地区一体化实践，省内交界地区一体化推动难度相对较小，大多事项可以通过城市层面进行协调解决，或由本省统一统筹协调。在粤港澳、长三角等地区，市场的力量对推动交界地区一体化进程作用突出，市场需求积极促进了交界地域的一体化进程，如广佛同城、杭州德清合作等，均是在广泛的民间自发合作基础上，逐渐发展到政府层面合作进而再到交界地区的深度融合。在都市圈合作背景下，交界地区各类专项领

域合作也逐步取得突破，各地根据交界地区实际存在的城市治理工作瓶颈及居民生活需求等展开协商与合作，有效提升都市圈同城化体验。

专栏：杭州德清深入推进综合执法联动协作

德清作为杭州城西科创大走廊南北轴建设的重要节点，积极对接杭州各项资源，逐步实现重大战略靠前融入、产业合作双向共赢、公共服务惠民共享，德清与杭州在各个领域目前均已实现"应通尽通"。然而交界地区城市治理仍旧面临一些历史问题，如建筑垃圾治理特别是跨区域偷倒等违法处置一直是综合行政执法工作面临的痛点和难点问题。一辆建筑垃圾运输车从杭州到德清，如果没有杭州作为源头方进行信息共享，德清仅对违规运输车队实施处罚，那么在查处违规渣土运输的溯源环节难以进行追踪严查。

为了进一步提升城市治理水平，尤其是交界地区治理水平，2024 年 7 月 25 日，杭湖五地（拱墅区、西湖区、临平区、余杭区、德清县）综合行政执法部门在德清县举行综合执法联动协作启动仪式，联合签署执法合作框架协议，在建筑垃圾治理领域开展执法协作，进一步打击跨区域非法运输、倾倒建筑垃圾行为，规范建筑垃圾处置流程，切实维护区域生态环境安全。这也有利于破解跨界执法难、溯源执法难、协作执法难、联合执法难等执法难题，从源头上治理城市顽瘴痼疾。

专栏：青白江广汉携手探索交界地带急救医疗联动

在成德眉资同城化发展中，青白江与广汉以教育破界，共建青广教育城融合发展示范区。此外，在交界区域 4 公里长的南北发展带上，两地布局了凤凰新城、新鸥鹏教育小镇、德阳高新区产城融合区 3 个城市功能区，并积极探索土地统筹利用机制，在不改变土地权属原则下，两地对公共设施跨界用地进行跨区域调配，按照相同面积相同用地类型对等置换，实现双方不规则地块有效利用。可见青白江与广汉在交界地带探索逐步走深走实，交界地带各类项目活跃。在此背景下，两地居民对公共服务应急救援等需求逐步凸显，如青广教育城中位于广汉市境内的巴川中学与青白江区仅一路之隔，但若学生遇到急救情况，广汉 120 到现场需要半个小时。为了给广大群众提供高效便捷的急救措施，2023 年 2 月以来青白江与广汉两地多次对接，最终明确就近发车和联合发车的相关原则，以解决两地交界地区就近发车和重大医疗救援联合出动的问题。根据签署的协议，交界地区群众拨打 120 时，广汉 120 调度分中心根据患者要求或紧急程度进行研判，若有需要，立即请求青白江区 120 调度中心进行支援，就近发车。同时，出现较大的医疗救援需求时，双方 120 进行对接，相互支援，联合发车，以尽快完成患者接诊和救治。

2. 省际交界地区合作

省际交界地区尽管地域相连、自然资源禀赋相近、社会往来联系密切，但分属不同省级行政区管辖，因此各自为政问题突出，普遍存在竞争大于合作的情况，且除少数区域外，省际交界区域基本都地处省域经济边缘，普遍远离本省经济中心，经济发展相对落后（马燕坤等，2021）[28]。相比于省内城市间交界地区合作，省际交界地区合作涉及事项所需协调层级相对较高，土地、人才、资本、产权、数据等要素流动阻力更大。从国内目前推进省际交界地区合作发展来看，其工作重点为促进各地区消除壁垒，如在企业登记、土地管理、环境保护、投融资、财税分享、人力资源管理、公共服务等政策领域，建立政府间协商机制。

专栏：长三角绿色生态示范区滚动推出公共服务项目清单

长三角一体化发展战略推动下，长三角生态绿色一体化发展示范区在规划管理、生态保护、土地管理、要素流动、财税分享、公共服务等领域形成了一系列制度创新成果，共推出112项制度创新成果，已有38项向全国复制推广。积极推动区域公共产品的制度化和长效性供给，从2020年至今出台了三期公共服务项目清单，滚动式优化、更新、升级，逐步实现了医疗机构检验检查报告互认、异地就医结算全域免备案、跨域"信用＋医疗"服务、异地医保基金联审联查、养老资源共享、优质"云课堂"教育资源共建共享、社保卡"一卡通"等多类项目。

专栏：重庆都市圈探索跨省共建川渝高竹新区

四川省广安市与重庆市渝北区共建跨省新区川渝高竹新区，坚持经济活动一体开展、社会事务属地管理，对两地电力、税收等各项政策差异进行了梳理和统一，搭建起发展规划、开发建设、基础设施、公共服务、运行管理5个经济活动一体化，村镇管理、基层治理、社会保障3个社会事务属地化，以及清单式推进跨省域土地统筹管理、要素配置、税费征管、项目审批、市场监管等28个重点领域改革事项的"5328"改革创新体系，探索经济区与行政区适度分离。行政管理体制上，四川广安、重庆渝北共派干部成立新区管委会，合资成立开发公司作为新区综合运营商；利益分配上，新区按照"存量收益由原行政辖区各自分享、增量收益五五分成"的原则制定利益分配方案，探索跨省投资、成本分担、利益共享的新机制。

专栏：浙沪创新建立交界区域项目联审制度

浙江省嘉兴市平湖市和上海市金山区积极推动浙沪交界水环境协同治理和上下游流域保护，两地签订了《生态环境区域联动发展合作框架协议》，涉及边界区域的项目，会先对两地的标准进行比较，如果上海的标准要求更高，项目审查就参照上海的标准执行，反之就参照浙江的执行。两地环保部门共同参与毗邻地区新建重大项目环境影响评审，积极防范邻避效应，有效化解矛盾纠纷。审批前期都实现了零举报、零投诉、零上访，确保了交界区域社会稳定。2023年，平湖、金山区交界区域4个国控断面高锰酸盐指数、氨氮、总磷等三项主要指标均值同比全部改善，分别改善16.14%、12.78%、11.92%，平均改善幅度为"十四五"最大（浙江省生态环境厅，2024）[29]。

3. "跨制度""跨边界"的交界地区合作

粤港澳大湾区是我国经济最活跃、制度最开放、市场化程度最高的地区，是在一个国家、两种制度、三个关税区、三种货币的条件下建设的特殊空间，在国际上没有其他先例，其区域一体化过程建立在"跨制度"与"跨区域"协同治理的基础上（马向明等，2019）[30]。在国家战略的影响下，新时期粤港澳三地的跨界合作逐渐聚焦于毗邻港澳的国家级重点发展平台，包括《粤港澳大湾区发展规划纲要》所确定的横琴、前海、南沙以及落马洲河套等跨界合作区。跨界合作区的设立是应对区域一体化发展问题及消解跨界合作矛盾的有力尝试（王世福等，2023）[31]。

> **专栏：横琴粤澳深度合作区**
>
> 横琴粤澳深度合作区是在"一国两制"背景下通过港澳与内地的制度势能差异推动粤港澳大湾区政策创新和深化粤港澳合作的典型跨界区域。琴澳的跨界协同经历了从以解决澳门土地紧缺问题为导向的初步合作，到以解决澳门产业发展问题为导向的市场化合作，再到以推动琴澳一体化发展为导向的制度化全面深度合作 3 大阶段。
>
> 在合作模式方面，一是在《粤澳合作框架协议》（2011 年）的基础上，明确横琴新区的开发以市场化运作模式为主导，为落实"澳门优先"原则，澳门企业可直接以竞买人身份参加定向出让的土地招拍挂或通过琴澳企业共组公司定向拿地开发，在解决澳门缺地问题的同时推进了横琴的开发①。
>
> 在治理体系方面，深合区上升为由广东省管理，并以广东省省长与澳门特别行政区行政长官组成的"双主任"制为基础，其他职位由澳门特别行政区政府和珠海市政府双方派员担任，以此构建横琴粤澳深度合作区管委会及执委会的高级别管理架构，调整横向权力结构，奠定琴澳合作的共管基础（康红军，2023）[32]。
>
> 在机制构建方面，2023 年深合区首部法律性文件《横琴粤澳深度合作区发展促进条例》发布，以法律的方式明确跨界合作的治理体制、规划建设与管理、产业发展、跨境生活就业、一体化发展的相关规范，是琴澳合作的制度保障。
>
> 在制度创新方面，实行货物"一线放开，二线管住"和人员进出高度便利为核心内容的分区分类管理政策。以横琴与澳门之间为"一线"，落实系列"去边界化"行动，除非生活用品外的商品均免税，内地货物出口到横琴等同于出口到澳门，均可以退税，高科技投资及相关设备进入深合区也无须缴税，减少企业投资成本，以此促进跨界要素集

---

① 《珠海经济特区促进中国（广东）自由贸易试验区珠海横琴新区片区建设办法》第二十八条规定："根据本市与港澳的合作需要，横琴片区范围内的土地适度面向港澳地区定向供应"。《横琴新区支持澳门经济适度多元发展的十一条措施》第一条规定："落实澳门优先原则。新区开发尤其是涉及土地出让、产业建设、资本参与、城市基础设施等资源开发，同等条件下优先支持符合《粤澳合作框架协议》的澳门工商界参与"；第四条规定："加强用地支持。对符合《粤澳合作框架协议》及澳门特区政府正式推荐的用地项目，在粤澳产业园尽早安排土地供应，定向澳门工商界挂牌"。

聚。在横琴与关境内其他地区之间设"二线"，通过增设关口和查验区、升级环岛电子围网、设置海关监管场所，实现横琴与关境内其他地区的"再边界化"。

此外，两地持续探索政务深度融合。2024 年 7 月 23 日，横琴粤澳深度合作区商事服务局与澳门药监局共同举办《澳门药事服务横琴粤澳深度合作区专窗合作备忘录》签约及澳门药事服务合作区专窗启用仪式，首创琴澳药事服务"跨境通办"。"澳门药事服务合作区专窗"是内地首个澳门药事服务窗口，面向粤港澳大湾区企业，集程序前咨询、资料接收和缴纳费用等功能为一体，澳门中成药注册、药物（西药）注册、产品进口的预先许可、药物产品出入口及批发商号准照、中药委托制造许可、产品分类咨询等均可通过专窗提交申办资料。专窗的启用实现了企业及市民足不出境即可办理跨境事务，全面增强居民的琴澳"同城化"办事体验。

专栏：深港河套 - 落马洲地区

2005 年 9 月，深港双方就河套地区的开发成立联合小组，研究河套地区开发的可行性。2017 年 1 月 3 日，经过深港双方多年的探索磨合，深港两地签署《关于港深推进落马洲河套地区共同发展的合作备忘录》，解决了河套地区土地使用问题，明确双方在河套（A 区）共同发展"港深创新及科技园"，同时香港支持深圳在深圳河北侧毗邻河套的口岸区域（C 区）和福田保税区共约 3 平方公里区域规划建设"深方科创园区"，双方共建"深港科技创新合作区"，形成由 0.87 平方公里的香港园区和对岸 3.02 平方公里的深圳园区组成的"一区两园"新格局。同年 7 月 1 日，在习近平总书记亲自见证下，粤港澳三地政府和国家发展改革委共同签署《深化粤港澳合作 推进大湾区建设框架协议》，明确提出支持"港深创新及科技园"建设。2023 年 8 月 29 日，国务院印发《河套深港科技创新合作区深圳园区发展规划》，明确赋予深圳园区三大发展定位——深港科技创新开放合作先导区、国际先进科技创新规则试验区、粤港澳大湾区中试转化集聚区，并提出"打造世界级创新平台和增长极""成为世界级的科研枢纽"的新目标。

2024 年 4 月，港深创新及科技园有限公司（港深创科园公司）与 59 家来自 9 个经济体的合作伙伴机构签署合作备忘录，其中约四分之一来自海外，有 24 家企业更是首次在港落户或扩展业务。这些企业 45% 来自生命健康科技、新能源和微电子等园区支柱产业，其他的合作伙伴企业和机构为顶尖大学、科研机构、加速器、孵化器和投资者（陈彧，2024）[33]。

2024 年 5 月，河套深港科技创新合作区深圳园区发展署公开发布河套深圳"虚拟园区"服务矩阵，"i 河套"小程序与河套深圳园区新版官网、微信公众号和视频号组合构成了河套深圳园区"虚拟园区"服务矩阵，实现园区日常服务"一码集成"、园区办事服务"一网通办"、园区社群服务"一号互通"，三大服务平台实时互联、秒级响应，24 小时不打烊，全面提升河套深圳园区运营效率及科研服务质量。还特别推出了"河套惠港"智慧金融服务与"河套人工智能算力通"两大创新服务。其中"河套惠港"智慧金融系列服务分为"惠港利企"和"惠港便民"两部分，一方面为河套合作区内的港企提供入园商事登记一体化、创新创业投融资、智慧园区与企业经营信息化建设一站式支持等一揽子服务，另一方面为河套合作区内的港人提供一卡多币账户服务与支付结算便利、深圳社保等政务服务代办等服务；"河套人工智能算力通"可统筹调度规模近 5000P 的最优算力，河套企业可通过河套官网一键链接至该平台，便捷享受"算力一网化、统筹一体化、调度一站式"的优度算力服务（杨铭琪等，2024）[34]。

参 考 文 献

[1] Polanyi M. The logic of Liberty[M]. Chicago: University of Chicago Press, 1951: 82-85.

[2] 汪波. 城市群流空间与区域一体化治理——京津冀城市群实证研究 [M]. 北京：北京师范大学出版集团，2015.

[3] Downs A. New visions for metropolitan America[M]. Washington D C: The Brookings Institution and Lincoln Institution of Land Policy，1994.

[4] 卓凯，殷存毅. 区域合作的制度基础：跨界治理理论与欧盟经验 [J]. 财经研究，2007（1）：55-65.

[5] 赵斌. 区域合作治理机制的理论和实践探析 [J]. 财政科学，2022（8）：30-42.

[6] 李国平，吕爽. 京津冀跨域治理和协同发展的重大政策实践 [J]. 经济地理，2023，43（1）：26-33.

[7] 沈荣华，何瑞文. 奥尔森的集体行动理论逻辑 [J]. 黑龙江社会科学，2014（2）：49-53.

[8] 锁利铭，阚艳秋，涂易梅. 从"府际合作"走向"制度性集体行动"：协作性区域治理的研究述评 [J]. 公共管理与政策评论，2018，7（3）：83-96.

[9] Feiock R C, Steinacker A, Park H J. Institutional collective action and economic development joint ventures[J]. Public Administration Review, 2009, 69（2）：256-270.

[10] 周黎安. 转型中的地方政府 [M]. 上海：格致出版社，2017.

[11] 王建，鲍静，刘小康，等. "复合行政"的提出——解决当代中国区域经济一体化与行政区划冲突的新思路 [J]. 中国行政管理，2004（3）：47-48.

[12] 杨爱平. 从垂直激励到平行激励：地方政府合作的利益激励机制创新 [J]. 学术研究，2011（5）：49.

[13] 周黎安. 中国地方官员的晋升锦标赛模式研究 [J]. 经济研究，2007（7）：42-48.

[14] Mariona Tomàs Fornés. Models and key variables of metropolitan governance, [EB/OL]. （2023-04-19）[2024-07-29].https://www.barcelona.cat/metropolis/en/contents/models-and-key-variables-metropolitan-governance.

[15] 张靓，祖齐，崔园园. 旧金山"湾区规划 2050+"对上海大都市圈跨域深度发展的启示 [C]// 中国城市规划学会，合肥市人民政府. 美丽中国，共建共治共享——2024 中国城市规划年会论文集（18 区域规划与城市经济）. 上海发展战略研究所，深圳市尤安规划设计有限公司上海分公司，2024：7.

[16] 张艺帅，黄建中，王启轩，等. "尺度重组"与"元治理"视角下我国都市圈治理模式的建构思路研究 [J]. 规划师，2023，39（4）：19-27.

[17] 孙世芳，唐珏岚，李清娟，等. 高标准推进长三角一体化 [N]. 经济日报，2021-11-10（11）.

[18] 张京祥，胡航军. 新发展环境下的都市圈发展、规划与治理创新 [J]. 经济地理，2023，43（1）：17-25.

[19] 李建华. 武汉：引领推动武汉都市圈高质量发展 [N]. 长江日报，2024-01-09（9）.

[20] 张书海，王婧. 国土空间规划中的纵向协同：英国的经验启示 [J/OL]. 国际城市规划，（2024-

06-29）[2024-12-02]. https://kns.cnki.net/kcms2/article/abstract?v=6WbqZcVy3rhG3KDTLmU99J
QUHY_7E4yoIzArZGZcDOoiSPAjhn8CRKvVbkaDgIgp6advqtDS91qjCsCUBRJsS_Yr6PHaVPz_
kq36aelnpXnVyjiD2X-K-3REEcrt9jiEzPwQge7o79Nxy52U_5a0dyOaFU8qL6Fqfblu-4uEl4Ngq2pqY
0WUuw==&uniplatform=NZKPT&language=CHS.

[21]　王红. 借鉴"伦敦规划"，改进战略规划编制工作 [J]. 城市规划，2004（6）：78-87.

[22]　唐燕. 柏林 - 勃兰登堡都市区：跨区域规划合作及协调机制 [J]. 城市发展研究，2009，16（1）：
49-54.

[23]　第十一届深圳市律师协会党委政府法律顾问法律专业委员会. 深圳都市圈法治协同路径研究
[EB/OL].（2023-02-08）[2024-07-29].http://static-www.szlawyers.com/file/upload/20230208/file/2023
0208114455_9146754b621b46608cde35493475c2f4.pdf.

[24]　侯松岩. 位阶明晰、体系完善、协调有序：国外国土空间规划法规体系研究及启示 [C]// 中国城市
规划学会. 人民城市，规划赋能——2022 中国城市规划年会论文集（11 城乡治理与政策研究）.
广州：广东省城乡规划设计研究院有限责任公司国土空间创新所，2023：9.

[25]　Staatsvertrag zwischen den Ländern Baden-Württemberg, Hessen und Rheinland-Pfalz über die
Zusammenarbeit bei der Raumordnung und Weiterentwicklung im Rhein-Neckar Gebiet [Z]. 2005.

[26]　陈月飞. 南京都市圈实质推进协同立法 [N]. 新华日报，2021-10-24（2）.

[27]　王森，全国首部"飞出地"地方性法规《广东省深汕特别合作区条例》今日起施行 [N]. 深圳
特区报，2023-11-02（1）.

[28]　马燕坤，王喆. 中国省际交界区域高质量合作发展研究 [J]. 区域经济评论，2021（2）：63-69.

[29]　浙江省生态环境厅. 嘉兴平湖携手上海金山区"建制度、抓联动、推项目"实现浙沪交界水环
境显著改善 [EB/OL].（2024-02-18）[2024-07-29]. https://www.zj.gov.cn/art/2024/2/18/art_12294156
98_60199367.html.

[30]　马向明，陈洋，黎智枫. 粤港澳大湾区城市群规划的历史、特征与展望 [J]. 城市规划学刊，2019
（6）：15-24.

[31]　王世福，练东鑫，邓昭华，等. 粤港澳大湾区跨界合作区规划策略与协同治理探索——以广州
南沙新区为例 [J]. 规划师，2023，39（3）：101-108.

[32]　康红军. 尺度调适：一种重塑粤港澳大湾区府际合作的新理路 [J]. 中国行政管理，2023（1）：
113-120.

[33]　陈彧. 机遇香港 | 专属政策增强吸引力！港深创科园已有59个全球科研合作伙伴[EB/OL].（2024-
06-14）[2024-07-29].https://baijiahao.baidu.com/s?id=1801754926243111917&wfr=spider&for=
pc.

[34]　杨铭琪，陈湛淇，朱佳若，肖雨. 河套深圳园区智慧化升级，"虚拟园区"服务矩阵正式上线
[EB/OL].（2024-05-20）[2024-07-29].https://www.sohu.com/a/780256199_121384220.

第五章 当前都市圈建设的堵点和对策建议

第一节 交通基础设施互联互通的关键堵点和对策建议

一、关键堵点

1. 前期规划不充分，轨道交通分层分级不清晰

一方面，长期以来我国轨道交通发展一直侧重于城市内部轨道交通和高速铁路，轨道交通规划主要有服务于市域范围的城市轨道交通规划体系和服务于城市间的铁路规划体系，原有规划体系已不能满足都市圈轨道交通系统性的发展需求，而目前大多都市圈又尚未形成"一张网"轨道交通规划体系，使得部分都市圈在轨道交通建设上制式混乱、技术标准不统一（赵长石，2023）[1]。比如，同样服务于都市圈内城市间快速联系需求，长株潭都市圈优先选择建设 S 线承担城际轨道交通功能，而在北京都市圈和上海都市圈中 S 线则承担着市域（郊）轨道交通功能，其建设目标和技术标准则是对标地铁线路。

另一方面，由于缺少"一张网"轨道交通体系的整体统筹，都市圈轨道交通建设时序性与实际发展需求脱节。比如，已开通的南京都市圈南京—高淳、武汉都市圈武汉—咸宁城际铁路，由于客流不足、服务半径过大、沿线开发落后等原因，运营亏损严重。不仅造成资源浪费，同时也加重了地方政府债务负担（高国力等，2023）[2]。

2. 运营衔接不畅，同城化通勤效能不充分

一方面，不同层级轨道交通接驳不便，不能满足城市一体化发展需求。如采用既有国铁线路增开班次、利旧与新建市域（郊）铁路建设模式，受路地双方协调机制的影响，线路一般未进入核心区，且与城市内轨道交通接驳不便，如郑开城际铁路（徐

成永等，2022）[3]；而采用既有城市轨道向外延伸，以满足中心城市与外围组团联系的城市铁路，又会受制于跨行政区、跨部门等壁垒。

另一方面，运营组织衔接不畅，地铁与城际、国铁安检标准不统一，换乘衔接处流线不畅，部分站点仍需重复安检、进出站，未实现"单向"或"双向"的安检互认（蔡昌俊，2023）[4]，导致旅客换乘不便、"门到门"时间长、出行效率降低。以成都都市圈的德阳市中心到成都天府新区为例，乘坐德阳—成都东站动车，换乘成都地铁 1 号线、7 号线，全程车内时间达 80 分钟，加上成都东站、火车南站 2 次换乘时间及两端接驳时间，"门到门"全程将超过 2 个小时，早晚高峰加上等车，致使出行效率进一步降低（潘昭宇，2022）[5]。

3. 财政经费不足，投融资机制有待完善

一是轨道交通建设资金需求量大、占用时间久，同时我国轨道交通建设普遍注重公益性、设定票价偏低，导致整体资金回收周期长，政府主导模式下的轨道交通建设运营财政压力巨大。尽管国务院 2013 年 8 月印发《关于改革铁路投融资体制加快推进铁路建设的意见》提出向地方政府和社会资本放开城际铁路、市域（郊）铁路的所有权、经营权，鼓励社会资本投资建设铁路，2022 年 6 月国家发展改革委、财政部等 12 部门联合印发的《关于支持民营企业参与交通基础设施建设发展的实施意见》也提出激发民营企业活力，积极参与都市圈交通基础设施建设，但目前鼓励铁路综合开发弥补建设运营亏损的政策落地实施机制仍旧缺失，多元化投融资模式在城市轨道交通建设方面的应用仍处于探索阶段，利益共享机制尚不明确，社会资本参与建设的积极性并不高。

二是城际公共交通面临机制协调和财政支持短板。城际公共交通的开设往往涉及城市间多个部门、多家企业的协调问题，由于缺乏跨区域统一协调组织，致使管理难以同步，利益难以协调。如深圳都市圈历时四年协商，深圳—东莞—惠州城际公交 3B 线路才顺利进入惠州境内正式运营（刘花等，2023）[6]。此外，目前多数城际公交无法按照城市公交或客运班线获得资金补助及税收优惠政策，国家及都市圈层面对城际公交运营补贴政策缺失，部分地方财政难以承担运营资金缺口，城际公交线路面临运营困境。

二、对策建议

1. 完善都市圈多层次轨道交通网络

统筹考虑都市圈轨道交通网络布局，紧密结合实际需求，加强不同规模城市的出

行需求分析，建立都市圈多层次轨道交通融合发展体系，推动干线铁路、城际铁路、市域（郊）铁路、城市轨道交通"四网融合"，重点关注功能分工、网络融合、枢纽衔接、运营一体。充分发挥高铁干线、城际铁路、市域（郊）铁路、城市轨道的衔接互补功能，根据都市圈人口资源要素流动实际需求适时加密通勤时段开行车次。积极探索利用既有线路资源改造建设市域（郊）铁路，完善都市圈轨道交通网建设。合理加密都市圈高速公路网络，构建"轨道交通、高速路网、城际快速通道"为骨干的新型交通网络体系。在网络融合的基础上，做好都市圈综合交通枢纽的衔接整合，畅通站场间连接。推进多层次轨道之间票制互通、安检互信、资源共享。完善市域（郊）铁路站点周边的地面公交、停车等配套交通衔接。

2. 提升公共交通服务一体化水平

强化面向"出行链"的多模式联程运输服务。推进都市圈城际铁路、市域（郊）铁路"公交化"运营，促进综合枢纽多模式交通购票、验票、安检一体化，试点开展空铁、公铁等联程运输服务，探索开展城际旅客跨运输方式异地候机候车、行李联程托运和城际"行李直挂"等业务，加快实现城际联程运输"一网融合"。按照出行即服务（MaaS）的理念，推进多层次轨道交通之间信息服务数据共享、联动协作，促进不同轨道之间运力、班次和信息对接，全面提升"门到门"运输效率和服务品质。加速开发面向"全流程"的个性化信息服务。充分利用移动物联技术，创新提供覆盖行前决策、行中引导、行后服务和一体化支付的出行解决方案和终端产品，为出行者提供满足高效、经济、便利、舒适等核心需求的"全流程服务"。

3. 创新交通建设投融资体制机制

加大城际铁路、市域（郊）铁路开发与投融资模式创新力度，保障资金要素。加快开展城际、市域（郊）铁路建设规划审批试点，积极参与并探索发起成立城际铁路、市域（郊）铁路公司。探索土地提前收储、分层出让、特许协议出让、土地作价入股等办法，研究集体经营性建设用地入市用于铁路综合开发。更好发挥资本市场作用，吸纳不动产投资信托基金和保险等长期资本，建立规范、多元、可持续的投融资机制。积极争取国家财政资金支持，加大各级政府财政资金投入，明晰各级政府在交通发展中的事权和支出责任，探索建立都市圈公路、铁路、航道交通、运输等专项发展基金，重点支持区域内重大交通基础设施建设。推进资源整合，以资本为纽带，通过股权置换、相互参股等方式，组建都市圈城际铁路、航空、港口、高速公路等区域交通运输企业，形成利益共享、风险共担的协作机制，健全交通运输价格形成机制和市场准入退出机制。

第二节　产业协作共赢的关键堵点和对策建议

一、关键堵点

1. 产业分工协作格局尚不完善，产业集群能级有待提升

由于区位相邻、禀赋相似、市场需求相仿、产业政策相近，产业同构现象本质上内生于都市圈经济发展过程之中，是都市圈同城化进程中无法避免的现实问题。部分都市圈存在明显的"消极"产业同构及主导产业趋同现象，产业协作上具体存在产业链纵向协作不紧密、横向配套不充分等问题，使得深层次产业分工协作较弱且经济效益不高，产业集群发育不足。如西安都市圈内以陕汽、隆基绿能为代表的重卡、集成电路、光伏等龙头企业发展态势良好，但是目前的产业配套多处于产业链、价值链的中低端，终端产品的本地零件配套率较低且产品附加值明显外溢，支柱产业链条延伸不足，都市圈内的产业集群优势未能充分发挥。

此外，除了传统的特色产业外，都市圈内城市都侧重发展热门产业，存在恶性竞争现象，对大企业，尤其是高新技术产业、战略性新兴产业的头部企业，各地政府争相引进，各地比较优势难以凸显、缺乏合理的分工合作，阻碍都市圈产业结构转型升级，进一步影响区域产业整体实力的提升。如京津冀均着力发展战略性新兴产业等，尚未围绕产业链进行分工，尤其是津冀之间、河北省内各地的主导产业结构、布局相近，引发产业无序竞争，产业发展的协调性亦受到影响（叶堂林，2023）[7]。

2. 产业链与创新链缺乏融合，科技成果转移转化成效不足

都市圈面临传统产业转型升级、战略性新兴产业培育壮大的双重难题，亟待推动都市圈构建产业创新体系，增强产业链协同创新能力。目前大多都市圈"双链融合"衔接不够，城市间的创新关联以横向联动为主，缺乏纵向分工关联的协作集群，产业与创新体系相对完整、独立且封闭。创新成果供给与产业需求存在错位，核心城市的创新研发能力与周边承接地区的产业存在落差，导致科技成果转化、产业升级受到阻碍。以京津冀地区为例，2020 年北京新增授权发明专利数前三位的行业为科学研究和技术服务业（2.07 万件），制造业（1.15 万件），信息传输、软件和信息技术服务业（0.87 万件），但河北省的创新需求集中于制造业、批发和零售业、建筑业，二者明显存在创新研发与成果转化的错位，且都市圈内缺乏有效的创新成果转化对接机制，创新链未能有效赋能产业链。此外，还存在产学研深度融合的前沿性和差异化创新水平不高，相关政策体系和综合服务能力欠缺，互利共赢的开放型区域"双链"合作制度框架尚

未建立等问题。如福州都市圈内产业链分工体系尚未形成，各地项目投资和产业发展同质化竞争严重，主要行业的研发环节自主创新能力欠缺。

二、对策建议

一是找准都市圈各区域内优势产业集群定位，做强做优做大产业集群。产业集群布局应以地区比较优势为基础进行空间布局，依托自身资源禀赋，体现出自身鲜明特色，保证其良好的可持续发展能力（范恒山，2023）[8]。在都市圈内选择若干个资源禀赋突出、战略性强的主导产业实施全产业链布局，细化产业发展路线图，扶持培养产业龙头企业，围绕"链主"延链补链长链，利用集群内部"黏性"精准招商，集中力量推动要素资源向优势领域聚集，以形成优势互补、错位发展、相融相促、配套齐全的产业链发展格局。以创新需求作为第一考虑要素进行功能分工（胡彬，2019）[9]，促进产业链高端环节与中低端环节进行剥离，相对发达的中心城市产业链集群保留高附加值环节，并布局新兴产业，积极发挥都市圈龙头作用推动产业转型升级；周边城市结合自身优势，积极承接中心城市转移产业中低端环节，提升其与中心城市产业的链接程度，在加工制造、商贸物流等环节做好产业链配套，持续优化区域营商环境，加大外溢效应，进而实现都市圈产业结构整体升级。

二是促进产业链与创新链"双链融合"，推动产业转型升级。都市圈应以建设高质量的产业集群和创新集群为目标，重在构建产业链、创新链紧密协作的创新共同体，应基于产业链、创新链、供应链的近域组织趋势，思考空间配置，促进创新走廊高效联动，重视并发挥多元创新节点的创新策源作用（郑德高，2024）[10]。针对不同的场景、不同区域精准施策，在区分不同产业链的结构类型、产业优势基础、驱动力量差异的基础上，针对产业链的断点、痛点、难点、堵点进行科技攻关，推动产业链关键核心技术自主可控，确保产业链、供应链在关键时刻不掉链子，进一步提升产业链、供应链现代化水平（中国社会科学院工业经济研究所课题组，2021）[11]（张其仔，2021）[12]。一方面建立以产业行业分类的科技成果库，完善科研成果发现、收集、筛选、分析机制；另一方面构建信息化科技成果转化平台，定期发布科研成果清单和企业创新需求清单，促进产业与创新之间供需精准对接。

第三节　科技创新协同的关键堵点和对策建议

一、关键堵点

一是都市圈内部创新势差较大，中心城市引领带动作用有待提升。科技创新资源在中心城市集聚既是国家布局的结果，也是区域长期积累和主动实践探索的结果。区域科技创新中心依托中心城市的一流大学、国家科研机构、领军企业以及重大科技基础设施、重大项目等载体建设，高度集聚创新资源要素，尤其是一流人才的集聚和支撑，有利于促进产学研深度融合（陈套，2023）[13]。因此，都市圈内部创新能力差异客观存在，中心城市创新资源集聚与共享是引领都市圈高质量发展的基础。但目前中心城市仍未能充分发挥创新能力辐射和带动功能，科技成果转化及产业化水平有待提升，带动周边区域能力较弱，尚未形成以中心城市为核心的区域科技创新和产业创新网络。

二是创新转化能力整体偏弱，自主创新能力不足。科研机构与制造产业关联较弱的情况普遍存在，大多都市圈的创新转化能力总体偏低，创新成果产业转化效果差，企业尚未成为创新主体，同时也存在科技创新成果转化跨区域利益分享机制不健全等问题。如上海都市圈作为创新发展较好的成熟型都市圈，具有明显的基础科研要素类优势，但创新转化能力总体偏低。同时，尽管部分都市圈产业发展势头较好，先进制造业存在一定实力，但外企主导的特征显著，自主创新能力较为欠缺。在上海都市圈内的上海、苏州、无锡等制造业强市中，实力最强的产业板块均以外资企业为主导；成都都市圈科技型企业则主要以中小企业为主，缺乏具有影响力的本土领军企业。

三是创新政策难以跨区域落实，影响创新服务作用的发挥。以创新券为例，尽管已经取得了一定成效，但创新券尚未全部实行，目前仅有长三角、京津冀、成德眉资实现了都市圈内通用通兑；由于行政区划所限，大多都市圈内未成立统一的管理协调机构，各地创新券支持的创新服务内容及重点不统一、服务机构登记标准及使用标准不一致，且使用流程规范不统一，导致创新券的跨区域通用通兑存在障碍。同时，都市圈内优质服务机构跨区域流动的意愿也较低，对创新券的接受积极性不高，使得企业需要的优质创新服务无法得到满足。如截至2022年8月，长三角科技创新券通用通兑平台吸纳了500多家高校、科研院所等专业机构，但仅有75家机构提供了服务。

二、对策建议

一是推动创新资源要素集聚，提升中心城市科技创新水平。研发投入、人才资源和平台条件集聚是重大成果产出的基础，也是实现都市圈内创新协同的基础（陈套，2023）[13]。中心城市须发挥好区域内国家实验室、国家科研机构、研究型大学、科技领军型企业等国家战略科技力量主导作用，与国家科技创新战略部署相衔接；提升产学研各类创新主体创新能力，协同构建从立项、研发到创新成果转化的全生命周期支持体系，产出重大原始创新成果，引领区域高质量发展。以任务为导向构建"固定＋流动"的人才组织网络，落实国家有关支持科研人员兼职和创新创业的政策，推动科技人才的区域合作。通过推动科学、技术、产业和人才彼此共生互促，构建以中心城市为核心的跨学科、跨领域、跨组织的区域创新网络。

二是建立健全科技成果转化机制，促进都市圈内创新协同。支持依托国家自主创新示范区及各类开发区、园区建立科技创新联盟，支持创新技术应用场景建设，支持建设概念验证中心并进一步提升概念验证中心科技企业孵化器和加速器等服务功能，促进周边城市与中心城市科技创新资源精准对接，推动科技创新和产业创新对接融通，加快科技成果转化及产业化进程。完善科技创新成果转化公共服务平台，建设集展示、共享、交易为一体的一站式、全流程网上技术交易服务体系。探索构建都市圈内联动促进科技成果转移转化政策体系，建立创新成果转化项目资金共同投入、研发成果就地转化、利益共同分享机制，共促科技创新成果就地就近转化。提升科技金融服务同城化水平，推动以市场化方式共建科创资金池，围绕跨区域联合技术开发、成果转移转化、研发平台共建等开展专项投资。

三是构建开放合作的创新环境，探索多样化协同创新路径。具有优势产业集群的地区可以根据产业链的薄弱环节有针对性地引入异地创新链，支持具有优势学科、技术创新团队的科研院所异地设立产业技术研究院等功能性平台、科技成果转化中心或基地。都市圈内非中心城市，可在中心城市建设"反向飞地"创新和产业园区，引导并支持都市圈内城市在中心城市设立项目孵化、技术交流、产品展示服务窗口和资源对接平台，主动对接中心城市的科创、人才、金融等优势资源，共同探索在科技成果转化、惠企服务、人才服务、用地指标跨市交易等方面的协同政策，探索"在港孵化＋飞地转化"等模式，提升整合创新资源、推进科技成果转化、促进产业转型升级的能力。进一步推动建立科技创新券财政资金跨行政区结算机制，鼓励都市圈内企业跨行政区购买科技服务、共享创新资源，支持非中心城市制造业企业与中心尝试利用高水平科技创新资源建立畅通、高效、灵活的科技服务联盟，共享创新资源，强化产研联动。

第四节　公共服务共建共享的关键堵点和对策建议

一、关键堵点

1. 优质公共服务资源辐射带动作用不强，跨区域联盟合作机制尚不完善

一是中心城市优质医疗教育资源的辐射带动作用不强。都市圈的中心城市与非中心城市之间由于自身经济差距，优质医疗教育资源分配失衡，在缺少强而有力的统筹推进机构和推进机制的前提下，地方政府对公共服务投入的主动性与积极性相对较低。我国都市圈大多仍处于发展过程中，中心城市自身优质公共服务仍在建设过程中，在既有优质公共服务供给有限的情况下，中心城市优质资源溢出效益有限，各城市间的相互输出意愿明显不足，无法充分满足都市圈内人民群众对美好生活的需求。如成都都市圈在同城化发展中，德眉资三市均希望成都能发挥核心城市的引领功能，共享成都的优质公共服务资源。但近年来随着成都常住人口的快速增长，成都自身仍面临公共服务资源供不应求、溢出则更加有限的局面，无法满足德眉资三市的公共服务诉求（韩杰等，2023）[14]。

二是都市圈内基本公共服务待遇不同、标准不一。都市圈内不同城市之间、城乡之间、不同社会群体之间基本公共服务待遇标准往往存在一定差异（杨晓军，2022）[15]，如医保缴费标准不同、支付比例不一致、医保报销目录不一致、机构资格认证不互认等，导致都市圈内的公共服务资源无法有效在都市圈各区域共享共用，政府间协商难度较大，提升了跨区域公共服务对接难度，降低了区域公共服务的共享程度及经济发展的整体效率，一定程度上阻碍了同城化发展进程。例如，各城市在人事制度、科研管理制度、财政制度等方面标准各异，教师在不同城市的流动过程中没有统一标准进行绩效考核、科研成果归属、职称评审认定等，自身利益无法得到保障（高文豪，2021）[16]。

2. 政务服务系统尚未完全打通，数据要素流动存在障碍

一是政务服务系统尚未完全打通。由于各地区政务大数据建设能力、经费差距以及数据整合标准体系不统一，政务服务大数据库存在线上线下融合不够、多部门互通互认困难等问题（王益民等，2024）[17]。部分地区线上服务平台与线下服务大厅办事系统尚未打通，存在数据重复录入、信息多头管理的问题，使得企业、群众不能方便地实现线上线下的衔接，也增加了政务服务工作人员工作量，影响办事效率。政务数据资源整合共享需要统一的数据整合共享标准体系基础，包括政策标准、业务标准和技术标准。目

前，这些标准尚不明确或未统一，导致多部门间数据的互通互认、整合对接、关联融合、统一应用等存在困难。

二是数据要素跨界流动模式探索不足。当前跨地区、跨部门、跨层级的数据共享和业务协同问题仍然突出，地方政务服务亟须的数据"拿不到"或"拿不全"、部门提供的数据质量不高"无人问津"的矛盾比较突出，政务数据难以提供给高校、科研机构进行数据转化，"不愿共享""不敢共享""不能共享"的难题仍需进一步解决（王益民，2023）[18]。

二、对策建议

1. 合理分配公共服务资源，推进优质资源共建共享

一是推进优质教育资源互利共享。通过合作办学、资质互认、定期交流等方式，协同共建都市圈教育合作联盟，统一教学标准，建立优质教师授课课件共建共享"云平台"，探索数字教育等新型联合方式。推动都市圈职业教育"中高贯通"培养和跨市招生，推动职业教育与产业需求深度融合，实现人才培养、教育教学、实验实训、科研攻关、项目孵化、培训服务等一体化发展。

二是加强跨区域医联体合作。搭建都市圈一体化医疗健康和应急防控体系，实现都市圈资源高效调配和协同共用。强化紧密医疗体建设，鼓励中心城市优质医疗资源在都市圈其他城市建立分院并深化合作形式，通过长期派驻专家、委托管理等手段切实加强资源导入，有效提升都市圈整体医疗服务水平。完善都市圈预约挂号平台建设，开通都市圈统一挂号平台，推动都市圈医院检验结果共享和互认，建立疑难重症会诊和转诊绿色通道。

2. 统一政府服务标准规范，加强数据要素开放共享

一是要建立统一的政务数据整合标准体系。制定统一的政务数据开放标准和规范，包括政策标准、业务标准和技术标准，确保数据的质量和格式的一致性。建立覆盖都市圈内所有城市的政务数据开放平台，实现数据的集中管理和统一发布。进一步扩展和增加便民惠企高频服务事项异地通办服务水平。实施企业投资项目承诺制改革和工程建设项目审批制度改革，压缩审批办理时限，进一步优化投资环境。进一步扩展和增加便民惠企高频事项"无差别"全程网办清单，完善"异地代办"服务模式，提升政务服务同城化便利化水平。

二是加强政务数据的开放共享。首先确立"以开放为常态，不开放为例外"的原则，由承担公共管理服务职能的部门和单位推进数据开放工作。其次构建数据开放目录，

推动政务数据分级向社会开放。梳理政务信息资源目录，明确每项政务信息资源目录的责任单位、数据提供方式、共享开放类型、更新周期等，同时对开放类数据明确其场景、领域等属性，方便后期分类。组织各部门、各区市依照政务信息资源目录挂接数据、更新数据，并依据开放类型形成公共数据开放目录，经脱敏、审查等安全流程后面向社会开放。再次是以公共数据运营试点为突破口，构建集供数、治数和用数于一体的公共数据运营体系，推动培育数据资源化、资产化、产业化全链条数据要素生态，为数字经济发展注入新动能。最后探索成本补偿与收益分享机制。建立免费开放与有偿开放相结合的公共数据开放制度、数据利用成果收益分享制度，激发各部门的供数热情。

第五节　生态环境一体化发展的关键堵点和对策建议

一、关键堵点

1. 生态联防联控体制机制尚不完善，监督管理标准不统一

一是生态环境联防共治合作形式和成果均相对单一。目前都市圈在生态环境共治方面主要采取联席会议制度（王菁等，2023）[19]（曾家兴等，2023）[20]，会议产出成果多是针对各地区现存问题制定协议，还未搭建完善的跨区域生态环境联防联控联治体系，在落实协议时也存在区域生态环境治理"碎片化"的问题，都市圈内市与市之间、城市与农村之间缺乏高效的生态环境治理协同机制。

二是生态联防联控的监管标准尚未统一。在管理规范方面，都市圈生态建设仍处于条块分割、各自为战状态，对于合作事项缺乏动态、统一的监管监测评估手段，由于各地区管理标准的差异导致跨市难以统一量化，所制定的协议很难达到预期效果（易成栋等，2023）[21]。例如深圳都市圈各城市虽已印发生态环境保护"十四五"规划，但在目标设置、主要任务等方面均缺乏协调对接，各地制定的目标往往追求自身利益最大化，导致各方未能实现合作共赢、协同发展。

2. 生态产品价值转化度量难，市场机制不健全

一是生态价值转化度量难。都市圈内各城市由于经济差异，部分地区生态资源产权界定不清、产权权能缺位，一般采用粗略的计算方法和单一的指标考核标准，没有充分考虑到生态环境本身的特殊性和不同地区的差异，导致生态产品价值转化的标准不统一、补偿标准不合理，难以满足实际需要（孙伟等，2023）[22]。例如长三角生态

绿色一体化发展示范区属平原河网地区，地理环境较山区有明显差异，示范区三地前期开展的核算均按照所属省份的标准进行，核算结果无法与其他地区比对，更无法以其他地区为参照物了解自身在省内、国内生态系统方面的定位。

二是生态价值转化市场机制不健全。首先是生态产品抵押难。由于生态产品价值的不确定性和难以量化，将其作为贷款抵押物时，金融机构往往难以评估其价值和风险，从而影响了生态产品价值的市场转化。其次是生态产品交易变现难。目前生态产品交易主要依靠政府来发挥作用，产品转化的资金主要来源于政府财政资金，企业和社会各界的参与度不足，资金来源及筹集方式单一，而政府财政资金有限，在实际操作中存在一定的局限性，难以满足多样化、大规模的生态补偿需求，导致生态补偿的可持续性较差。最后是生态价值转化的监督管理机制不完善。目前对生态补偿项目的监督和管理主要由地方政府负责，缺乏有效的第三方评估机制，难以保证生态补偿的公正性和有效性。

二、对策建议

1. 完善都市圈生态环境共治协作机制，构建统一规范框架

一是丰富完善跨区域的生态环境联防共治合作机制。首先，建立长效的沟通协作机制，在现有联席会议制度基础上建立线上线下定期对接制度，及时通报区域环境信息，讨论和解决生态环境治理中的跨区域问题。其次，建立常态化的信息共享平台，优化工业、生活、交通等领域污染源数据统计和汇总分析，实现生态环境数据的实时更新和共享。最后，强化执法监督，构建应急预警联动体系，建立跨区域的生态环境执法联动机制，加大对违法行为的处罚力度。

二是持续推进协同立法，规范化监测评估手段。进一步推动都市圈水污染防治、噪声污染防治、机动车污染防治、生态补偿、生态保护等领域的地方性法规或规范性文件协同立法。除国家要求的水质监测、空气质量监测等生态环境基本监测指标外，结合区域发展实际需求构建更加全面、更高标准的生态环境监测评价指标体系，以"一套标准"规范都市圈生态环境管理，公开发布水环境、空气质量的月度、季度综合监测报告，提高生态环境监测、预报、预警等信息化能力建议及应用水平。

2. 建立健全区域统一的生态产品价值转化市场运行机制

一是统一标准，开展生态产品调查监测和评价。构建产权清晰的生态资源产权制度，按照健全自然资源确权登记制度的规范要求，加快完成重要自然资源确权登记，明确跨区域的水流、森林、山岭、草原等自然资源产权。采取统一的核算方法，建立跨域

统一的生态产品价值核算指标体系，统一核算数据口径和标准，对生态资源的价值进行准确评估和核算，为市场交易提供依据。

二是建立生态产品和生态资产市场交易体系，健全市场运行机制。首先建立和完善市场交易平台，为信息发布、交易撮合、合同签订提供统一的交易市场，并利用互联网和大数据技术，打造线上线下相结合的交易平台，提高交易效率和透明度。其次是积极探索生态产品价值实现机制，包括碳汇交易机制、品牌赋能机制、生态旅游机制、生态补偿机制、生态银行机制等。再次是创新市场交易模式，探索生态产品期货、期权等衍生品交易，提供风险管理和价格发现功能，推广生态产品租赁、托管、回购等新型交易模式，丰富市场参与方式。此外，培育和引导各类市场主体参与生态产品保值增值，通过政策支持和补贴，多元化探索推广"生态绿色积分制"等生态保护和生态产品价值转化激励机制，健全企业、集体、村民利益共享机制（顾骅珊等，2024）[23]。

第六节　跨域协同治理机制的关键堵点和对策建议

一、关键堵点

一是跨域治理组织保障体系缺少法律支撑保障，跨域协作组织较乏力。从治理网络的组织架构来看，当前我国跨域治理组织方式以政府间的各类协商会议的柔性治理模式为主，权威性较弱，跨域治理主体的单中心结构特征突出，"行政区经济"色彩仍较浓厚。在保障体系方面，当前跨域治理缺少法律体系支撑，各类区域协调规划多为协商式成果，在规划内容的实施监管方面缺少约束力及强制性。同时，各地区行业标准、规划标准等并不一致，相关内容很难有效衔接，并且动态监管及评估机制仍不成熟，难以对区域协调的实施情况进行实时监督及反馈等（张艺帅等，2022）[24]（龙茂乾等，2020）[25]。如在都市圈中普遍存在市长联席会议制度，每年定期不定期召开市长会议，商讨跨地区重大基础设施项目、环保项目及一些跨区域经济社会发展问题，但这种联席会议缺少制度安排，政策工具难以有效保障。联席会议机制缺少法律法规支撑与保护规范，会议形成的决议、协议，约束力和执行力得不到法律保障（王庆德，2022）[26]。各地的执行力度、行动步伐存在较大的差距或差异，尤其是在多主体牵头推动的协同行动和战略协同单元营造上，效果不尽一致，有待深化突破（熊健，2023）[27]，跨域治理组织结构的多层次、网络化水平亟待提升。

二是区域合作体制机制步入"啃骨头"攻坚期，利益共享机制难以实现。区域一体化合作的体制机制改革步入利益深水区，财政税收等方面的协调机制有待突破。都市圈内不同地域主体在财政税收政策方面的协调机制相对空白，对资金、土地、能源等要素的配置权责不明晰（刘云中，2023）[28]。尤其在大都市圈共建园区时缺少财政协同投入、跨区域合作项目财税分享机制，一定程度上制约了产业深度合作。都市圈产业转型升级过程中缺乏相应的产业调整损失补偿机制以及引导性利益分配机制，产业调整成本无人承担，都市圈内多样化经济参与主体利益关系复杂且各自诉求不同，从行政协调向成本-利益协调机制转型的必要性不断提升。如 2011 年深圳、东莞、惠州三市提出要在三市接壤地带设立坪新清产业合作示范区，促进深莞惠都市圈合作从公共事业层面合作进一步深入到实体化，原定计划引入物联网、新能源汽车、生物医药等一批高科技企业，但囿于地方利益平衡、土地开发、合作机制等多方面因素，最终止步于规划阶段（黄依慧等，2022）[29]。

三是市场参与都市圈建设管理相对有限，协同治理平台建设不足。在区域规划中，往往立足区域整体利益，强调政府调节干预的积极意义，肯定区域非均衡的客观性和可利用性，主张区域内"有为政府"与"有效市场"的共同作用（林毅夫，2017）[30]。然而超前的规划干预难以获得有效、快速的市场响应，市场在都市圈发展中的作用尚未充分发挥，在缺乏高层级行政主体统筹和跨界合作的顶层设计前提下难以按照规划要求实现利益均享。要素跨区域流动存在一些障碍，一些地方统一大市场建设很难推进。人才等要素跨区域自由流动还存在堵点卡点，社会保险关系转移、接续，医疗保险异地就医结算，公积金异地结算，基本公共服务质量标准对接等方面，还需在更宽领域、更深层次推进市场化方式合作。如德清与杭州之间应通尽通，但社会保险关系转移、接续等仍旧无法打通。

二、对策建议

一是探索法制化建设，提升跨域协同组织保障水平与治理水平。在国家层面或省域层面研究制定都市圈规划相关法律法规。建立多级协调管理机制，对跨域协同治理组织赋予对规划实施的监督权、强制执行权、惩戒权等，便于协调所属地级市政府甚至省级政府共同参与都市圈建设与协调工作，增强应有的权威性、约束力。例如，长三角生态绿色一体化发展示范区通过设立"决策层、管理层和执行层"三级协同管理机制、共同编制国土空间规划等法定规划的方式形成深度链接，实现了权力空间在不同尺度上的重组（秦静，2022）[31]。

二是动态跟踪建设工作，建立健全都市圈规划监测评估的机制。按照都市圈发展的不同阶段，围绕"目标导向＋需求导向＋问题导向"，建立针对都市圈发展目标的监测评估体系，同步推进执行主体自评与第三方评估，构建都市圈规划治理工作闭环。都市圈监测评估应采用多元化评估手段，方法上定性和定量并重，数据上传统统计方法与大数据相结合，维度上兼顾历时性和共时性，前者对照历史和现在、评估都市圈建设进程，后者对标相对成熟的都市圈自检自查自身实际。一方面，根据评估分析结果部署下一阶段都市圈及各市工作重点，形成指标反馈、政府解决的工作闭环；另一方面，以循环动态监测工作的开展为抓手，优化协同治理模式，指导成员城市有依据地调整发展方向，突出比较优势，构建强契约关系的利益共同体。适时对规划实施进行评估和修订，持续动态跟踪工作进展，总结推广成功经验和典型做法，从规划内容有效性角度对规划内容设置进行反思和调整，对规划实施的偏差进行及时修正。

三是建立健全激励机制，完善多元主体参与都市圈建设的路径。由于都市圈内投资、企业资源总量有限，在实际发展中各地往往会竞相采取优惠条件来获取优质资源，导致城市间的"税收竞争博弈"，以及导致产业发展竞争格局大于合作格局。因此，在地方之间横向协同机制上，应当更多运用市场化政策工具以市场办法合理解决要素流动和产业竞争问题。进一步健全城市间市场化利益交换机制建设，依照市场化利益交换原则，按照要素投入的比例，加快建立健全区域发展成果分享机制，探索建立横向分税制和区域税收分享制度，保障合作各方权益，促进区域经济协调发展（方创琳等，2016）[32]。针对共建园区、飞地经济、企业迁并等多种不同合作模式，积极争取省统计局、省税务局等有关部门协调支持，综合考虑资金、土地、基础设施、管理服务等方面投入，研究制定统计分算实施细则，探索建立地方留存部分税收分享机制，为推动"研发＋转化""总部＋基地""终端产品＋协作配套"等产业分工合作模式提供支撑。

四是激发市场主体活力，完善多元主体参与都市圈建设的路径。建立并完善公众参与及市场参与机制，鼓励都市圈内各市县、大型企业及各类社会公众团体代表，如重大项目利益相关人员、社区代表、行业代表等，从地区利益、自身利益等角度对规划编制提出建议。探索社会资本参与都市圈建设与运营模式，由政府和社会资本共同注入资金，组建都市圈同城化发展基金，并依托"项目"进行投资建设，按照出资比例和权责进行利益分配，优先加强基金对都市圈、基础设施互联互通等项目的支持力度，发挥基金对跨区域重大基础设施建设、生态环境联防联治、产业分工协作及飞地园区合作共建等重点领域的支持作用。

参 考 文 献

[1] 赵长石.都市圈多层次轨道交通网络规划发展对策研究 [J].工程建设与设计，2023（8）：61-63.

[2] 高国力，邱爱军，潘昭宇，等.客观准确把握 1 小时通勤圈内涵特征 引领支撑我国现代化都市圈稳步发展 [J].宏观经济管理，2023（1）：26-32.

[3] 徐成永，佟鑫.都市圈轨道交通发展研究及对策 [J].现代城市轨道交通，2022（3）：1-8.

[4] 蔡昌俊.轨道交通助力粤港澳大湾区发展——多网融合研究与实践 [J].城市轨道交通，2023（5）：38-41.

[5] 潘昭宇.多层次轨道交通规划技术体系研究 [J].铁道标准设计，2022，66（5）：7-14.

[6] 刘花，王亚洁，王新宁，等.促进都市圈城际公交可持续发展的对策研究 [J].综合运输，2023，45（6）：38-42.

[7] 叶堂林.京津冀产业高质量协同发展中存在的问题及对策 [J].北京社会科学，2023（6）：49-57.

[8] 范恒山.以系统思维培育发展产业集群 [N].经济日报，2023-09-06（10）.

[9] 胡彬.长三角区域高质量一体化：背景、挑战与内涵 [J].科学发展，2019（4）：67-76.

[10] 郑德高.韧性与创新——当前阶段都市圈发展的关键议题 [EB/OL].（2024-04-16）[2024-07-29].https://mp.weixin.qq.com/s/n39nRl3q0IdB4AfhiI01Q.

[11] 中国社会科学院工业经济研究所课题组.推动产业链与创新链深度融合 [N].经济日报，2021-12-01（11）.

[12] 张其仔.提升产业链供应链现代化水平要精准施策 [N].经济日报，2021-01-21（10）.

[13] 陈套.加快推进区域科技创新中心建设 [N].经济日报，2023-11-22（6）。

[14] 韩杰，王军，赵致锦，等.成眉公共服务同城化发展存在问题及对策研究 [J].决策咨询，2023（3）：20-23+28.

[15] 杨晓军.中国城市内部公共服务均等化的空间差异及收敛性 [J].信阳师范学院学报（哲学社会科学版），2022，42（1）：49-57.

[16] 高文豪.京津冀高等教育协同发展问题及策略研究 [J].中国高教研究，2021（2）：23-29.

[17] 王益民，刘密霞.中国电子政务发展报告（2023）[M].北京：社会科学文献出版社，2024.

[18] 王益民.中国电子政务发展报告（2021—2022）[M].北京：社会科学文献出版社，2023.

[19] 王菁，伍万云.省际毗邻区生态环境联保共治研究——区域协调发展视域 [J].生产力研究，2023（7）：44-48.

[20] 曾家兴，陆文涛，李志林.完善深圳都市圈生态环境合作机制 [J].环境经济，2023（10）：54-61.

[21] 易成栋，曾石安."双碳"目标下都市圈碳排放协同治理研究 [J].中共中央党校（国家行政学院）学报，2023，27（1）：96-104.

[22] 孙伟，金志丰.关于完善生态保护补偿制度的建议——以太湖流域为例 [EB/OL].（2023-03-10）[2024-07-29].https://mp.weixin.qq.com/s/PkQwYXErRnJ1AeDqWXBjlQ.

[23] 顾骅珊，陈晨.长三角生态绿色一体化发展示范区生态产品价值实现的现实困境及路径选择 [EB/OL].（2024-01-17）[2024-07-29].https://idei.nju.edu.cn/e3/7e/c26392a648062/page.htm.

[24] 张艺帅，王启轩，胡刚钰.我国都市圈的概念辨析及发展应用议题探讨 [J].规划师，2022（8）：37-44.

[25] 龙茂乾，李婉，扈茗，等.新时期我国都市圈治理的新逻辑与变革方向探讨 [J].规划师，2020（3）：12-16.

[26] 王庆德.我国跨行政区经济管理体制机制问题分析及对策 [J].发展研究，2022，39（7）：53-58.

[27] 熊健.上海大都市圈蓝皮书（2022—2023）[M].上海：上海社会科学院出版社，2023.

[28] 刘云中.地方公共品、空间治理和政区设置[J].中国经济报告，2023（2）：70-75.

[29] 黄依慧，刘慧有，邓书涵，等.均衡发展视角下深莞惠大都市区跨界发展应对[J].规划师，2022，38（9）：52-60.

[30] 林毅夫.中国经验：经济发展和转型中有效市场与有为政府缺一不可[J].行政管理改革，2017（10）：12-14.

[31] 秦静.要素流动视角下都市圈内合作区治理框架和模式研究[J].规划师，2022（6）：12-19+26.

[32] 方创琳，鲍超，马海涛.中国城市群发展报告[M].北京：科学出版社，2016：308-310.

第六章　跨省协同先行示范的南京都市圈

第一节　南京都市圈发展历程回顾

长三角一体化发展上升为国家战略以来，在构建以国内大循环为主体、国内国际双循环相互促进的新发展格局背景下，区域一体化发展成为当前建设必然方向。南京都市圈地处长江下游，横跨江苏、安徽两省，包括南京、镇江、扬州、淮安、芜湖、马鞍山、滁州、宣城、溧阳、金坛"8+2"城市，是连通东部中部两大板块、衔接长江淮河两大流域的枢纽区域，也是我国最早启动建设的跨省都市圈，在长三角一体化发展乃至全国区域发展格局中具有重要的战略地位。2021年2月，《南京都市圈发展规划》获国家发展改革委函复同意，3月22日由江苏和安徽两省政府正式印发，成为国家层面批复同意的第一个都市圈发展规划，标志着南京都市圈建设上升到新的战略高度。推动南京都市圈建设是助力长三角城市群建设，推动长三角区域率先形成新发展格局，探索跨省级行政区区域治理新模式，为我国现代化都市圈建设积累经验、提供示范的重要抓手和创新实践。

一、南京都市圈正式提出前（2000年之前）

改革开放后，随着南京经济和各项事业的迅速发展，城市辐射力和吸引力明显增强，与周边苏、皖、赣等18个地、市组成的南京区域经济协调会，辐射面积达90多万平方公里，成为国内最富活力的经济区之一。1986年6月，南京区域经济协调会成立，并在南京召开第一次"南京区域经济协调会"会议。1990年5月，完成《南京区域经济联合发展规划》，并向原国家计委作专题报告。1997年9月，完成《南京经济区跨世纪发展和区域合作规划》，并在南京区域经济协调会第九届市长、专员会议审议通过。

二、起步阶段（2000—2012 年）

南京都市圈源于原国家计委一份关于中国大都市圈的研究报告。报告认为，以南京为中心的都市圈地区具有相对完整的大工业体系，距上海有一定距离，又与安徽的经济往来密切，在人口、地理位置和经济总量等方面都具备形成大都市圈的条件。为推动区域协调发展，发挥南京作为中心城市的辐射带动作用，2000 年 7 月，江苏省委、省政府在江苏城市工作会议上提出打造以省会南京为中心的经济联合体——"南京都市圈"。2002 年江苏省政府批准实施《南京都市圈规划》，范围包括南京、镇江、扬州、芜湖、马鞍山、滁州等 6 个城市全部区域，淮安市的盱眙县、金湖县以及原巢湖市的市区、和县、含山县。

三、成熟阶段（2013—2018 年）

2011 年 7 月，原巢湖市拆分划归合肥市后，退出了都市圈范围，和县、含山县划归马鞍山市仍保留在都市圈范围，无为县划归芜湖市后新纳入都市圈范围。2013 年 8 月，南京都市圈第一届党政领导联席会议暨南京都市圈城市发展联盟成立大会在南京召开，成立了南京都市圈城市发展联盟，审议通过了《南京都市圈城市发展联盟章程》《南京都市圈党政领导联席会议议事规则》，发布了《南京都市圈区域规划（2012—2020 年）》。这次会议吸纳宣城市加入南京都市圈，都市圈成员城市调整为南京、镇江、扬州、淮安、芜湖、马鞍山、滁州、宣城等 8 市。

四、提升阶段（2019 年至今）

2018 年 11 月，习近平总书记在首届中国国际进口博览会开幕式上宣布长三角一体化上升为国家战略，南京都市圈发展迎来了新的历史机遇。2019 年，《长江三角洲区域一体化发展规划纲要》明确提出加快南京都市圈建设，同年，国家发展改革委出台《关于培育发展现代化都市圈的指导意见》，对全国都市圈建设进行系统部署。2020 年，国家发展改革委把支持南京都市圈编制实施规划纳入《2020 年新型城镇化建设和城乡融合发展重点任务》，从国家层面对都市圈建设提出新的部署要求。2020 年 12 月，常州市金坛区、溧阳市正式加入南京都市圈。2021 年 2 月 2 日，《南京都市圈发展规划》获国家发展改革委函复同意，3 月 22 日由江苏省、安徽省政府联合印发实施。

如表 6-1 所示为南京都市圈成员城市及加入时间和都市圈大事件。

表 6-1　南京都市圈成员城市及加入时间和都市圈大事件

时间（年份）	南京都市圈成员城市	新加入成员	都市圈大事件
2001	南京、镇江、扬州、芜湖、马鞍山、滁州	—	6 市计委就"南京都市圈"建立和发展达成共识
2003	南京、镇江、扬州、芜湖、马鞍山、滁州、盱眙县、金湖县、巢湖市区、和县、含山县	盱眙县、金湖县、巢湖市区、和县、含山县	江苏省政府批准《南京都市圈规划（2002—2020 年）》
2007	南京、镇江、扬州、芜湖、马鞍山、滁州、巢湖	巢湖	第一届南京都市圈市长峰会发布《南京都市圈共同发展行动纲领》
2013	南京、镇江、扬州、淮安、芜湖、马鞍山、滁州、宣城	淮安、宣城	第一届南京都市圈党政联席会上发布《南京都市圈区域规划（2012—2020 年）》，成立南京都市圈城市发展联盟
2020	南京、镇江、扬州、淮安、芜湖、马鞍山、滁州、宣城、溧阳、金坛	溧阳市、金坛区	第四届南京都市圈党政联席会审议通过《南京都市圈城市发展联盟章程（修订稿）》
2022	南京、镇江、扬州、淮安、芜湖、马鞍山、滁州、宣城、溧阳、金坛	—	第五届南京都市圈党政联席会召开，南京都市圈建设办公室成立，各方围绕科技创新、产业协同、教育医疗、文化旅游、园区共建等多个领域签署一系列合作协议

第二节　南京都市圈基本情况和战略定位

一、基本情况

南京都市圈由以江苏省南京市为中心、联系紧密的周边城市共同组成，主要包括：江苏省南京市，镇江市京口区、润州区、丹徒区和句容市，扬州市广陵区、邗江区、江都区和仪征市，淮安市盱眙县，安徽省芜湖市镜湖区、弋江区、鸠江区，马鞍山市花山区、雨山区、博望区、和县和当涂县，滁州市琅琊区、南谯区、来安县和天长市，宣城市宣州区，面积 2.7 万平方公里；规划范围拓展到南京、镇江、扬州、淮安、芜湖、马鞍山、滁州、宣城 8 市全域及常州市金坛区和溧阳市，总面积 6.6 万平方公里。2022 年，南京都市圈"8+2"城市全域常住人口约 3571 万，都市圈 10 个地区共实现地区生产总值 48 952.38 亿元，占全国的比重为 4.0%。南京 GDP 总量（1.69 万亿元）居都市圈之首，占比为 34.5%。

二、战略定位

南京都市圈以落实长三角一体化发展、长江经济带建设国家重大战略为统领，着眼示范引领全国现代化都市圈建设，紧扣同城化发展这一核心要义，坚持以推动高质量发展为主题，以深化供给侧结构性改革为主线，以改革创新为根本动力，以促进中心城市与周边城市同城化发展为主攻方向，以健全同城化发展机制为突破口，明确提出"一高地一中心一区一圈"的战略定位。

（1）具有重要影响力的产业创新高地。以南京创新名城建设为引领，瞄准世界科技和产业发展前沿，联手打造基础研究、应用研发、成果转化和产业化联动的协同创新空间网络，打造全球产业技术创新网络的重要节点和高新技术产业培育策源地，建设成为长三角强劲活跃增长极的重要支撑。

（2）长江经济带重要的资源配置中心。依托南京空港、海港、高铁港枢纽地位，联动芜湖、镇江、淮安、扬州等都市圈枢纽资源，加快完善连通全球的海陆联运、航空运输和信息通信网络，加快营造一流的法治化、国际化、便利化营商环境，打造长三角向内辐射中西部、向外连接全世界的枢纽型都市圈。

（3）全国同城化发展样板区。充分发挥南京都市圈跨苏皖两省、跨东中部的合作示范作用，健全特大城市与大中小城市优势互补、协同发展的体制机制，率先实现基础设施互联互通、科创产业深度融合、投融资协同、生态环境共保共治、公共服务普惠共享。

（4）高品质宜居生活圈。坚持以人民为中心的发展思想，加快构建绿色低碳、集约高效的生产生活方式和城市建设运营模式，提高公共服务均衡化、标准化、智慧化水平，缩小地方发展差距，塑造地方特色文化品牌，营造友善向上的人文环境。

第三节　南京都市圈建设成效

作为最早跨省共建的都市圈，南京都市圈历经 20 多年，同城发展基础较好，中心城市南京辐射带动作用明显。《南京都市圈发展规划》获批以来，南京都市圈各成员城市围绕服务构建新发展格局，在基础设施互联互通、产业创新融合协同、生态环境共保联治、公共服务便利共享等方面务实合作，都市圈经济社会发展持续向好，综合承载能力持续提高。

一、稳定经济大盘，区域发展成效显著

一是社会经济稳健恢复。经济总量规模扩大，2022 年，都市圈 10 个地区共实现地

区生产总值 48 952.38 亿元，总量比 2021 年扩大 2286.7 亿元，占全国的比重为 4.0%，8 个地区的 GDP 增速超过全国（3.0%）。产业结构不断优化，都市圈三次产业增加值占 GDP 比重分别为 4.3%、44.1% 和 51.6%，都市圈三产占比分别高于江苏、安徽两省 1.1、0.7 个百分点。

二是投资消费需求逐步改善。投资规模稳步扩大，都市圈固定资产投资总体运行平稳，8 个地区增幅高于全国（5.1%）。消费市场逐渐复苏，都市圈社会消费品零售总额为 18 466.17 亿元，占全国比重为 4.2%；同比增长 0.5%，增速高于全国 0.7 个百分点，分别高出江苏、安徽两省 0.4、0.3 个百分点。

三是经济发展韧性有效提升。规上单位数量逐步扩大，2022 年末，都市圈 10 个地区共有规上工业企业 20 771 家，同比增长 16.6%；规上服务业企业 8477 家，同比增长 12.0%。金融支持力度显著增强，都市圈各地区共实现金融业增加值 4092.40 亿元，金融业增加值增速均快于 GDP 增速，都市圈金融机构存贷款均保持两位数增长。

二、坚持交通先行，综合路网更加健全

一是加快打造"轨道上的都市圈"。启动编制南京都市圈多层次轨道交通体系规划，形成部分专题初步成果。南沿江铁路、北沿江铁路、宁淮铁路、宁芜铁路、扬镇宁马铁路、宁宣铁路等项目建设持续推进。首条跨市域轨道交通宁句城际铁路日均客流量 3.6 万人次，最高客流 6.6 万乘次／日。

二是不断完善公路网络。宁宣高速公路、溧阳至宁德高速、宁马高速改扩建工程南京段建成通车，宁滁高速公路开工建设，一批省际"断头路"改造工程加快推进，都市圈公路网里程突破 10 万公里。开通毗邻公交线路约 40 条。都市圈内部物流当日送达率超过 90%。

三是持续推进重大枢纽建设。南京禄口国际机场入境航班专用航站区已建成并投入使用，续建 T1 航站楼南指廊工程，启动三期工程前期研究。加快推进宁镇扬重点基础设施建设和货源市场、生产能力、航线网络资源整合。积极推进公铁水联运，建成龙潭、西坝、新生圩三大公铁水联运枢纽，长三角首个铁水联运工程郑蒲港铁路建成运营。

三、激发创新活力，产业创新更加协同

一是创新能级不断提升。成功举办世界智能制造大会、都市圈创新合作大会、都市圈精品钢供应链对接会、2022 南京软博会、2022 中国工业软件发展大会等重大活动。上线运行"都市圈创新生态图谱"，目前汇集都市圈各类创新信息近 40 万条。

二是共建园区加速发展。大力推动宁淮南北合作共建，全面落实苏南人员、资金、

项目"三为主",苏北规划落地、社会管理、政府服务"三到位"要求,探索开展"总部＋基地""研发＋生产"等共建模式。宁淮智能制造产业园在宁举办项目集中签约活动,2022年共签约亿元以上重大项目20个。支持宁淮智能制造产业园在雨花台区软件谷科创城和江北新区研创园建设科创飞地。宁滁两市进一步加强产业园区合作,南京经开区和凤阳经开区、江宁经开区和明光经开区、江北新材料科技园和定远经开区结对开展合作,3个宁滁皖北省际产业合作园区已集中揭牌。

三是都市圈"菜篮子""米袋子"加快建设。成功建立南京绿色优质农产品展示中心,通过"线下展示＋线上销售"模式,为都市圈内消费者和采购单位提供综合性、一站式优质农产品采购服务。南京与淮安、马鞍山等都市圈城市约30家农副产品生产企业及协会建立供给合作关系,签约基地规模达18万亩,年产量超50万吨。

四、优化公共服务,民生福祉更加普惠

一是推动优质教育医疗资源共享。南京都市圈预约挂号平台接入10个城市104家医院,南京、镇江、扬州、芜湖等都市圈城市医检项目已对接。都市圈相关城市50余名优秀教师、管理骨干来宁跟岗,南京市百家湖小学博望分校与本部保持密切互动交流。宁滁两地各5所中小学、幼儿园完成线上"同伴圈"签约,宁淮两地组建5对高中校联盟。

二是优化政务便民服务。完成政务服务事项130项"省内通办",99项南京都市圈"一网通办、异地可办"。制定南京都市圈互认互贷工作方案,推进住房公积金异地信息交换和查询服务,成功实现住房公积金异地转移接续和信息互认。

三是促进人才交流合作。成功举办中国(南京)国际人力资源信息化创新创业大赛,在溧阳、滁州、南京等都市圈城市分别举办南京都市圈茶艺技能网络赛、都市圈职业技能赛、都市圈首届人力资源经理人大赛等各类赛事活动。

四是加速文旅融合发展。成立南京都市圈图书馆协作体,共筑"书香都市圈",搭建"南京都市圈自驾游·圈圈卡"平台,都市圈城市"圈圈卡"相继发布上线,举办南京都市圈文旅消费推广季等活动。

五、改善生态环境,绿色发展底色更足

一是开展区域协同保护立法。南京、镇江、马鞍山三市协同制定并实施《关于加强长江江豚保护的决定》,这是南京都市圈城市人大常委会首次跨省域协同立法,也是全国首例对单一物种的流域性区域协同保护立法。

二是开展联合执法巡查。充分运用跨省、市交界水域执法巡查联合联动机制,开

展交界水域禁采执法联合巡查，对长江南京段沿线码头开展执法检查和法制宣传教育。组织开展长江禁捕联合巡航检查，持续开展打击以长江刀鲚为重点的非法捕捞专项整治行动。

三是共护河湖环境。严格落实"共抓大保护、不搞大开发"要求，协同推进生态保护修复，南京、镇江、滁州等联合实施流域横向生态保护合作及跨界水环境区域补偿，跨界河道治理和太湖流域水污染防治取得积极成效，主要入江支流全部消除劣 V 类。严格执行长江经济带发展负面清单管理制度，加快推进沿江工业布局调整。开展滁河流域生态保护补偿机制调研，与安徽省协商签订新一轮协议。制定《南京都市圈联合河湖长制工作规则》，建立联合河湖长工作机制。开展长江大保护、都市圈辐射科普知识竞答等环保宣传活动。

第四节　南京都市圈协同发展体制机制创新

一、强化统筹协调，建立三级运作机制

2013 年，在南京都市圈第一届党政领导联席会议暨南京都市圈城市发展联盟成立大会上，审议通过了《南京都市圈城市发展联盟章程》，明确了决策层、协调层和执行层三级运作体制框架。2020 年，南京都市圈党政联席会审议通过《南京都市圈城市发展联盟章程（修订稿）》，对三级工作架构进行了调整。主要包括：

决策层为联盟决策会议，成员由各成员市（区）书记、市长组成，其工作平台是南京都市圈党政领导联席会议，主要任务是指导南京都市圈合作发展的原则、方向、政策等重大问题决策。都市圈党政联席会议原则上每年四季度召开一次，按照南京、芜湖、镇江、马鞍山、扬州、滁州、淮安、宣城、溧阳、金坛顺序在各成员市（区）轮流举办。

协调层为联盟理事会，成员由各成员市（区）分管领导组成，其工作平台为南京都市圈市长联席会议（根据工作需要不定期召开，分别在各成员市轮流举办），主要任务是落实南京都市圈党政领导联席会议决策精神，商议南京都市圈年度工作计划，确定须提请南京都市圈党政领导联席会议审议的重大问题，协调跨区域的重大合作事宜，批准设立专业委员会和提出相关工作提案等。

执行层为联盟秘书处和专业委员会，秘书处是联盟的常设办事机构，常设在南京市发展改革委，负责处理都市圈日常工作。秘书处由秘书长、副秘书长和成员组成，秘书长由南京市发展改革委主任担任，副秘书长由南京市发展改革委分管副主任和执行方

发展改革委分管副主任担任，成员为其他各成员市（区）发改部门分管领导。行业委员会包括教育、科技、工信等 17 家市级部门牵头的专委会及党报联盟、发展研究中心。

二、强化执行落地，成立都市圈建设办公室

根据《南京都市圈发展规划》明确的"由南京市牵头，有关城市共同组建南京都市圈建设办公室，推动协调协商机制化常态化"相关要求，2022 年 6 月 11 日，南京都市圈建设办公室在南京都市圈党政联席会议上揭牌成立，主要职责是贯彻落实党政联席会议重大部署，编制都市圈中长期发展规划和年度要点等政策文件，协调推进各领域合作事项等。

南京都市圈建设办公室由南京市分管市领导担任主任，并由南京市指派 1 名局级干部担任专职负责人，同时，抽调都市圈各市（区）及南京市各有关部门人员集中办公。都市圈建设办公室秘书处设在南京市发展改革委，取代原都市圈城市联盟秘书处，内设综合协调、规划协同、科创产业和公共服务 4 个工作部，分别对口联系涉及各具体领域建设的有关单位。17 家南京市级部门牵头的专业委员会主要推动各专业领域的交流，协调解决行业发展问题，推动跨区域项目合作，谋划召开专委会年度会议，举办创新合作大会、都市圈职业技能竞赛等各类活动。都市圈建设办公室成立后，执行层面力量更加充实，都市圈三级运作机制进一步完善。

三、强化省市合力，有序推进年度重点任务

2021 年起，省市两级围绕《南京都市圈发展规划》落实落地，加强统筹谋划、沟通对接，编制出台年度政策文件，有序推进各项任务。省级层面，2021—2023 年，苏皖两省发展改革委连续三年联合印发推动南京都市圈建设省际合作重点任务，共提出50 余条具体任务。2022、2023 年，江苏省发展改革委编制出台省内合作重点任务，共提出 27 条具体任务。都市圈层面，南京市牵头会同都市圈各成员城市编制实施 2021、2022、2023 年度工作要点，共提出 160 条重点任务，有序安排推动年度重点任务。同时，共同搭建学习交流平台，举办南京都市圈专题培训，加强与省级部门和都市圈各成员城市的联系，上线运行"南京都市圈建设办公室"微信公众号，定期编发《南京都市圈建设工作简报》，实现省市两级、成员城市和相关部门之间要闻互通、信息共享、互动频繁。

第五节　南京都市圈面临的问题与挑战及未来重点建设方向

一、问题与挑战

总体上看，规划获批以来，南京都市圈各具体领域建设取得明显进展，协调机制不断完善，同城化发展程度日益加深。但对标新发展形势和长三角更高质量一体化发展要求，当前都市圈建设主要存在以下三方面困难挑战。

一是共建共享体制机制待健全。规划方面，都市圈规划法律地位未明确，各市发展规划、国土空间规划以及其他专项规划衔接落实存在难度。标准方面，"跨省通办"涉及多地区、多部门，行政权力事项、涉企服务事项尚不统一，检验检疫、环保执法标准方面也需协调推动。执行方面，党政联席会议形成的决策事项和合作协议无强制性，执行过程中会出现"上热下冷"的现象。在毗邻区域合作园区近远期规划、产业梯队转移等方面的前瞻性研究和系统性谋划不够。

二是跨区域合作目标较难协调。因都市圈各城市发展阶段不同，条件不一致，跨区域合作往往出现"冷热不均"现象。同城化板块待突破，宁镇扬板块同城化发展进展较慢，宁马滁板块以顶山—汊河、浦口—南谯、江宁—博望3个跨界示范区为关键节点，面临发展诉求难以达成高度共识、产业招引存在竞争关系等问题，深度融合难度大。且共建园区成本共担、利益共享的协调机制尚未完全建立，虽在跨界合作和产业园区共建机制上已有较好基础，但是受跨省的行政壁垒的影响较大，在税收分成、GDP核算方面仍存在制度壁垒。

三是要素保障有待进一步加强。一方面，毗邻地区自身发展空间不足。顶山—汊河、浦口—南谯、江宁—博望3个跨界一体化发展示范区受"三区三线"管控，实际可利用土地面积较少，且范围内公共基础设施配套尚不完善，空间指标短缺严重，制约了示范区的建设发展。另一方面，跨区域基础设施建设指标调剂困难较大。跨区域基础设施建设占用基本农田和林地指标均较大，指标补划调剂存在较大困难。

二、下一阶段发展重点

一是发挥"强龙头"作用，提升中心城市辐射能级。打造现代化都市圈，必须增强中心城市的核心竞争力和辐射带动能力。作为南京都市圈核心城市，南京经济总量居全国大中城市十强，常住人口约占南京都市圈的20%，经济总量占比超过30%，财政收入占比超过40%。今后将进一步提升产业发展能级，充分发挥南京作为都市圈科创、金融、贸易、文化、信息中心功能，积极发展以软件和信息服务业、金融和科技服务业、现代物流和高端商务商贸、健康文旅产业等为核心的现代服务业。强化金融与科技创新和产业协同发展，提升金融集聚辐射功能，加快推进南京地标产业对接上海"五个中心""四个品牌"建设，共同推动主导产业逐步进入全球价值链高端，成为世界新技术、新产品、新业态、新模式的重要策源地。进一步推动城市融合发展，坚持更大格局、更宽胸襟，更好发挥中心城市作用，推动产业功能分工协作，共建内聚外合的开放型创新网络，推动都市圈产业链深度融合，强化创新创业平台合作；推动基础设施互联互通，加快构建多层次轨道交通网，全面提升省际公路运输能力，持续推进区域港航协同发展，协力打造南京都市圈机场群；推动生态环境共保共治，共同维护区域生态基底，打造安全健康的区域环境，实现大中小城市协调发展。进一步强化都市圈成员城市工作合力，充分发挥南京都市圈建设办公室统筹协调、沟通联络作用，加强与都市圈各成员城市对接联系，共同调度推进都市圈年度重点工作，构建沟通协作更顺畅、政策协商更高效、社会参与更广泛的同城化高质量发展格局，讲好"南京都市圈故事"。

二是强化"同城化"导向，推动区域合作持续深化。同城化是都市圈建设的重要方向，其内涵包括统一市场建设、基础设施一体高效、公共服务共建共享等。在南京都市圈建设发展推进过程中，推进都市圈"同城化"，不仅要力争打破"行政区经济"束缚、打通要素流通"看不见的边界"，更要实现合作与竞争辩证统一、集聚与辐射相辅相成的良性机制。基础设施方面，以争创全国领先的都市圈基础设施一体化发展典范为目标，把联网、补网、强链作为建设的重点，深入开展跨区域交通、水利、新基建等项目对接，加强重大政策研究，扎实推进南京北站等一批重大项目建设，加快建设"一小时通勤圈、一日生活圈"。产业创新方面，主动服务国家战略科技力量布局，发挥南京都市圈拥有 100 余所普通高校、30 余家国家重点实验室的科教优势，积极推动沪宁产业创新带、长三角科技创新共同体建设，协同制定一批重大产业创新政策，联合举办一批合作交流活动，推进一批重大载体和平台建设。着力构建"研发在中心、制造在周边，链式配套、梯次布局"的产业互补体系。统一市场方面，继续深化南京都市圈区域大市场建设，进一步优化都市圈营商环境，打造更加便捷高效的政务环境、利企惠民的市场环境、畅通便捷的要素环境。生态环境方面，开展生态共建环境共治，协同推进重点领域治理，持续改善环境质量、推动区域协同监管，加快绿色低碳发展。

三是坚持"差异化"路径，合力推动重点板块建设。多年来，南京充分发挥资本、科技、人才等要素优势，结合各城市资源禀赋，积极推动产业分工协作发展，打造了一批特色鲜明的产业集群，有效避免了区域产业低水平、同质化竞争。今后，都市圈各成员城市既要各扬所长干好"自己的事"，也要共同做好"我们的事"，充分发挥区域大市场优势和各城市资源禀赋优势，更好支撑区域发展。加快推动毗邻地区建设，坚持把毗邻区域作为深化都市圈建设的先导板块，重点推动顶山—汊河、浦口—南谯、江宁—博望 3 个跨界示范区建设，争取在产业项目合作、社会协同治理、生态绿色发展等领域形成更多亮点做法和典型案例。有效推动南北合作共建，谋划推进宁淮年度帮扶项目计划，以宁淮智能制造产业园为重要载体，持续开展"总部＋基地""研发＋生产"等共建模式，促进产业双向融合，合力推动宁淮智能制造产业园在宁"科创飞地"取得更多实际成效。重点做好结对合作帮扶，牵头制定宁滁年度帮扶项目计划，推动共建开发区等多领域合作。努力形成分工合理、优势互补、各具特色的协调发展格局。

四是突出"高质量"追求，满足群众美好生活向往。从群众最期盼的事情着手，不断推动市场要素自由畅通流动，公共服务补短板、提质量、促均衡，更好回应老百姓对市场、教育、医疗、就业、社会保障等方面一体化发展的需求。加快区域一体化市场建设，推动重点领域标准体系建设，强化区域市场监管联动，共同防范和打击侵权假冒违法犯罪，联动推进"放管服"改革，探索构建"互联网＋政务服务"体系以及电子证照等政务数据跨区域、跨部门共享机制和智能监管体系，促进公共信用信息互联互通、信用产品互认共享，建立跨区域联合奖惩机制。完善人才市场体系，建立统一的人才资源库，推动人才交流与共享。推动联合举办"高层次人才专场招聘会"，持续引进培养一批战略科技人才、高端知识产权专业人才、一线创新创业人才等，打造"都市圈技能人才市场"，推动岗位、人力、培训资源共享。提高区域公共服务水平，推动优质资源统筹和监管联动，提升区域公共服务便利化水平，共建优质生活圈。促进优质教育资源共建共享，鼓励都市圈城市优质中小学采取教育集团、学校联盟、结对帮扶等方式开展跨区域合作办学，有效实现区域内教育资源的有机整合；深入实施都市圈跨省异地就医联网结算，扩大异地就医直接结算联网定点医疗机构数量，拓展网络、手机 APP 等异地就医登记备案方式，探索开展异地备案互认合作，提高异地就医便利性；充分挖掘都市圈城市的深厚文化底蕴，共同推进历史文化名城建设与保护，推动文旅服务融合发展及体育产业特色发展，进一步提升城市美誉度和知名度，使改革发展成果更加普惠便利，不断提升都市圈群众的"幸福指数"。

第七章

有效市场推动的杭州都市圈

第一节　杭州都市圈发展历程回顾

杭州都市圈的发展历程离不开长三角一体化发展大背景。从 2007 年第一次召开杭嘉湖绍四市市长联席会以来，至今杭州都市圈已召开 11 次市长联席会，经历了从 2007—2009 年探索形成，2010—2018 年协同推进成为国家试点，到 2018 年以后长三角一体化深入推进的扩容提质阶段。杭嘉湖绍四市携手经过 11 年的快速发展，区域合作成果丰硕，同城化效应日益显现，影响力和辐射带动作用不断提升，成为长三角一体化发展战略的重要组成部分。

一、探索形成阶段（2007—2009 年）

2006 年以前，杭州作为浙江省省会城市，经济快速发展、交通基础设施建设加快，与周边地区经济联系程度不断提升，对周边绍兴、湖州、嘉兴的集聚辐射能力显著增强，主要是以市场自发为主推动都市圈形成的。2007 年，随着杭州市区"退二进三""优二进三"的产业结构调整，制造业转移与集聚趋势明显。在这样的背景下，杭州都市经济圈启动建设，2007 年 5 月 25 日，杭嘉湖绍四市第一次市长联席会议在杭州召开，真正上升到战略层面对杭州都市圈的发展进行引导、协调和推进。本次会议制定规范了《杭州都市经济圈合作发展协调会章程》，重点部署了四项工作：一是加强杭州都市经济圈合作发展协调会办公室建设；二是编制杭州都市经济合作圈合作发展总体规划；三是组建若干个专业委员会；四是加强宣传，扩大杭州都市经济圈的影响力等。此后，四市先后下发了《关于构建杭州都市经济圈的实施意见》《杭州都市经济圈合作发展协调会工作会议制度》等 7 项内部制度，协同推进杭州都市圈的发展。

从 2008 年起，杭州都市圈先后成立并启动运作了规划、产业、旅游、交通、环保、宣传、信息、金融、商贸、统计、人才、教育、会展和农产品等 14 个专业委员会，召开了 2009 年节点县（市）融入杭州都市经济圈工作座谈会等。杭州市政府专门出台《杭州市 2009 年推进杭州都市经济圈建设工作意见》《杭州都市经济圈"公交一体化"实施办法》等，初步开展了相关领域合作探索。

二、协同推进阶段（2010—2018 年）

2010 年，由杭州、湖州、嘉兴和绍兴市政府组织编制的《杭州都市经济圈发展规划》获浙江省政府批复同意并正式出台，这标志着杭州都市圈的发展进入了新阶段。根据规划，杭州都市圈内各城市将在产业布局、交通建设、环境治理、人才交流、公共服务等方面进行一系列合作，并逐步建立共建共享机制。为推进杭州都市圈的协同发展，省级政府相继编制完成了《杭州都市经济圈发展规划》以及交通、旅游、环保、金融等专项规划。

2014 年 4 月，杭州都市经济圈转型升级综合改革试点获国家发展改革委批复设立，是当时全国唯一的国家级试点；经浙江省政府同意，浙江省发展改革委印发了《浙江省杭州都市经济圈转型升级综合改革试点三年（2014—2016 年）实施计划》，四市配套出台了针对各市特点的三年行动计划。杭嘉湖绍四市联合编制出台《杭州都市经济圈产业发展导向目录》，积极推动杭资企业在都市圈内产业梯度转移。德清、安吉、海宁、诸暨等节点县（市、区）每年开展融杭活动周、融杭活动月、融杭培训班等活动，积极寻求全方位多领域合作，都市圈进入协同发展阶段。2016 年《长江三角洲城市群发展规划》发布，杭州都市圈被列入长三角城市群"一核五圈四带"的"五圈"之一，重点是发挥创业创新优势，培育发展信息经济等新业态新引擎，建设全国经济转型升级和改革创新的先行区。

三、扩容提质阶段（2018—2022 年）

2018 年底，浙江省衢州市和安徽省黄山市加入杭州都市圈合作发展协调会，标志着杭州都市圈进入更广领域、更深层次的跨省合作阶段。2019 年初由浙江省委、省政府发布实施《浙江省大都市区建设行动计划》，明确了杭州都市区的空间范围、功能定位和主要任务。2020 年，杭嘉湖绍四市联合印发《杭州湖州嘉兴绍兴共建杭州都市区行动计划》。2020 年 11 月，宣城以杭州都市圈合作发展协调会观察员城市的身份参加第十一次杭州都市圈市长联席会。从"一省四市"到"两省六市"，目前杭州都市圈形成以市长联席会议决策、政府秘书长工作会议协商、协调会办公室议事、专业委员会项目合作执行为框架的"协调＋统筹"合作模式。《杭绍一体化合作先行区建设方案》《杭嘉一体化合作先行区建设方案》《杭黄（新安江）毗邻区域生态旅游合作先行区建设方案》等一系列都市间经济社会合作方案都已经在全面实施中。

四、聚焦发展阶段（2023 年至今）

2023 年 1 月，国家发展改革委批复《杭州都市圈发展规划》，按照满足"1 小时通勤圈"发展要求，将杭州都市圈范围划定为杭州市辖区及桐庐县，湖州市辖区及德清县、安吉县，嘉兴市辖区及海宁市、桐乡市，绍兴市辖区及诸暨市，面积 2.2 万平方公里，成为杭州都市圈紧密联动、同城合作的核心区域。同年 6 月浙江省政府印发实施《杭州都市圈发展规划》。

如表 7-1 所示为杭州都市圈发展历程大事记。

表 7-1　杭州都市圈发展历程大事记

序号	时　　间	事　　项
1	2007.5.25	杭州召开了都市经济圈市长联席会议第一次会议，审议通过了《杭州都市经济圈合作发展协调会章程》，标志着杭州都市圈启动建设
2	2008	杭州都市圈先后成立并启动运作了规划、产业、旅游、交通、环保、宣传、信息、金融、商贸、统计、人才、教育、会展和农产品等 14 个专业委员会，召开了 2009 年节点县（市）融入杭州都市经济圈工作座谈会
3	2010.11	杭州、湖州、嘉兴和绍兴市政府组织编制的《杭州都市经济圈发展规划》获浙江省政府批复同意并正式出台，标志着杭州都市圈的发展进入了协同发展新阶段
4	2011	《浙江省国民经济和社会发展第十二个五年规划》提出"加强杭州、宁波、温州、金华和义乌都市区建设，集聚高端要素，发展高端产业，带动周边县市一体发展，加快形成杭、甬、温三大都市圈和浙中城市群"
5	2012.11	《杭州都市圈蓝皮书》发布
6	2014.4	杭州都市经济圈转型升级综合改革试点获国家发展改革委批复设立，杭州都市圈发展正式上升为国家战略
7	2014	出台《浙江省杭州都市经济圈转型升级综合改革试点三年（2014—2016 年）实施计划》，四市也配套出台了针对各市特点的三年行动计划等
8	2016.06	在《长三角世界级城市群发展规划》中，杭州都市圈被列入"一核五圈四带"的"五圈"之一
9	2018.10	杭州都市圈第九次市长联席会议召开，浙江省衢州市、安徽省黄山市正式加入杭州都市圈
10	2019.2	浙江省委、省政府印发《浙江省大都市区建设行动计划》，明确杭州都市区功能定位和主要任务
11	2020.6	杭嘉湖绍四市联合印发《杭州湖州嘉兴绍兴共建杭州都市区行动计划》

序号	时　　间	事　　项
12	2020.11.20	宣城以杭州都市圈合作发展协调会观察员城市的身份参加第十一次杭州都市圈市长联席会
13	2023.1	国家发展改革委批复《杭州都市圈发展规划》
14	2023.6	浙江省人民政府印发《杭州都市圈发展规划》

第二节　杭州都市圈基本情况、地区特色和战略定位

一、基本情况

杭州都市圈包括杭州市辖区及桐庐县，湖州市辖区及安吉县、德清县，嘉兴市辖区及桐乡市、海宁市，绍兴市辖区及诸暨市，面积 2.2 万平方公里。截至 2021 年末，都市圈内常住人口规模为 2211 万，国内生产总值 3.0 万亿元，集聚浙江 33.81% 的常住人口和 40.7% 的国内生产总值，人均国内生产总值 13.5 万元，是全省平均水平的 1.2 倍。

1. 交通联系

根据百度地图实时导航数据，按照"1 小时交通通勤圈"识别都市圈覆盖范围。首先，以杭州市武林门为中心、以驾车出行导航时间构建交通等时圈图，提取 1 小时覆盖范围，主要涉及杭州市上城区、拱墅区、西湖区、滨江区、临平区、钱塘区、萧山区、余杭区、富阳区的城市建成区，以及临安区东部一小部分区域；湖州市德清县，吴兴区、南浔区南部区域；嘉兴市海宁市、桐乡市，以及秀洲区南部区域；绍兴市柯桥区、越城区部分，诸暨市北侧小部分区域，累计驾车 1 小时交通覆盖范围面积约 6960 平方公里。考虑地铁及城际轨道交通出发 1 小时可达地区，除杭州市区外主要涉及杭州临安区、富阳区，湖州德清县、安吉县，嘉兴桐乡市、海宁市，绍兴市柯桥区、越城区、诸暨市。考虑驾车出行与高铁换乘相互结合，以杭州东站、杭州站、杭州南站等铁路站场出发 30 分钟覆盖范围为判断基础[①]，判断"驾车＋高铁"组合交通 1 小时可达地，除杭州市区外主要涉及湖州长兴县、吴兴区、德清县，嘉兴市区（南湖区、秀洲区）、桐乡市、海宁市，绍兴市柯桥区、越城区、上虞区、诸暨市（见图 7-1）。考虑杭州西站建成后，向西辐射带动加强，杭州南部桐庐、建德、淳安三县也有可能拓展覆盖。

---

① 统筹考虑高铁进站安检、候车时间以及出站时间，综合确定以高铁 30 分钟内为判断基础。

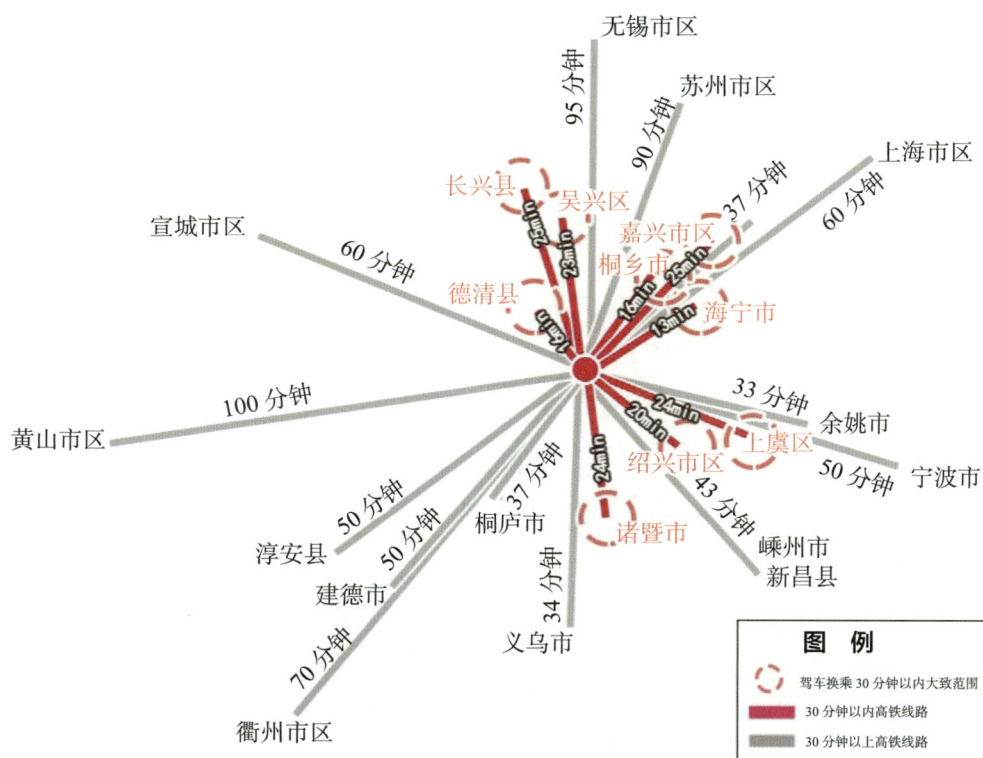

图 7-1　2021 年杭州市区高铁与驾车结合综合可达地点分布

（数据来源：中国铁路 12306 网站）

2. 人流联系

采用 2021 年普通周中国移动手机信令数据，分析杭州与周边城市县市区的人口流动情况。结果发现，杭嘉湖绍四市县市区形成了相对紧密的人流组团，包括"余杭区—海宁市""拱墅区—海宁市""余杭区—德清县""萧山区—柯桥区"等跨市域的人流组团（见图 7-2），主要原因为嘉兴、湖州、绍兴距离杭州较近，出行来往较为方便，且杭州市区在公共服务方面对周边城市具有辐射吸引效应。此外，分析普通周期间杭州与周边城市的居民出行频度，以及占该市在长三角的居民出行次数比例，以此衡量杭州与周边城市的同城化情况。结果发现，绍兴、湖州、嘉兴同杭州的居民往来占比较高，在 10% 以上，其中绍兴、湖州同杭州的居民往来占比在 20% 左右（见表 7-2），三市与杭州间的同城化基础较好；衢州、金华、宣城、黄山、宁波同杭州的居民往来占比次之，均在 1%~5% 范围内，五市与杭州间存在一定程度的同城化发展趋势。

表 7-2　2021 年某普通周杭州与长三角周边城市的人口流量占比情况

周边主要城市	与杭州往来总出行次数	长三角总出行次数	比例 /%
绍兴市	1 784 198	8 367 600	21.32
湖州市	1 131 104	5 872 703	19.26
嘉兴市	1 802 403	14 892 590	12.10
衢州市	186 145	4 137 801	4.50
金华市	519 068	12 233 729	4.24
宣城市	60 385	1 644 872	3.67
宁波市	336 446	22 506 496	1.49
黄山市	35 723	2 400 810	1.49
苏州市	125 634	33 871 010	0.37
上海市	303 891	123 191 186	0.25
无锡市	50 409	27 208 055	0.19

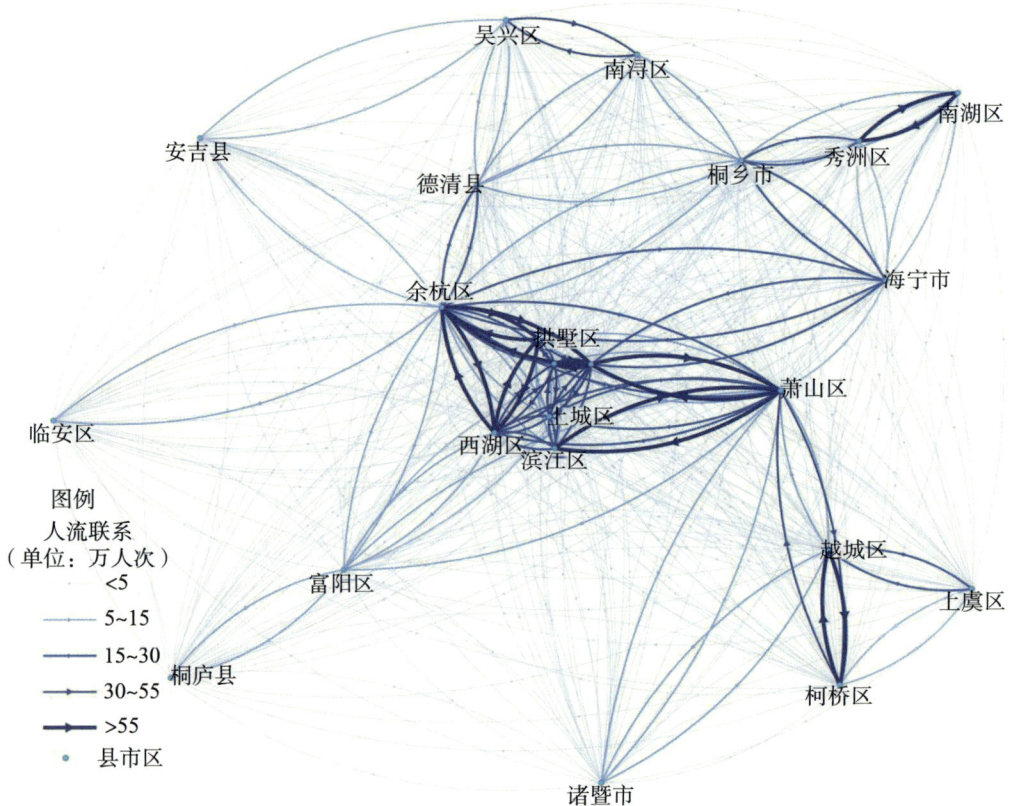

图 7-2　2021 年普通周杭州都市圈内县市区人流联系

（数据来源：中国移动手机信令数据）

3. 经济联系

通过 2016—2021 年企业跨市域股权投资情况分析杭州与周边城市经济联系情况。在资金吸引方面，杭州主要承接上海的股权投资（1298 亿元），其次也一定程度上承接宁波（400 亿元）、绍兴（256 亿元）的股权投资；在资本辐射方面，杭州的股权投资主要辐射至宁波、上海、绍兴（分别为 879 亿元、770 亿元、576 亿元），其次对湖州、嘉兴、苏州也存在较强的资本辐射，在 300 亿～400 亿元范围内（见图 7-3）。总体看来，杭州同上海、宁波、绍兴经济融合程度较高，其次同湖州、嘉兴、苏州间也存在一定程度的经济融合。进一步对比周边城市与杭州之间的投资频次与该市在长三角内股权投资总频次，衡量该市与杭州在经济上的融合程度。结果发现，湖州、绍兴、衢州同杭州的股权投资频次占比较高，在 10% 以上，其中湖州同杭州的股权投资频次占比高于 15%。金华、宁波、嘉兴同杭州的股权投资频次占比次之，在 7.5%～10% 之间。上海、黄山、宣城、苏州、无锡同杭州的股权投资频次占比较低，均低于 3.5%（见表 7-3）。

表 7-3 2016—2021 年杭州与周边城市的股权投资频次占比情况

周边主要城市	与杭州间投资频次	长三角总投资频次	比例 /%
湖州	1852	10 951	16.91
绍兴	2173	17 255	12.59
衢州	594	5870	10.12
金华	1099	11 926	9.22
宁波	3920	48 943	8.01
嘉兴	1580	20 848	7.58
上海	4843	138 955	3.49
黄山	96	2836	3.39
宣城	131	4555	2.88
苏州	1115	51 996	2.14
无锡	264	15 806	1.67

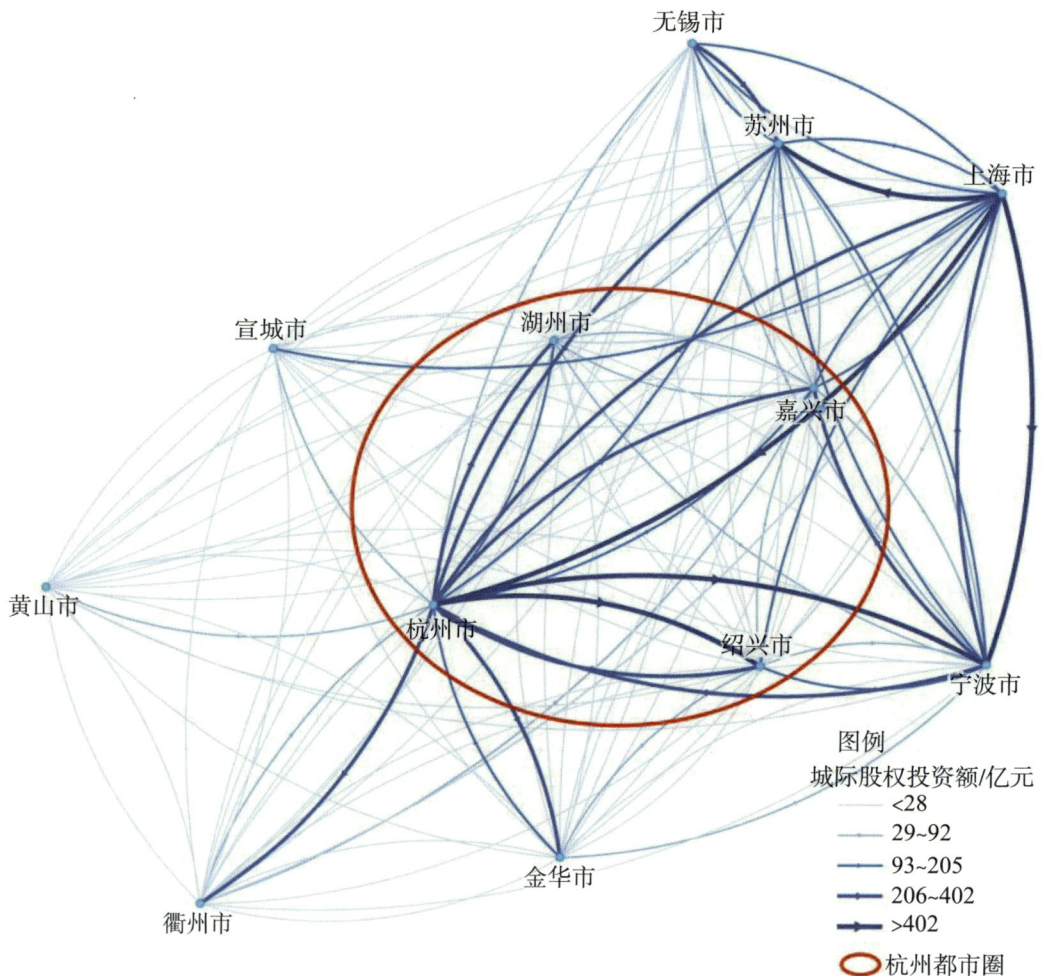

图 7-3　2016—2021 年杭州都市圈城市与周边城市企业股权互投联系

（数据来源：企业工商注册数据）

二、地区特色

1. 城乡差距小

区域发展较为均衡，2022 年杭绍嘉湖四市居民可支配收入分别为 7.03 万元 / 人、6.58 万元 / 人、6.26 万元 / 人、6.06 万元 / 人，全部位列全国人均收入城市 20 强。城乡居民收入差距较小，城乡收入比为 1∶1.71，嘉湖片区入围国家城乡融合发展试验区，山海协作、区县协作等协调发展模式不断深化。以"千万工程"为代表的美丽乡村建设卓有成效，2012 年安吉县美丽乡村建设实践获得联合国最佳人居奖，并形成了桐庐慢生活、安吉鲁家、莫干山民宿、绍兴闲置农房激活改革等一批乡村振兴典型案例。随着 2021 年浙江省成为国家高质量发展共同富裕示范区，杭州都市圈积极落实山海协作、扩中提低、强村富民等相关举措，将进一步缩小地区差异、城乡差异、收入差距。

2. 市场活力足

杭州都市圈总体开放程度较高，高能级开放平台支撑有力，拥有浙江自贸试验区杭州片区和嘉兴联动创新片区，先后获批杭州、绍兴、嘉兴、湖州国家级跨境电商综试区，杭州临空经济示范区获批国家级临空经济示范区，联合国全球地理信息知识与创新中心落地湖州德清。杭州都市圈已成为跨国公司全球战略布局的重要板块，2021年实际利用外资额在国内处于前列位置。民营经济较为活跃，2021年四市在册市场主体337.8万户，58家企业入围中国民营企业500强，杭州上市企业和高新技术企业数量在国内处于前列，独角兽企业数量更是处于领跑位置。都市圈素有"亲商、安商、富商"传统，尤其在数字经济领域，不仅吸引了华为、网易、中兴等多家知名通信企业入驻杭州，还孕育出了阿里巴巴、大华、海康威视等数字经济跨国巨头，数字经济核心产业增加值占浙江省72%以上。

如图 7-4 所示为 2022 年杭州与国内重要城市实际使用外资比较。

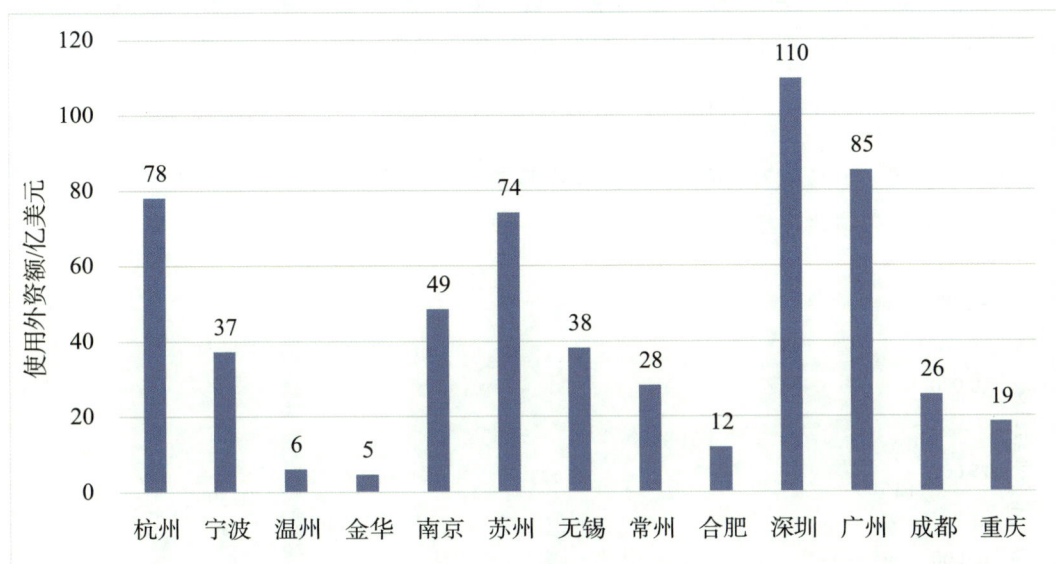

图 7-4　2022 年杭州与国内重要城市实际使用外资比较

（数据来源：各城市统计年鉴）

3. 创新动力强

杭州国家自主创新示范区、杭州城西科创大走廊、G60 科创走廊（都市圈段）和绍兴科创大走廊加快建设，集聚了浙江大学、西湖大学、之江实验室、阿里达摩院、清华大学长三角研究院等重大科创平台，引进了中科院湖州中心等科研机构。截至

2022 年，杭州市拥有 1 个国家实验室，14 个国家重点实验室，2 个大科学装置，7 个省级实验室，拥有高新技术企业 12 700 家，位列全国第五，发明专利拥有量与人均值位居国内前列。都市圈企业主体创新地位突出，R&D 经费企业支出占比达到 90% 左右，率先走上由"机器换人""工厂物联网""企业上云""ET 工业大脑"驱动的智能制造之路。

图 7-5 ~ 图 7-7 所示分别为杭州与国内重要城市上市及独角兽企业数量、高新技术企业数量、发明专利拥有量比较。

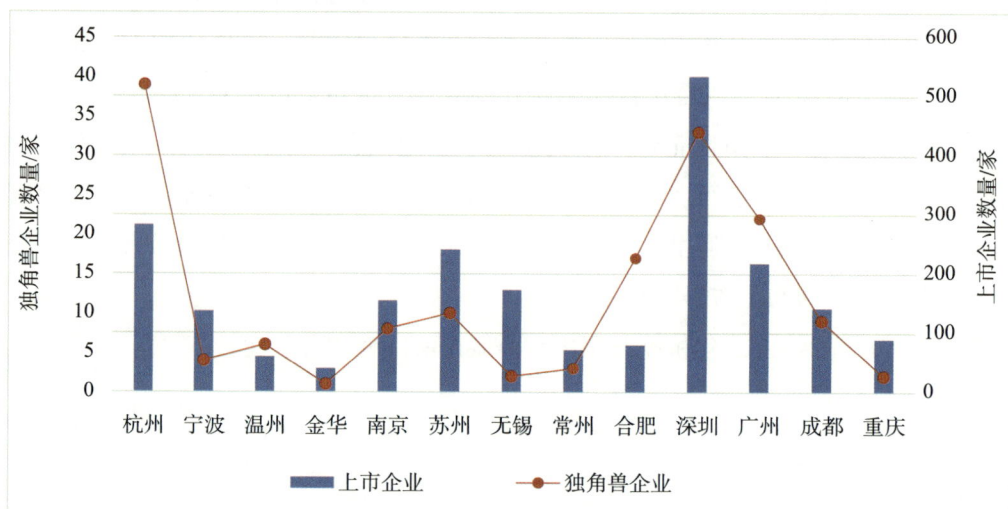

图 7-5　2022 年杭州与国内重要城市上市及独角兽企业数量比较
（数据来源：同花顺数据库、《中国独角兽企业研究报告 2023》）

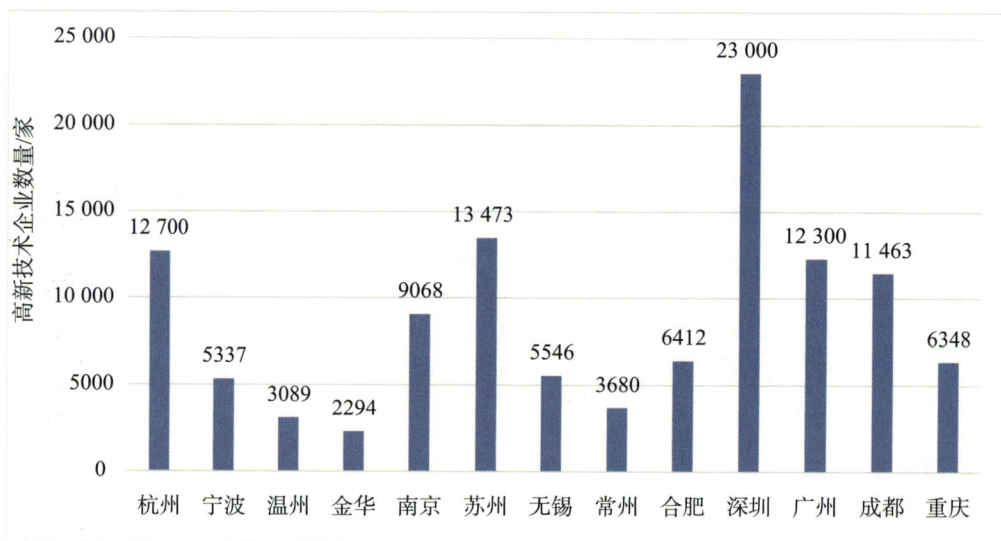

图 7-6　2022 年杭州与国内重要城市高新技术企业数量比较
（数据来源：科技部网站）

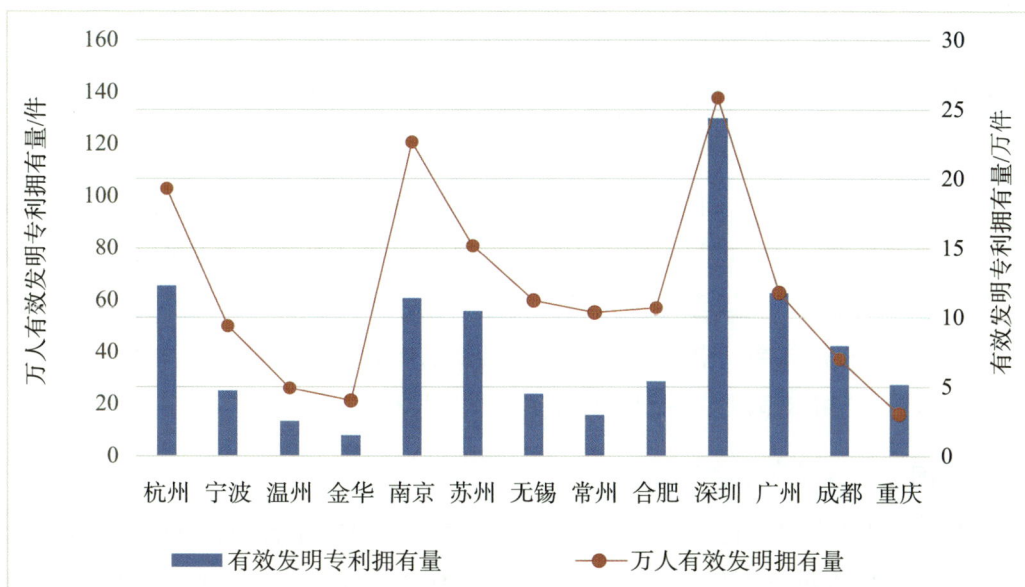

图 7-7　2022 年杭州与国内重要城市发明专利拥有量比较

（数据来源：各城市统计公报）

4. 人文环境美

杭州都市圈是实证中华五千多年文明史的圣地，是良渚文化、吴越文化、运河文化的发祥地。截至 2021 年，拥有 3 大世界文化遗产、2 大全球农业文化遗产和 2 大世界灌溉工程遗产，拥有 4 个国家历史文化名城、129 处全国重点文物保护单位，18 个国家历史文化名镇、41 个中国传统村落、2 个国家历史街区，构成了丰富多样的文化肌理。此外，杭州都市圈共有 2 个国家生态文明先行示范区、8 个国家重点生态功能区，新安江上游及千岛湖为长三角重要的生态屏障和战略水源地，钱江源国家公园是长三角唯一试点，东北部为典型的江南水乡，湖泊水网密布。旅游资源丰富，截至 2021 年，有 6 个 5A 级风景区、4 家国家级旅游度假区，中国十大名茶有其四。

三、战略定位

1. 全球影响力创新策源地

支持杭州创建综合性国家科学中心，高水平建设杭州科技创新大走廊和国家、省实验室体系，协同联动嘉兴 G60 科创走廊、绍兴科创走廊，打造城西科创大走廊德清北翼中心，聚力创新创业，携手打造科技创新共同体，集中突破一批关键核心技术。充分发挥数字经济优势，全面推进数字化发展，联动生命健康、先进制造业，协同推进产业链供应链补链固链强链，合力提升产业基础高级化、产业链现代化水平，成为世界新技术、新产品、新业态的重要策源地。

2. 亚太国际门户重要枢纽

以第 19 届亚运会为牵引，提升萧山国际枢纽机场能级，合力建设杭州大会展中心、国际数字贸易策源地、自由贸易试验区、临空经济示范区等高能级开放平台，办好全球数字贸易博览会、世界互联网大会、世界地理信息大会等高水平会展活动。紧抓杭州作为全国营商环境改革试点机遇，对标最优标准持续改善营商环境，推动都市圈构建统一市场标准体系。充分发挥民营经济活跃的优势，协同打造民资外资集聚高地，率先打造展示国家推动国内国际双循环发展的示范样板。

3. 全国绿色智慧幸福样本

立足自然生态优越、历史文化遗产众多等优势，坚持绿水青山就是金山银山理念，加快建设人与自然和谐共生的现代化，打造世界级东方文化旅游目的地，共推基础设施、公共服务、社会治理、智慧城市一体化发展，共建共享高品质生活，成为生态安全、环境优美、设施智能、服务优质、文化繁荣的宜居宜业宜游都市圈。

4. 长三角南翼核心增长极

增强杭州中心城市的集聚与辐射功能，提升综合能级，推进区域协调发展和城乡融合发展，大幅提升都市圈发展质量和现代化水平，强化与长三角各大都市圈的分工协作，全圈域全方位融入长三角区域一体化发展，成为全国发展强劲活跃增长极的重要引擎。

第三节　杭州都市圈的发展成效和经验借鉴

一、以市域（郊）铁路网建设为重点，立体式通勤圈一小时互达

2007 年编制的《杭州都市圈综合交通发展规划》，开启了都市圈综合交通一体化发展进程。目前，杭州都市圈同城化交通线网加快形成，从便捷通勤角度，创新了县级层面主导建设跨市域城际铁路、跨市域高速公路免费等建设模式，形成了以城际高速、高速环路、城际轨道交通为骨架，干线公路网及城市间常规公交线网为补充的综合交通体系，都市圈交通运输保障能力不断提升，公路客运量、货运量及内河港口吞吐量等均占到全省总量的 50% 左右。

1. 一体化规划、分段承担实施城际铁路建设

截至 2023 年 2 月，杭州都市圈已开通轨道交通里程 610.5 公里，共设车站 291 座，

换乘车站 46 座。其中城市轨道交通通车里程超过 500 公里，全国排名第五，城际轨道交通达到 66 公里，杭州—绍兴柯桥、杭州—嘉兴海宁城际通勤列车均于 2021 年 6 月通车运行，目前杭绍、杭海城际铁路日均客流超过 2 万人次，此外杭州—湖州德清项目也于 2022 年开工。在项目建设过程中，总体由省级推动顶层设计[①]，按照"一体化规划建设、分段承担实施"的建设模式，由线路所在县（市、区）具体承担建设任务。其中杭绍城际铁路是国内首条由县（区）级层面主导建设的城市轨道交通项目，项目始于杭州地铁 5 号线"姑娘桥站"，终于绍兴柯桥"中国轻纺城站"，线路全长 20.3 公里，主要位于绍兴柯桥区，由柯桥区全面出资主导建设，萧山区配合本辖区 1 公里范围内拆迁任务，并实行一票制同站换乘。

2. 高速公路建设工程提速，一体化管理举措实现便捷通勤

杭州绕城高速公路、杭州都市圈二绕等环线建成通车，杭州中环项目正积极建设中，杭浦高速、申嘉湖杭高速、杭长高速、嘉绍大桥及南北接线、钱江通道及接线等工程相继建成通车，都市圈高速公路总里程数接近 1800 公里。杭州都市圈会同四城市交通部门，在客货运输管理服务、公路航道治理超载超限、浙北航道水运一体化管理、治理城市交通拥堵、公共交通信息共享、出租汽车管理与改革等各方面都实现了紧密合作，目前已设置跨区域公交线路达 17 条。为进一步实现便捷化通勤，从 2020 年起，杭州都市圈内临平区、余杭区、临安区政府通过购买车辆通行费服务的方式，对通行本辖区内沪杭、杭宁、杭长、杭徽高速公路路段或部分路段并使用 ETC 的浙 A 牌照小客车实行免费通行政策。2022 年，湖州市德清县通过购买车辆通行费服务的方式，进一步对德清县境内 12 个高速收费点且在杭州—德清区间内起止的持杭州、德清牌照的一类客车实行免费通行。

3. 打通浙北、浙东及浙中西部高等级内河水运网

都市圈内初步形成由钱塘江、京杭大运河、苕溪、浦阳江、曹娥江等流域组成的骨干航道网，湖州内河水运转型发展示范区建设成效明显。2023 年 7 月，京杭大运河杭州段二通道建成通航，进一步缓解京杭运河通航压力，打通浙北、浙东及浙中西部高等级内河水运网。

二、以数字经济产业集群协作为重点，产创双向融合深层次共进

都市圈建立初期，杭州经济发展面临退低进高、退二进三的产业转型和动能外溢

---

① 2013 年浙江省发展改革委向国家发展改革委上报了《浙江省都市圈城际铁路近期建设规划》，2014 年 12 月国家发展改革委批复了《浙江省都市圈城际铁路近期建设规划（2014—2020 年）》。

的内在需求，位于中心城区的工业企业不断向都市圈周边地区搬迁，形成了较为明显的梯度转移格局。近年来，随着科技革命和产业集群的深化发展，以数字经济、平台经济龙头型、链主型企业及中小企业"整机＋配套""总部＋基地""研发＋转化"分工布局以及跨市域特色产业合作板块建设，进一步优化形成了都市圈整体产业协作格局。

1. 以市场化为导向的"中心—边缘"产业外溢趋势凸显，并呈现出专业分化趋势

根据浙江允九智库关于杭州都市圈上市企业相关数据统计，杭州主城区向周边外迁的上市企业中，3/4 的通用设备业迁往临安和德清，2/3 的电器制造业和近一半的信息服务业迁往富阳，60% 的纺织业迁往柯桥。尤其以数字经济产业集群协作最为典型，数字经济龙头企业海康威视、大华科技等龙头安防企业在富阳、桐庐设立生产基地；位于临平的秒优科技工业互联网企业，通过优衣链订单平台，打破传统品牌跟供应链之间的单一形态，辐射带动杭州及周边区域微小服装加工点 200 余家、约 1 万名从业人员。目前杭州全市拥有各类信息服务机构 500 余家，已成为全省智能化提升改造服务的主力军，不仅为杭州实体经济赋能，更带动湖州、嘉兴、绍兴实现制造业转型升级。

2. 以政府引导为助力、以特色产业为主导的跨市域产业平台共建取得实质性突破

2019 年，推进省内跨市域一体化合作先行区纳入浙江省推进长三角一体化行动方案，进一步将杭州都市圈内杭绍、杭嘉、杭湖跨市域产业合作列入标志性工作事项。杭绍方面，柯桥区加快建设钱杨新城，设立临杭创新园，主动承接杭州产业、空港经济等外溢项目，培育发展融杭经济、临空经济；诸暨与阿里巴巴集团启动阿里巴巴·诸暨袜业产业带数字战略合作，建成 5 个离岛式平台；此外，绍兴在杭州建立"诸暨岛""新昌研发大厦"等"创新飞地"，引导生物医药、集成电路等领域龙头企业、科研院所、行业组织跨区域错位布局。杭嘉方面，海宁市联动杭州医药港小镇启动建设杭州湾智慧医疗产业园，临平·海宁合作区块、杭海国际数字贸易新城、桐乡融杭经济区加快建设，杭海新区纳入钱塘新区战略范围。杭湖方面，城西科创大走廊德清片区于 2021 年 7 月挂牌设立，重点围绕地理信息产业打造城西科创走廊第五城和北翼中心，德清地理信息产业园引进了千寻位置、国遥、正元、中海达、长光卫星等 430 余家各类地理信息企业以及中科院微波特性测量实验室、武汉大学技术转移中心等科技创新载体，协同建设杭州 - 德清国家级人工智能试验区，高水平建设联合国全球地理信息知识与创新中心。杭州市域内杭州高新区(滨江)富阳特别合作区、滨江 - 萧山特别合作区挂牌运营，并推动了财税利益分享等合作模式。

3.以科创走廊为串联的创新资源载体加快共联共享

2016年杭州推进城西科创大走廊建设,总体打造"一廊三城"格局,2019年长三角一体化推动嘉兴G60科创走廊建设,2021年发布绍兴科创走廊发展规划,将杭州市科技创新资源最集聚的城西地区与周边地区形成有机对接,推动创新功能不断溢出。建设杭州技术转移转化中心、概念验证中心,为企业与高校院所、科研机构搭建精准对接平台,完善成果转化进中心的闭环机制。积极探索共建联合实验室和实验室合作机制,加快建设之江、良渚、西湖、湘湖、湖畔实验室建设,加快建设中科院杭州医学研究所、清华长三角研究院、浙大国际科创中心等新型研发机构。滨江"诸暨岛"、未来科技城"衢州海创园"、德清"莫干·智谷"、浙江人才大厦等科创人才飞地不断完善,形成"工作生活在杭州、创业贡献在都市圈"的引才模式,积极创新人才培训的合作交流机制,将杭州市公共实训基地向都市圈开放实训和鉴定平台,加强都市圈人才的统一培训。

专栏:杭州滨江—萧山产业特别合作园建设概况

(一)长效机制共推。一是专班化运行。成立特别合作园管理办公室,建立一体化领导小组、联席会议制度、日常协调机制,明确工作机构、职责分工和运行制度。二是利益分配机制明晰。实行税收差异化分成,按照"合作导入"和"整体迁入"两种项目落地方式,约定两区税收分成比例,实现财政贡献共享。实行经济数据双统,在地区生产总值等主要经济指标上,按属地原则由萧山区统计核算,但在指标考核上,根据不同考核维度,共享共用经济数据。三是激励机制互通。为企业跨区发展提供"同城待遇",建立政策互认机制,统一口径、统一通道、统筹供给,让企业跨区发展享受最优政策待遇。

(二)产业发展共谋。一是以"萧滨一体化"品牌联合招商。共同组建联合招商小组,形成"项目选址—洽谈签约—投资服务—政策兑现"的全流程闭环联合招商体系。强化产业指向、空间导向、要素定向,研究编制招商目录图谱,匹配两区协作重点导入项目。强化产业链招商,研判滨江区"链主企业"协作配套需求,共同培育链主带动型企业集群。二是共推优质产业项目。重点推动龙头企业创新业务项目、在外制造基地回归项目、领军企业及专精特新项目、创新企业总部项目等"四类"优质项目落地萧山。预计项目达产后,萧山特别合作园湘湖未来产业社区和三江创智新城的亩均税收可分别提升至100万元/亩和55万元/亩以上。三是共育未来产业高地。依托萧山区智能制造竞争力和滨江区科技创新引领力,协同推进医疗装备、工业机器人、半导体材料等智能制造孵化转化,构建产业发展新平台。当前,两区联合申报的未来网络(6G)成功入选第一批省级未来产业先导区培育创建名单。四是共塑"中国视谷"品牌。以特别合作园内创麦科技大厦为建设启动点,形成"中国视谷"地标建筑,构建以萧山特别合作园为窗口、萧山区和滨江区为核心的"一园窗口、双核引领、全域联动"格局,推动"中国视谷"成为杭州的产业金名片和万亿级智能物联产业生态圈的核心引擎。

（三）资源要素共用。一是互通互认人才政策。滨江区人才到萧山特别合作园创新创业，可参照原扶持政策执行。二是合作设立产业投资基金。组建杭州高新区（滨江）萧山特别合作园 10 亿元股权投资基金，明确杭州市、萧山区、滨江区 4：3：3 出资比例。三是空间资源适配。研判发展所需的工业、居住、商业等空间规模，科学调出一定规模农用地，保障产业连片集中发展。用地指标共享，滨江区 54 亩新增建设用地指标已调配至萧山区使用。

（四）发展环境共建。一是构建高效便捷通勤圈。通过改造滨江和萧山相连道路，打通 17 条内部道路，实现两区交通一体化互联，现已实现滨江核心区到萧山特别合作园平均通勤时间减半至 20 分钟内。二是完善生活配套设施。规划建设 15 分钟社区生活圈和创业服务圈，合理布局教育、医疗、文化、商业、人才公寓等配套设施。其中，10 万方闻堰综合体项目已完成方案设计，三江创智新城 150 套人才公寓已于 2022 年底完成建设。三是营造优质宜居环境。重点开展滨江和萧山两区交界面、沿江段等区域环境大提升工作，加快实施三江创智新城、沿时代大道环境整治提升等项目，规划建设网络型山水生态廊道，打通湘湖、白马湖以及周边山体系统、田园系统、公园系统、河网系统，两区交界面的环境落差明显改善。四是建设城市地标及形象带。通过塑造地标、预留廊道、丰富层次等方式，共绘拥江城市形象带。建设 TOD 综合开发地标，构建城市地标与景观节点的融合体系，形成沿时代高架的标志性城市样板区。

三、以跨市域生态补偿机制建设为重点，环境联防共治多领域共推

杭州都市圈范围内钱塘江、苕溪、浦阳江、京杭大运河等水系网络发达，都市圈成立初期面临跨区域流域生态环境整治任务大、上下游生态补偿协调不力、污染性企业准入门槛不一等问题。随着都市圈建设深入推进，逐步建立起跨区域生态环境补偿、跨区域环境监管协作与联防联治等机制，取得了明显成效。

1. 建立跨区域生态环境补偿机制，推动流域水环境保护联防联治

2012 年浙皖全面推进跨省域生态治理的"新安江模式"，对中央补偿 3 亿元资金签订了对赌协议[①]。2018 年，在"新安江模式"基础上，浙江率先探索省内跨流域生态补偿。杭州都市圈范围内，杭嘉湖绍四市重点围绕钱塘江、苕溪、太湖三大流域，先后建立东苕溪、太湖流域、钱塘江流域水环境保护联防联治机制，余杭与德清、诸暨与萧山、安吉与余杭等跨市域区县纷纷签下"对赌"协议，如德清县曾与余杭区签订《东苕溪流域水环境补偿机制协议》，积极开展浦阳江萧山诸暨断面、东苕溪余杭德清断面等沿江沿河边界交叉执法检查活动，跨界出水断面水质稳定好转。

---

① 自 2012 年起，中央每年提供财政资金 3 亿元，帮助安徽进行产业升级和污染治理；与此同时，安徽和浙江各自准备 1 亿元，若水质达到考核标准，则浙江拨付给安徽 1 亿元，否则安徽拨付给浙江 1 亿元。

2.统一跨区域企业准入标准、环境监管与应急联动机制

2011年，杭、嘉、湖、绍四市签署了《关于加强杭湖嘉绍边界区域环境监管协作的共同宣言》，协同开展重污染高能耗行业整治，重点解决临安—嘉兴化学品废物倾倒、跨地市电镀污泥转运等问题。推进边界建设项目联合审批制度和边界重大建设项目审批会商制度，采取"罚、停、关、迁"等不同方式，整治边界地区现有的污染，协同把控环境准入关口。联合摸清边界沿河企业的排污状况，重点开展萧山—柯桥、萧山—诸暨、桐乡—湖州等边界联合执法行动。围绕跨区域大气环境整治，建立了区域大气环境联合会商和应急联合管控机制，四市PM2.5年均浓度显著下降，空气质量优良天数比率持续上升。

专栏：新安江—千岛湖生态保护补偿合作经验做法

（一）新安江流域生态补偿顺利完成三轮试点。一是不断完善试点机制。2012年，财政部、原环保部及安徽省、浙江省正式签订《新安江流域水环境补偿协议》，每轮试点3年，以浙皖两省跨界街口断面高锰酸盐指数、氨氮、总氮、总磷4项指标为考核依据。首轮试点（2012—2014年）设置补偿资金每年5亿元，其中中央财政3亿元拨付安徽，浙皖两省各出资1亿元，若年度水质达到考核标准，浙江拨付给安徽1亿元，否则安徽拨付给浙江1亿元，开创了全国建立跨省流域生态补偿机制的先河。第二轮试点（2015—2017年）突出"双提高"，即提高资金补助标准和水质考核标准。第三轮试点（2018—2020年）由中央财政统筹资金给予支持，浙皖两省每年各出资2亿元，考核标准中加大了总磷、总氮的权重，并相应地提高了水质稳定系数。二是各方不断积聚同向合力。三轮试点期间，安徽把新安江流域综合治理作为建设生态强省"一号工程"，在市县政府分类考核中，将黄山市列入全省唯一的四类地区，不再考核其工业指标，加大生态指标考核力度；不断推进污染企业搬迁和综合环境治理，其中黄山市致力于强化工业点源污染防治，先后关闭搬迁124家禁养区内规模化畜禽养殖场，292家规模养殖场全部配套建设粪污处理设施；编制形成产业准入负面清单，累计关停淘汰污染企业220多家，整体搬迁工业企业110多家；持续规范垃圾和生活污水排放，不断发展新型农业和绿色旅游业。淳安县拒绝了300多亿元、不符合千岛湖保护准入要求的产业项目落地；建成城区污水管网324.8公里、农村污水管网3177.2公里，污水处理终端2064套。三是资金补偿机制逐渐完善。试点工作设立新安江流域水环境补偿资金，主要用于安徽省内两省交界区域的污水和垃圾治理，特别是农村污水和垃圾治理。三轮试点共安排补偿资金52.1亿元，其中中央出资20.5亿元，浙江出资15亿元，安徽出资16.6亿元。到2022年，新安江9年3轮试点结束，连续9年达到补偿考核要求，每年向千岛湖输送60多亿立方米洁净水，试点制度成果和实践经验在全国13个流域、18个省份复制推广。

（二）试点模式从资金补偿到多元合作补偿转变。试点过程中，浙皖两省通过资金补偿、对口协作、产业转移、人才培训等方式建立多元化补偿关系，逐渐开展生态、产业、人才等领域合作，从单一的资金补偿向产业共建、多元合作转型。一是推动生态共保。

在对新安江流域生态进行整治的过程中，浙皖两省联合编制规划、监测水质、打捞垃圾、应急执法、多边交流，真正实现人、财、物合作共保，探索出了一条跨省协作之路。二是推动产业共兴。2020年至2022年上半年，杭州市围绕九大产业，赴黄山市签约投资各类项目，计划投资额累计达到213.6亿元。特别是文旅产业合作上，杭州、黄山两市联合印发《杭黄毗邻区块（淳安、歙县）生态文化旅游合作先行区建设方案》，明确"两镇做强、湖城支撑、串珠成链"的山水大画廊格局。国家发展改革委、文化和旅游部联合印发的《杭黄世界级自然生态和文化旅游廊道建设方案》提出，打造长三角自然保护修复示范带、全国绿色发展样板区。三是推动人才共享。为加强新安江生态保护人才培养，黄山市出台一系列政策文件，支持企业通过柔性引进、项目引进、平台引进等方式与杭州市加强合作。多年来，杭州、黄山两市人社、教育等部门深入开展人才合作交流，签署了人社共建框架协议，开展了一批教学交流活动。

（三）两地全力向新安江—千岛湖生态保护补偿样板区升级拓展。2023年6月，浙皖两省人民政府在安徽合肥签署《共同建设新安江—千岛湖生态保护补偿样板区协议》，与前三轮试点相比，补偿协议由3年一轮延长至5年一轮，在补偿标准、补偿理念、补偿方式和补偿范围等方面实现了重大改进和创新。一是调整补偿资金和补偿范围。协议提出，从2023年开始双方每年出资额度4亿~6亿元，每年补偿资金总盘子为10亿元。从2024年开始，双方在10亿元的基础上，资金总额参照浙皖两省年度GDP增速，建立逐年增长机制。同时补偿范围从三轮试点期间的3市10县（安徽省黄山市全境、宣城市绩溪县，浙江省杭州市淳安县、建德市）扩大至4市34县市区（安徽省黄山市、宣城市全境，浙江省杭州市、嘉兴市全境）。二是完善多元补偿合作模式。新一轮补偿还从完善分类补偿制度、健全综合补偿制度、发挥市场机制作用等方面，探索多样化补偿方式，重视产业扶持、技术援助、人才支持等补偿手段，探索园区共建、产业协作、人才交流等多种合作方式。

四、以品质教育医疗共同体建设为重点，民生服务便民化互通共享

浙江省作为全国高质量发展共同富裕建设示范区，杭州都市圈作为省内城乡差距较小、经济较为发达的地区，正围绕打造同城化发展、缩小公共资源配置差距要求，不断拓展都市圈居民服务"一卡通"应用范围，积极推进都市圈医保异地结算相互免备案、公园公交优惠互享、跨区域名校集团化、跨区域医疗联合体建设等一批群众感知度高、获得感强的民生实事项目。

1. 合作共建优质医疗资源"双下沉"机制

依托杭州省级医疗人才资源集聚优势，分别在都市圈周边地区设立分院。如在安吉设立浙大附属医院湖州医院，上虞邵逸夫医院绍兴院区、浙大儿院莫干山院区已经在建。并采用委托管理、合作运行等模式更大范围形成一批紧密医联体，如德清县已

与浙江大学医学院附属第一医院、邵逸夫医院、省中医院等构建起省（市）县紧密合作的医疗服务联合体。与此同时，进一步开展医保结算同城化，超过300家医疗机构与省级异地就医结算平台联网对接，如杭州实现参保人员在绍兴就医异地结算免备案，绍兴市民可在杭州市383个医疗机构异地就医直接结算。

2. 深入推动优质教育资源流动共享

中小学合作方面，通过举办"中国杭州名师名校长论坛""中职校长论坛"等各类研讨会开展线上线下分享交流活动，共同编制杭州都市圈第二课堂实践活动指南，推动杭师大附属桐乡市实验中学、海宁市高级中心与杭二中合作等，杭州学军中学在桐庐县办分校，实行50%面向本地、50%面向杭州中心城区招生。绍兴市73所中小学与杭州学校签约合作或组建联盟。杭州"学军班"在德清县高级中学举办，按照教学计划同拟、教研工作同议、考试检测同步以及师资基本相同要求开课。高校合作方面，支持在杭高校跨区域设立分院（校），浙大海宁国际校区、浙工大莫干山校区、浙江科技学院安吉校区、诸暨浙江农林大学天目学院、浙江财经大学东方学院等一批在杭高校在都市圈的分院（校）全面启用，杭州与湖州、嘉兴、绍兴等地合作推进职业教育跨区域联动发展，深化校地合作共建人才工作联络站。

3. 拓展丰富"市民卡"一卡通场景应用

德清县通过发行杭州通·都市圈德清卡，推出便民利企178项"湖杭"一体化通办事项清单，率先探索实现公安、市场监管、公积金等数据互通互认；嘉湖一体化方面，桐乡市公安局联合湖州南浔区公安分局联合推出了《乌镇—练市流动人口居住证积分管理一体化实施办法（试点）》惠民政策等；杭州钱塘区、临平区分别与嘉兴海宁市共同签订全面合作协议，共建政务服务"杭海通办"跨区域行政审批机制，推出《关于建立杭海一体化智慧税务机制的合作备忘录》，明确了三地推进智慧税务信息共享精诚共治、一体化智慧办税精细服务、税收规范统一精确执法、涉税风险联防联控精准监管等方面的合作任务，都市圈内居民异地购房、居住通勤、跨市就业日趋明显。

4. 突出跨区域会展赛事文旅品牌联动创建

通过强化优势互补、错位发展，不断提升区域品牌建设，如利用杭州西博会、全球数字贸易博览会、乌镇互联网大会、德清地理信息大会等设立都市圈其他城市分会场，充分利用各类营销活动，统一宣传推广杭州都市圈优质资源，协同打造大运河文化带、大良渚文化圈、浙东唐诗之路、红船精神弘扬之旅等系列文化旅游品牌。推进杭州都市圈亚运品牌建设，在杭州亚运会场馆安排上，分别在绍兴柯桥、湖州德清等都市圈周边城市开设亚运会分场馆，承担部分亚运赛事及训练任务，"共迎亚运盛会"不断打响杭州都市圈文旅知名度。

专栏：杭州都市圈"一卡通"互联互通历程与进展

（一）四市较早落实交通、社保"一卡通"机制。一是四市较早实现公交卡、社保卡初步互联互通。自 2008 年以来，杭州、嘉兴、湖州、绍兴四城市组成的杭州都市经济圈将陆续开辟城市公交，并推进公交卡、社保卡的互联互通。四市公共交通"一卡通"在后期将逐步扩展到轨道交通、出租车、长途客运、公共自行车、停车场等交通领域。二是四市建立社保卡、公交卡技术协同机制。2008 年后，杭绍湖嘉四市以及相关地区共同参与编制《杭州都市经济圈区域社保卡、公交卡统一技术标准研究》，四市社保卡（市民卡）系统在新建、改造、升级时，会互相进行技术验证确认，消除联通技术障碍。

（二）杭州与湖嘉绍实现多元公共交通"一卡通"。一是杭州公共交通"一卡通"完成互联互通改造升级。2016 年底，由于杭州公交卡系统为老一代系统，升级改造尚未完成，而嘉兴、湖州、绍兴的交通卡陆续升级为新一代系统，杭州与嘉兴、湖州、绍兴的交通卡互刷暂停。2020 年初，随着杭州主城区、余杭、萧山、富阳、临安 1000 余条线路 9900 余辆公交车车载终端的全国公共交通一卡通完成互联互通升级改造，杭州与嘉兴、湖州、绍兴等地重新实现交通卡互通互刷，联通的交通方式包括公交和水上巴士。二是杭州地铁与绍嘉湖三地交通"一卡通"实现互通。2020 年 5 月，杭州地铁实现与全国 275 个地级市的城市交通"一卡通"互联互通，包括绍兴、嘉兴和湖州的公交卡。

第四节　杭州都市圈协同发展的体制机制创新

一、建立健全组织机构

1. 以四级联动合作协商机制为统筹协调

杭州都市圈 2007 年由杭湖嘉绍四市通过平等协商组建，形成了以市长联席会议决策、政府秘书长工作会议协商、协调会办公室议事、专业委员会项目合作执行为框架的"协调＋统筹"四级联动合作模式。自成立以来，由杭嘉湖绍以及后续加入的黄山、衢州六市轮值召开市长联席会议。此外，聚焦杭绍等跨市域一体化重点板块，建立杭绍同城工作专班以及每周会商、每月对接工作机制，起草签订联动系列合作协议。同时进一步加强建设区县落实蓝图的协调机制，推动柯桥与萧山、诸暨与萧山建立日常联动机制，城市间、县市区间的横向合作机制纷纷建立，节点县市同城化趋势明显。

2. 聚焦重点领域组建专业委员会和部门联席会议

依托杭州都市圈合作发展协调会，下设 15 个专业委员会和 8 个部门联席会议，牵头单位均为杭州市有关部门和单位。其中 15 个专业委员会包括产业和信息化、交通、旅游和文化、环保、商务和会展、统计、教育、人力社保、信用、宣传、品牌、卫生健康、金融、农产品、规划等，8 个部门联席会议包括科技局长联席会议、市场监管局长联席会议、民政局长联席会议、群众体育联席会议、妇女联合会联席会议、党报宣传协作体、广电宣传协作体、青联合作委员会等，并于 2021 年 5 月进一步成立杭州都市圈数字协作联盟。

3. 进一步统筹省级力量构建更高层级工作专班

杭州都市圈上升为国家级都市圈后，浙江省政府为更深更实推进杭州都市圈建设工作，构建省市县三级联动机制，由省级部门统筹协调，整合原专业委员会和部门联席会议组织力量，对原杭州都市圈工作协调机制做进一步优化调整。筹备建立由常务副省长为总召集人，省级部门主要负责人、四市党委政府主要领导共同参与的都市圈落实工作专班，下设由省发展改革委牵头的综合组和由省科技厅、经信厅、交通运输厅等专业部门牵头的若干专项工作组，由杭州市发展改革委及对口专业部门担任常务组长，具体承接落实都市圈工作推进事项。

二、加快毗邻地区发展

1. 杭绍一体化合作先行区

重点推动萧东—柯西板块构建临空经济与现代纺织开放合作大平台，杭绍临空经济一体化发展示范区绍兴片区获省政府批复设立并开展实体化运作，杭绍发改部门共同组建杭绍同城发展办公室，下设临空一体化示范区规划建设工作专班，建立工作例会制度，承担联络协调、具体合作事项推进等工作，选派干部挂职锻炼。

一是规划统筹共编成效明显。强化国土空间总体规划的衔接，优化调整城镇开发边界，全面梳理可用供地资源，优化示范区内永久农田布局。共同编制《杭绍临空经济一体化发展示范区建设总体方案》，实现绍兴、萧山两地综合交通、国土空间、机场等规划充分衔接。围绕标志性区块和重点合作领域，共同排出落地性、标志性强的合作项目清单。探索建立常态化跨区域项目会商机制，创新跨区域基础设施项目审批机制，保障重大项目实施推进。

二是产业合作共建实现突破。2022 年 8 月，萧山区、柯桥区、诸暨市联合编制印发了《杭绍一体化合作先行区产业导向指引》，为引导合作区内项目向对应功能平台集聚、实现土地资源集约利用提供参考指引。围绕两地空港产业需求及圈层特点，2021年以来签约引进高端制造、生物医药、电子信息等相关产业项目32个，投资额404亿元。积极推进中科大新材料产业园、哈工大材料科学与工程学院柯桥创新中心、中国科学院西光所等高能级人才科创平台落户。萧山区瓜沥镇与柯桥区安昌街道探索形成了"飞地"的规范租用模式，实现土地集群开发。

三是两地公共交通接轨迅速。2020年4月，"杭州地铁5号线公交接驳专线"开通，11月柯桥至下沙大学城客运专线开通，2021年6月杭绍城际线开通，与杭州地铁5号线（姑娘桥站）同站换乘，实现运营管理"一张网"和票价"一票制"。新开通地铁姑娘桥站至安昌公交专线，跨区公交增至5条。

四是公共服务合作趋向融合。浙江大学医学院附属第二医院与柯桥区政府签订战略意向合作书，合作共建"浙江大学医学院附属第二医院绍兴院区"。萧山与柯桥间2021年已有186项涉民事项实现"跨区域通办"。5家杭州高中与柯桥达成合作共建协议。互动开展文化走亲160余次，共办"百年农运西小江萧绍两岸龙舟赛"。两地政府推进以治水和治气为重点的环境污染联防联控联治，签订西小江流域共治协议，围绕堤岸管理、河岸保洁、水质监测、联合执法等重点领域，持续探索流域共治长效模式。

2. 杭嘉一体化合作先行区

2016年9月，海宁与余杭签订区域战略合作开发协议，由两地常务副市长、副区长挂帅的领导小组成立，并定期召开会议。2018年，海宁结合新一轮市域总规编制，全面导入杭州规划，以长安镇、许村镇230平方公里为范围谋划打造"杭海新区"；中国宝武浙江总部、浙大网新"杭海数字新城"等重大项目成功落地，初步谋划农发、许村两个板块率先融杭，推动江东三路建设和3000亩土地的合作开发。

一是全面推进综合交通一体化。目前杭海城际轻轨项目于2021年建成通车，海宁市长安镇（高新区）与杭州下沙连接的栋梁路、文海北路、之江北路、春澜路等4条主干道路已全线打通并实现与杭州同路名。海宁至萧山机场直达班线已开通，9条入杭城际公交线路先后投入运行。连接杭州与嘉兴的京杭运河二通道全线通水。杭州下沙至长安铁路、水乡旅游线、铁路杭州萧山机场站枢纽及接线工程已列入规划中。

二是创新协同交流机制不断完善。海宁市已制定出台《海宁市推进浙大国际联合学院国际合作教育样板区建设实施方案》，与浙大的全面战略合作不断深化，浙大国际联合创新中心和国际科创城、浙大国家大学科技园（海宁分园）、浙江大学国际技术转移中心、浙大国际科创项目路演中心等项目推进加快。每年定期共同举办科技创新、校地合作、科技招商等活动，共享创新创业资源。推动高新技术企业所享受的政策进行跨区域互用互认。设立杭嘉产学研创新联盟，支持杭嘉企业、高校、科研院所共建高水平的协同创新平台，推动科技成果转化。设立联合创新专项资金，就重大科研项目开展合作。建立杭嘉知识产权信息交换机制和信息共享平台，建立完善知识产权案件跨区域协作机制，通过推广"杭嘉人才卡"，在执业资格、人才待遇等多个方面消除壁垒。整合杭嘉求职招聘资源，共同开展网络招聘会，促进杭嘉地区企业岗位共享和人才共享。实施"专家挂职计划""博士挂职计划""双休人才"等计划，完善人才柔性流动机制。

三是公共服务领域合作更加紧密。加强基础教育合作，常态化开展两地中小学生异地研学旅行。推进建立两地大学生异地见习、实习机制，互相提供大学生见习、实习岗位。共搭职业教育一体化平台，建立两地跨区域实施产教融合机制。医疗领域，海宁6家县级医院分别与杭州9家三甲医院合作办医，其中省人民医院托管海宁市中心医院，省妇保院托管海宁妇保院，基本实现了医疗资源"双下沉、两提升"。在基本医疗、基层公共卫生、专科等各领域，通过医联体建设、专家门诊、建立专科合作联盟等形式，建立健全分类全方位合作机制。建立健全两地区域重大疫情、突发公共卫生事件联防联控和应急救援机制，健全血液联动保障机制。每年定期共同开展优质医疗卫生人才培训交流活动。建立杭嘉医保制度沟通机制，加大社保领域合作力度，杭州市民卡可在海宁市中心医院、海宁市民卡可在包括杭州在内的省内200余家医院实现就医实时结算。

第五节　杭州都市圈面临的问题与挑战及未来重点建设方向

一、问题与挑战

1. 区域联系和经济腹地受到上海牵引，杭州都市圈各城市协作动力有所分化，经济腹地拓展有所不足

与成都、武汉、西安等省域中心内陆都市圈拥有较强的向心集聚力不同，杭州都市圈是以上海为龙头的长三角一体化战略下的次区域中心主导的都市圈战略，嘉兴、湖州同时也纳入了上海大都市圈空间协同发展范围，嘉兴更是浙江接轨上海的桥头堡，绍兴近年来积极推动网络化大都市战略，将接轨上海作为区域发展的首要战略。尽管杭州对于上述城市的毗邻县域如嘉兴海宁、桐乡，湖州德清、安吉，绍兴柯桥、诸暨等吸引力仍然较强，但随着嘉湖绍周边城市本身对于创新、服务、高端制造等方面的高质量发展需求，呈现出扁平化、同质化发展竞争问题。另外，从经济腹地辐射范围看，杭州都市圈人流联系西向与黄山市、宣城市，北向与上海市、苏州市、无锡市间的单向人流量明显减少；经济联系上，同省外上海、黄山、宣城、苏州、无锡的股权投资笔数占比均低于 3.5%，相比东京都市圈外延 80 公里经济腹地，杭州都市圈人流网络主要集中在周边 40 公里范围内，总体腹地空间尚小。

2. 以杭州为中心的"金字塔型"产业分工和梯度转移优势有所弱化

首先，杭州原始创新能力支撑较为不足，目前只有一所世界排名前 100 的高校，仅有之江实验室等两家入选国家实验室网络体系，"211""985"等系列品牌高校、国家级实验室机构数量等高能级创新平台数量与上海、南京、武汉等同类城市相比有较大差距；其次，尽管杭州都市圈已呈现一定产业外溢，但除数字经济以外，杭州在生物医药、高端制造等战略性新兴产业领域拥有产业话语权较高的链主型企业不多，产业基础能力和生态主导能力不强，对于都市圈产业集群整体协同和要素配置牵引力有待强化，城市间产业同质化竞争问题依然存在。此外，相比于上海在金融、贸易、科创、航运等高端服务业的引领优势，杭州高端服务业发展在总体能级、集聚密度和专业化水平、国际化程度方面仍有一定差距，对周边地区的辐射带动有所弱化。

3. 杭州都市圈人口、经济要素集聚绩效以及轨道交通运行效率有待优化提升

从都市圈经济、人口分布密度看，杭州都市圈人均 GDP 分别为东京、纽约、旧金山的 1/2、1/5、1/6，单位用地经济密度为东京、纽约、旧金山的 1/6、1/2、1/6；中心城区人口密度"内密外疏"问题较为突出，尤其是 5~10 公里、10~30 公里近郊圈层人口密度急剧下滑（见图 7-8），都市圈东西部、上下游经济发展和居民收入水平不平衡，西部生态保护与东部治污压力并存，以东带西、以城带乡的区域协调机制亟待完善。从都市圈轨道交通支撑效率看，尽管近年来借力亚运会建设契机，杭州城市轨道交通里程建设加速推进，目前地铁线路运行里程已逼近大伦敦地区，位列全国第五，但与全球知名都市圈中心城市相比，杭州轨道交通体系仍然相对单一，总体通勤运行效率不高，市域快速轨道交通支持较为不足。如杭州城市轨道交通实际日均客运量仅 249.5 万人次／日，远低于巴黎、上海、东京等都市圈中心城市，尤其是长距离市域铁路发展明显不足，总里程仅为伦敦的 2%、东京的 3%、巴黎的 4%。此外，高铁站点换乘时间较长，进一步限制了远距离通勤能力。

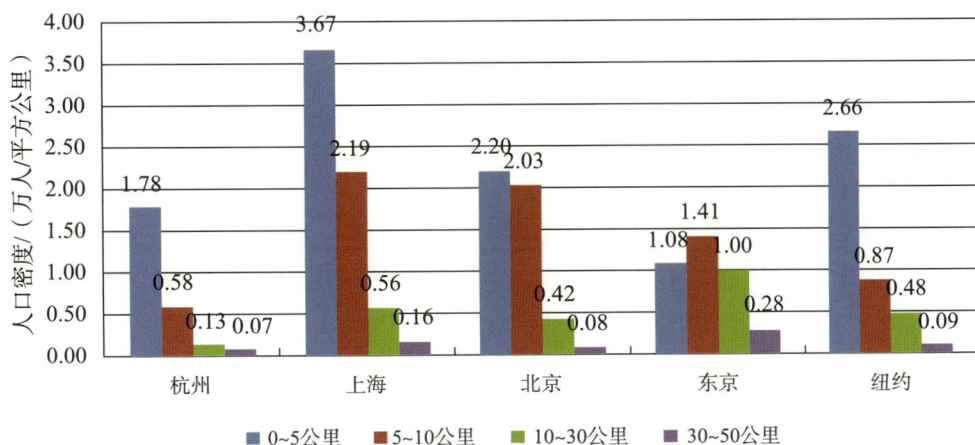

图 7-8　2019年杭州都市圈与国际大都市圈人口密度圈层分布比较

（数据来源：《迁徙的人变动的城——大数据视角下的中国城镇化》P109-112）

4. 成本分担和利益磋商问题亟待改革突破

自 2007 年成立以来，杭州都市圈就建立了以四市为主导的、相对平等的实体化运作机制，并于 2014 年经过国家发展改革委批复成为全国首个都市圈经济转型升级的综合改革试点。2015 年经过成员城市共商共议、协同开展年度联席会议交流和清单事项谋划推进，在涉及跨市域断头路打通、生态环境治理、文化旅游合作、公共服务共享、市场品牌共享等领域推进了一批"互利互惠"民生实事合作事项，基本实现了"紧迫办、能够办"的事情"共同办、已经办"。在当前都市圈同城化发展的新阶段，面临着产业合作区共同开发与利益分配、无差别公共服务共享与财政补贴、创新人才柔性引领与政策共享、数据要素开放与协同治理等更深层次的区域协同制度和利益分担机制的规则制定等问题，需要通过建立省级协调机构，从更高层次、更宽领域，谋划推进一批"你补我促、总体共赢"的一揽子合作事项，推动"需要办、不好办"的事情"分担办、共赢办"。

二、未来建设重点

1. 协同构建都市圈科技创新共同体，推动更高能级创新平台联动和资源开放共享

以杭州城西科创大走廊"一体两翼"建设为抓手，联动绍兴、嘉兴 G60 科创走廊，支持之江实验室纳入国家实验室体系，加快建设良渚、西湖、湖畔、湘湖、白马湖和天目山等省级实验室。搭建创新资源共享平台，谋划建设新一代工业控制系统、智能计算、人工智能、肿瘤精准治疗等若干重大科技基础设施。支持联合建设先进系统芯片、

生命健康产业、集成电路等国家级产业创新中心，合力攻关关键核心技术，加快建设数字科技、人工智能、智慧视觉等一批开放技术研究中心，联合实施科技成果转化行动，协同布局中试转化平台，共推新技术新产品新业态在都市圈内示范应用，促进科技成果跨区域转移转化与推广应用。支持在杭州设立"人才飞地"，打通高层次人才创新创业"绿色通道"，探索实施共享人才政策叠加和同城待遇，推动人才评价互认、人才信息共通，实现人才资源有序流动。促进科创资源共享共用，推进一体化科技资源数据目录体系、一站式便利化科技资源共享平台，开放共享大型科研仪器设备，推动科技创新券通用通兑。实行统一的科技成果评价标准和规范，促进科技成果跨区域互认。

2. 协同引导布局一批标志性跨区域产业链，协力打造数字经济、智能汽车、高端装备等先进制造业集群

强化都市圈产业对接整合，共同实施产业链协同工程，重点打造数字安防、生命健康、高端装备、新材料、新能源汽车等一批标志性跨区域产业链。携手开展一批重大强链补链项目，共同增强产业链自主安全可控韧性，共推钱塘新区、滨海新区、南太湖新区互联互通、开放带动，联动产业链上下游企业开展纵向分工协作。一是打造数字经济发展高地，打造世界级数字安防产业集群、国家重要集成电路产业基地。建设杭州市、德清县国家新一代人工智能创新发展试验区，协同布局培育人工智能、区块链、量子信息、柔性电子等未来产业先导区。支持企业上云用云，协同培育基于云计算大数据新业态，共推数字技术集成应用和融合创新，引进共育商产融合平台龙头企业，共拓分享经济、共享经济、定制经济应用领域。二是打造集研发设计、制造服务于一体的高端装备制造产业链，围绕氢燃料电池整车、系统集成以及核心零部件等关键环节，协同构建研发零部件及整车上下游智能网联汽车产业链。支持都市圈四市联合申报城市群氢能示范区。三是合力打造生物医药健康产业高地。围绕创新药物研发和临床研究等领域，协同布局大动物实验中心、生物制品批签发实验室、临床医学研究中心等公共服务平台。加快推进医疗健康大数据中心建设，提升医疗健康数据应用水平。培育一批智慧药械供应链示范企业和创新基地，协同规划建设药械储存设施和配送体系。

3. 优化"一环六带"多中心网络化空间结构，拓展市域轨道交通骨架打造更大范围"一小时通勤圈"

一方面，坚持全域大统筹、差异化发展，加快环二绕毗邻县域（德清、安吉、海宁、桐乡、柯桥、诸暨、桐庐等）同城化发展，共筑杭湖、杭嘉、杭绍、拥江、揽山、滨湖六大发展带，协同打造"一环六带"空间结构，积极构建紧密联动型、融合提升型、生态赋能型三大圈层联动发展机制（见表7-4）。另一方面，拓展市域轨道交通骨架，扩大外围县（区、市）高铁、轨道站点服务范围，优化跨区域公共交通服务，系统谋划换乘接驳设施配置，提高换乘效率。加快推进杭州城市轨道交通四期、绍兴城市轨道交通二期建设。积极推进杭州至德清市域铁路、杭诸市域铁路项目建设，加快推进杭海城际西延、下沙至长安城际铁路、水乡旅游线、海宁至海盐市域铁路、杭桐城际前期工作，启动苏杭城际线、杭绍金铁路、水乡旅游线城际铁路南延研究。加快推进杭温、杭衢、金建、机场高铁线、沪乍杭、宁杭高铁二通道、杭临绩铁路项目建设。

表7-4　杭州都市圈三圈层分布及发展导向

类　型	新城节点	发展导向
紧密联动型	萧山、余杭、临平	与核心城区高度关联，强化科技研发、高新技术等创新供给和都市型工业、生产性服务业等产业引领，加快补齐短板、提升城市品质，做强开放门户枢纽功能，打造产业高地、科创高地，成为"大杭州"的重要增长极
融合提升型	钱塘、富阳、临安，绍兴市辖区及诸暨市，德清、安吉及湖州市辖区，海宁、桐乡及嘉兴市辖区	加速与核心城区互联互通，做强产业链支撑，完善公共服务配套，优化宜居宜业环境，有效承接产业转移和人口疏解，打造双创热土、品质近郊，成为"大杭州"的魅力新城区。加强普惠性、高品质公共服务网络覆盖，鼓励有条件的地区率先探索户籍准入年限同城化累计互认和社保互认，有序引导人口落户
生态赋能型	桐庐以及建德、淳安以及西南向更大拓展腹地	桐庐、建德、淳安承担守护生态安全、保护水源的重大使命，大力发展环境友好型产业，积极培育与生态功能相适应、资源禀赋相契合的发展模式，不断拓展绿水青山就是金山银山的转化通道，打造诗画走廊、生态屏障，成为"大杭州"的靓丽后花园

4. 协同布局新一代信息基础设施，推进"5G+工业互联网"集群建设

建设国家（杭州）新型互联网交换中心，扩容升级杭州国家级互联网骨干直联点，共同促进骨干网、城域网和支撑系统升级改造，超前布局窄带物联网、未来网络，参与国家北斗卫星导航中心（基地）布局。协同推动都市圈智能网联车辆测试与应用立法，协调推进智能网联车辆道路测试工作，推进嘉兴建设"全域未来出行"车路协同应用项目，支持德清创建国家级车联网先导区，推动乌镇全域开放智能网联汽车测试与应用。统筹布局高等级绿色云数据中心等算力基础设施，持续推进杭州新一代工业互联网系统信息安全大型实验装置建设，争取重量级超算中心、数据服务中心等功能性平台落户。率先建成区域性工业互联网平台集群，围绕嘉兴智能光伏、绍兴纺织印染和电机轴承等特色产业，打造一批区域级、行业级、企业级工业互联网平台和省级未来工厂、智能工厂、数字化车间。

5. 深化推进民生"一卡通"同城化改革，加快跨市域要素高效流通和深度共享

放宽除杭州以外城市落户条件，实行户口迁移"跨市通办"。加强农业转移人口随迁子女义务教育保障，完善农业转移人口医疗卫生服务配套，积极落实外地老年人同等享受本地优待政策。以社会保障卡为载体，建设区域共享的应用平台服务体系，加快衔接长三角区域社会保障卡居民服务一卡通相关应用，推进基本公共服务"一卡通"平等共享，按照"成熟一项，新增一项"的原则，有序实现都市圈民生一卡多用、一卡联通、一卡结算、一卡优惠同享。重点包括：一是联合扩大都市圈异地就医联网结算定点医疗机构覆盖范围，推进异地就医费用即时结算；二是建立住房公积金异地信息交换和核查机制，探索公积金异地互贷；三是落实都市圈人才人事档案、社会保险关系转移接续具体举措，提升养老保险、医疗保险、失业保险等跨市域转移接续的便利化水平；四是建立工伤认定及待遇支付委托协查机制，完善劳动保障监察综合执法协作机制，促进劳动力规范有序合理流动；五是探索建立都市圈统一标准和通行经贸规则，推进行政审批制度和商事制度改革、畅通要素市场化流动配置，提升投资建设便利度，打造无差别营商环境。

参 考 文 献

[1] 廉军伟. 都市圈协同发展理论与实践 [M]. 杭州：浙江工商大学出版社，2016.

[2] 卓超，杨钊，潘莫愁，等. 杭州都市圈蓝皮书：杭州都市圈发展报告 2020[M]. 北京：人民出版社，2020.

[3] 朱鑫鑫. 杭州都市圈轨道交通网络一体化运营研究 [J]. 交通企业管理，2023，38（3）：48-50.

[4] 徐祖贤. 杭州都市圈：放大优势，当好"领头羊" [N]. 中国经济时报，2022-04-29.

[5] 陈栋，范杨. 杭州十年编织便捷交通网 引领都市圈率先发展走在全国前列 [N]. 杭州日报，2017-10-10.

[6] 杭州市科学技术局. 杭州都市圈促进科技成果转化联盟正式成立 [J]. 杭州科技，2022，53（6）：17-18.

[7] 罗成书，郭亚欣. 杭州都市圈空间结构演变特征、驱动因素及优化研究 [J]. 中国名城，2022，36（8）：9-14.

第八章 中部崛起、核心引领的郑州都市圈

第一节　郑州都市圈发展历程回顾

一、中部崛起背景下的郑州国家中心城市建设

2016年国家发展改革委印发《促进中部地区崛起"十三五"规划》，支持郑州建设国家中心城市。近年来，郑州发展势头强劲，要素集聚和辐射带动效应显著，总体实力进入全国省会城市前列，但在国家中心城市序列中市域面积、人口规模、生产总值等指标均列第8位，有进一步提升空间。河南省委、省政府高度重视都市圈规划建设，以现代化郑州都市圈建设助推郑州国家中心城市提质进位，促进区域协同高质量发展。

二、郑州大都市区（"1+4"）发展阶段

2016年12月，国家发展改革委印发的《中原城市群发展规划》明确提出，支持郑州建设国家中心城市，推动郑州与开封、新乡、焦作、许昌四市深度融合，建设现代化大都市区。2019年，中共河南省委办公厅、河南省人民政府办公厅印发《郑州大都市区空间规划（2018—2035年）》，勾勒出以郑州市为核心，包括郑州市域和开封、新乡、焦作、许昌4市中心城区以及巩义市、尉氏县、原阳县、武陟县、长葛市、平原城乡一体化示范区的郑州大都市区范围，规划面积1.59万平方公里，占全省国土面积的9.6%。

三、郑州都市圈（"1+8"）建设阶段

2021年10月召开的河南省第十一次党代会上明确提出，"加快郑州都市圈一体化

发展，全面推进郑开同城化，并将兰考纳入郑开同城化进程，加快许昌、新乡、焦作、平顶山、漯河与郑州融合发展步伐"，将郑州都市圈从"1+4"拓展到"1+8"，面积约 5.88 万平方公里。该范围为基于省级层面优化全省区域经济布局的客观需要，强调都市圈核心板块与周边协同发展的研究范围。

2023 年，《郑州都市圈发展规划》正式获得国家发展改革委复函，成为全国第 10 个获得复函的都市圈规划。郑州都市圈以郑州为中心，由与其 1 小时通勤范围内的周边城市共同组成，主要包括郑州市，开封市，许昌市，新乡市市辖区、新乡县、获嘉县和原阳县，焦作市市辖区、修武县、温县和武陟县，洛阳市偃师区，平顶山市郏县，漯河市临颍县，面积约 2.6 万平方公里，空间毗邻的洛阳市辖区（除偃师区）、平顶山市辖区、漯河市辖区、济源市及周边县（市、区）作为紧密协作层，强化协调联动发展，形成"主副协同、区域统筹、圈层一体"的总体发展格局。都市圈核心范围和紧密协作层面积总计约 4.38 万平方公里，占"1+8"市总面积的 75%，涵盖"1+8"城市全部市辖区和大部分县（市、区）。

第二节　郑州都市圈基本情况、地区特色和战略定位

一、基本情况

1. 人口增长与发展阶段分析

依据人口增长和分布变化特征，都市圈发展可分为成长期、发展期、成熟期三个阶段。郑州都市圈仍处于成长期后半段，各圈层人口密度均相对偏低。郑州都市圈各圈层人口集聚形成了一定规模，但与相对成熟的都市圈相比仍存在较大差距。第一、二、三圈层均有较大的人口集聚潜力。

2000—2020 年郑州都市圈常住人口持续上涨，新增 873 万人，但与相对成熟的都市圈相比人口密度均相对偏低。分圈层看，郑州市是人口集聚的主要载体，近二十年新增 594 万人，占都市圈新增人口的 68%，人口比重由 20.8% 上升到 27%。郑州都市圈核心区的人口集聚增速开始被第二圈层超越。根据国内外大都市圈的经验，当都市圈出现核心区集聚放缓、第二圈层增长显著的特征，标志着都市圈进入成长期后期。

表 8-1 所示为郑州都市圈与其他都市圈人口密度比较，表 8-2 所示为郑州都市圈五普、六普和七普人口变化。

表 8-1 郑州都市圈与其他都市圈人口密度比较

圈 层	国内外都市圈（伦敦、东京、上海）人口密度 /（人 /km²）	成都都市圈（2020 年数据）人口密度 /（人 /km²）
核心区	1.1 万 ~1.7 万	13 680
第二圈层	5000~6000	4095
第三圈层	2000~3000	1461
第四圈层	800~1300	895
郑州都市圈（2020 年数据）		
范 围	人口密度 /（人 /km²）	对标评价
核心区：郑州中心五区	6246.2	仅达 50%，差距较大
第二圈层：郑州（不含登封、巩义）加尉氏四镇和长葛六镇	1937.8	不足 50%，差距较大
第三圈层：郑州及周边五市部分区县	1291.7	<65%，差距较大
第四圈层：郑州及周边八市部分区县	1048.1	接近

（数据来源：七普统计公报）

表 8-2 郑州都市圈五普、六普、七普人口变化

项 目	2000 年	2010 年	2020 年	五普—六普新增	六普—七普新增
核心区人口 / 万人（郑州中心五区）	251.2	412.2	645.3	161.0	233.1
				小计：394.1	
第二圈层人口 / 万人 [郑州（不含登封、巩义）加尉氏四镇和长葛六镇]	570.9	762.1	1155.6	191.2	393.6
				小计：584.8	
第三圈层人口 / 万人（郑州及周边五市部分区县）	1583.8	1855.3	2316.6	271.5	461.2
				小计：732.7	
第四圈层人口 / 万人（郑州及周边八市部分区县）	2385.9	2723.3	3251.7	337.3	528.4
				小计：865.7	
核心区 / 第二圈层比重	44.0%	54.1%	55.8%	10.1%	1.7%
				核心区占比提升大幅放缓	
第二圈层 / 都市圈比重	15.0%	18.3%	24.7%	3.3%	6.4%
				第二圈层占比加速提升	
第三圈层 / 都市圈比重	41.7%	44.7%	49.6%	3.0%	4.9%
				第三圈层占比也显著提升	

（数据来源：五普、六普、七普统计公报）

郑州都市圈人口集聚在十年之内将出现拐点，2030 年之前人口、产业、要素等将开始向以许昌、开封为代表的第三圈层加速集聚。根据国内外都市圈发展经验，当核心区占第二圈层的比重持续下降十年左右，整个中心城市占都市圈的比重将迎来下降拐点进入发展期，外围第三圈层的城市将成为人口集聚的主要阵地。

如图 8-1 所示为上海、成都、郑州三个都市圈不同阶段人口集聚情况。

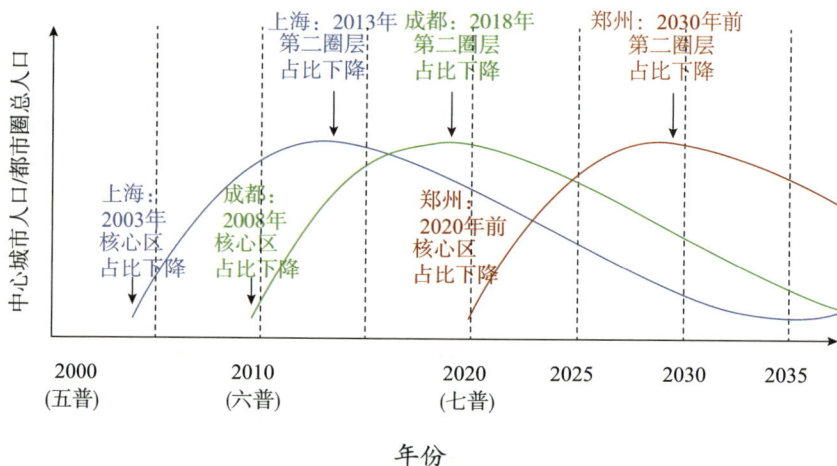

图 8-1　上海、成都、郑州三个都市圈不同阶段人口集聚情况

（数据来源：各城市统计年鉴）

2. 经济发展情况

（1）**经济实力雄厚**。2022 年郑州都市圈地区生产总值达到 3.62 万亿元，比 2010 年增长 170%，占河南省经济总量的 59.0%。中心城市郑州发展实力强劲，2022 年达到 1.3 万亿元，2015—2022 年年均增长 11.0%，分别高于全国、全省 0.3 和 1.7 个百分点，在全省的比重达到 21.1%，带动力、辐射力进一步增强。

（2）**整体处于工业化中后期阶段**。从郑州都市圈工业化发展阶段指标来看，人均 GDP、产业结构、农业从业人口占比与城镇化率均呈现工业化后期特征；郑州处于工业化后期向后工业化过渡阶段，洛阳处于工业化中期向后期过渡阶段，许昌、新乡、焦作、开封、漯河、平顶山、济源处于工业化中期阶段。

（3）**都市圈内部经济发展质量效益存在差异**。在经济总量上，郑州市占据绝对主导地位，2022 年 GDP 占都市圈比重达到 35.8%，洛阳市占比 15.7%。在经济效益上，郑州、洛阳、许昌、济源、漯河 5 市人均 GDP 超过 7 万元，其余 4 市低于都市圈平均值（见图 8-2）。在三产结构上，开封（14.36%）、新乡（9.79%）、漯河（9.21%）一产占比较高；新乡（44.73%）、平顶山（45.96%）、许昌（51.98%）、济源（60.92%）二产占比较高；郑州（58.56%）、洛阳（51.86%）、焦作（53.00%）三产占比较高（见图 8-3）。

图 8-2　2022 年郑州都市圈各市 GDP 和人均 GDP 情况

（数据来源：《河南省统计年鉴 2023》）

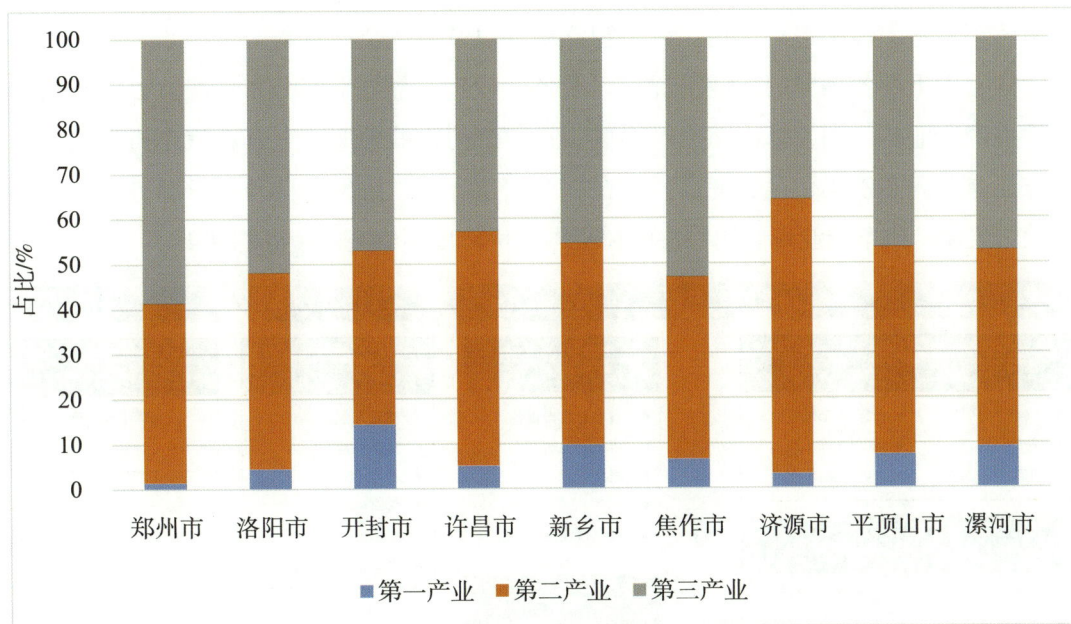

图 8-3　2022 年郑州都市圈各市三产结构比重

（数据来源：《河南省统计年鉴 2023》）

3. 产业发展情况

（1）农业科技创新优势突出。郑州都市圈农业科技创新竞争力稳居全国第一方阵，尤其在作物育种方面优势突出，小麦、玉米、花生、芝麻等品种选育水平全国领先。主要的农业科技创新平台位于郑州、新乡、洛阳等地，拥有作物逆境适应与改良国家重点实验室（河南大学）、国家生物育种产业创新中心（新乡）、国家农机装备创新中心（洛阳）等国家级创新平台。新乡国家农业科技园区在"十三五"期间正式挂牌，拥有神农种业实验室（郑州）等省级创新平台。

（2）制造业产业集群初步显现。以装备制造、生物医药、新材料、新能源、食品加工为代表的产业集群不断集聚壮大。其中，装备制造、电子信息、现代食品产业集群在国内处于前列，新能源及智能网联汽车、尼龙新材料、氢能及储能等新兴和未来产业发展迅速，百亿级以上企业近40家，国家级"专精特新"小巨人企业占全省的近8成。其中，郑州市涌现出了宇通、上汽、郑煤机等14家百亿级龙头企业，在都市圈内的产业发展引领能力不断增强。

（3）初步形成产业链上下游协作效应，存在有待延链补链的环节。在都市圈主要产业集群中，筛选高新技术产业领域重点关注的五条产业链，分别为高端工艺装备制造、汽车及零部件制造、生物医药、智能硬件以及有色金属材料，进一步分析都市圈产业链上中下游各环节的构成情况，以及各产业链各部分空间分布情况。以汽车及零部件生产产业链为例，都市圈已经形成了上下游协作的效应，尤其在汽车机械配件生产方面企业分布密集、优势度高。但在整车制造环节、研发设计及技术服务环节发展仍较为欠缺，汽车产业集群作为整体在全国的优势度不够突出（见图8-4）。

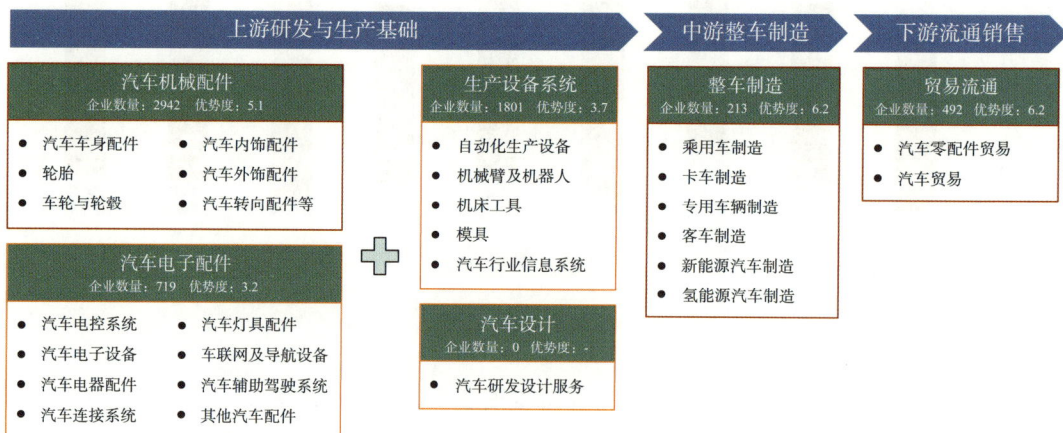

图 8-4　郑州都市圈范围内汽车与零部件产业链的构成情况及各环节优势度

（数据来源：视野数科企业大数据平台）

二、地区特色

1. 国际门户枢纽优势突出

郑州都市圈位于我国版图中心位置，处于"两横三纵"城镇化战略格局中陆桥通道、京广通道交会处，郑州是"一带一路"内陆地区的核心节点城市，是我国面向全球的内陆开放型经济高地，国际国内开放联动水平不断提升。

都市圈"1+8"市占全省的对外贸易规模较大、增速较快，是全省开放的龙头引擎。都市圈货物贸易进出口额约占全省的80%以上，实际吸收外资占全省一半以上，对外投资规模占全省的90%以上。都市圈依托空、陆、海、网"四条丝绸之路"大通道，整合国内外资源。郑州至卢森堡"空中丝路"不断拓展，郑州机场航空网络更加完善，客货吞吐量快速增长，货运量已跻身全国6强、全球50强。"陆上丝路"形成了"六口岸、十站点"的国际物流网络，郑欧班列开行班次、运行效益保持全国先进，获批建设国家中欧班列集结中心。"网上丝路"跨境电商交易额年均增长25%以上，郑州跨境电商"1210"监管模式得到全国推广，郑州获国务院批复全国唯一跨境电商零售进口药品试点。"海上丝路"铁海、公海联运实现无缝对接，郑欧班列"一干三支"铁海公多式联运示范工程通过国家交通运输部和国家发展改革委验收授牌。自贸区郑州片区、航空港经济综合实验区、经济开发区、各类海关特殊监管区等开放平台创新发展，新郑综保区在全国综合评估中前移至第三位。建成功能性口岸10个，位居内陆城市前列。

2. 自然禀赋优良

郑州都市圈处于黄河中下游，地形地貌类型齐全，生态资源丰富，包括太行山生态屏障区、伏牛山生态屏障区、黄河生态带、东部平原区和南水北调中线、隋唐大运河及明清黄河故道等生态保育廊道等。其中，黄河生态带内分布有小浪底、西霞院两大水库，河南黄河湿地、新乡黄河湿地、郑州黄河、开封柳园口等国家和省级自然保护区是珍稀濒危鸟类等野生动物的重要栖息地。太行山生态屏障区内分布有太行山猕猴国家级自然保护区，植被类型主要有落叶阔叶林、中生型植物群落、旱生植被，动植物资源十分丰富，具有重要的水源涵养、水土保持功能。伏牛山区森林覆盖率高，珍稀野生动植物资源丰富，具有重要的生物多样性维护、水源涵养及水土保持功能。东部平原区属于典型的农业生态系统，是维护国家粮食和重要农产品供给安全的重要区域，分布有自然保护区、森林公园、湿地公园，具有重要的生态功能。南水北调中线、隋唐大运河及明清黄河故道等生态保育廊道具有保护生物多样性、过滤污染物、防风固沙、调蓄洪水等多种功能。

3. 人文底蕴丰厚

郑州都市圈所在区域是中华文明的主要发祥地，也是中华文明探源工程的核心区。三皇五帝等神话传说在此流传，中华元典思想在此诞生。孙家洞遗址、灵井遗址证实了这里是东亚地区人类的重要起源地。李家沟遗址、裴李岗遗址见证了中国北方旱作农业的起源和发展。双槐树、大河村等遗址，禹州瓦店、登封王城岗、新密古城寨等城址，充分展现了早期中华文化圈的形成与发展。二里头遗址被誉为"最早的中国"，是中华文明总进程的引领与核心。都市圈拥有洛阳、开封、郑州三座古都，作为政治经济文化中心长达 3000 年，见证了国家历史文化的延续。丝绸之路、隋唐大运河在这里交会，黄河文化、河洛文化、黄帝文化、功夫文化、嵩山文化蜚声国内外。

文化旅游资源高度密集。拥有世界文化遗产 5 处，中国历史文化名镇名村 12 处，省级历史文化名镇名村 49 处，中国传统村落 98 处，国家级文物保护单位 262 处。都市圈的 9 座城市均被评为中国优秀旅游城市，拥有 6 处国家级风景名胜区、10 处 5A 级景区和 108 处 4A 级景区。

三、战略定位

1. 国家区域科技创新中心和重要人才中心

坚持把创新摆在发展的逻辑起点和现代化建设的核心位置，统筹科技创新和制度创新"双轮"驱动，推进省科学院重建重振与中原科技城、国家技术转移郑州中心融合发展，培育建设综合性国家科学中心，重构重塑省实验室体系，深化创新发展综合配套改革，强化金融支持服务，推动产业链、创新链、供应链、要素链、政策链深度耦合，建设创新资源集聚、创新人才汇聚、创新动能厚植的高地高峰，成为全球创新网络的重要节点和国家重要创新策源地。

从国家层次看，郑州都市圈要补短板、创特色。从全国层面进行比较，创新是郑州都市圈亟待补齐的短板。2022 年都市圈 9 市 R&D 投入强度为 2.32%，低于全国 2.57% 的平均水平；每万人口专利拥有量为 8.47 件，仍低于全国 11.8 件的平均水平。郑州相比于其他国家中心城市，"双一流"高校数量最少，2022 年 R&D 投入强度为 2.32%，远低于同期北京和上海的 6.83% 和 4.44%。考虑到郑州都市圈作为中部高质量发展国家战略的重要承载，应更多发挥专项创新优势，在全国科创体系中逐步提位。

从区域层次看，郑州都市圈要继续发挥引领优势。从城市科技创新指数评价来看，目前郑州都市圈的郑州、洛阳均属于中级科创型城市，在中部地区排名靠前，已经承担起引领中部地区科技创新的职能。统筹国家和区域两方面的侧重点，在定位中使用"国家区域"四字，既能体现中部崛起这一国家战略要求，推进郑州都市圈进一步补齐创新动力短板，又可以体现郑州都市圈在中部地区已经承载的区域创新地位。

2. 国家先进制造业基地

坚持高端化、智能化、绿色化、融合化发展，推动战略性新兴产业和优势产业实现高端突破，促进先进制造业和现代服务业、数字经济和实体经济深度融合，形成若干具有世界影响力的先进制造业集群和现代化产业链，打造具有全球影响力的新兴产业和未来产业新高地，建设成为引领黄河流域产业转型升级的强大引擎。

郑州都市圈经济实力雄厚，制造业发展基础条件良好。一是在河南省的经济产业地位重要。2022 年郑州都市圈地区生产总值达到 3.62 万亿元，占河南省经济总量的59.0%，其中第二产业占比 43.1%。二是整体经济发展水平处于国内都市圈第二梯队，郑州都市圈的 GDP 总量、人均 GDP（7.63 万元）仅次于长三角、珠三角、环首都三大都市连绵区。三是是省内重点企业、创新型企业的主要集聚地区。百亿级以上企业近40 家，数量占全省的 9 成，国家级"专精特新"小巨人企业占全省的近 8 成。

郑州都市圈已形成部分国内领先的产业集群，具备全国先进制造业基地特点。目前已形成电子信息、汽车、装备制造、现代食品制造、铝加工制品、新型材料六个超千亿的产业集群，其中，装备制造、电子信息、现代食品产业集群在国内处于前列，产值规模可观，新能源及智能网联汽车、尼龙新材料、氢能及储能等新兴和未来产业发展迅速。

3. 新时代双循环门户枢纽

加快推动交通区位优势向枢纽经济优势转变，建设现代化、国际化、世界级物流枢纽，完善高水平开放平台和流通体系，持续扩大对内对外开放合作，提升国内外要素资源配置能力，更好地服务和融入国内经济大循环、促进国内国际双循环，建设高效链接全球的现代商贸流通中心和现代供应链中心，打造引领中部、服务全国、联通世界的枢纽经济高地。

以国际空铁枢纽为基础构建快捷互通的多式联运体系，是打造国际枢纽的重要前提。郑州都市圈空铁枢纽功能全面升级，多式联运发展基础优越。新郑国际机场已跻身全球货运机场 40 强，作为全国八大区域性枢纽机场之一，规划保障能力可达年旅客吞吐量 4000 万人次，客运有潜力进入全球机场前 30。受新冠疫情影响，郑州机场2021 年累计完成旅客吞吐量 1895.5 万人次，国内行业排名第 14 位。完成货邮吞吐量70.5 万吨，同比增长 10.2%，国内行业排名第 6 位，其中国际地区 54.5 万吨，同比增长 20.8%。全年在郑运营全货运航空公司 31 家（国际地区 25 家），开通全货机航线 48 条（国际地区 38 条），通航城市 53 个（国际地区 42 个）；客运航空公司 37 家（国际地区 4 家），开通客运航线 213 条（国际地区 5 条），通航城市 108 个（国际地区 5 个）。郑州航空港站（原郑州南站）将成为全国第二大枢纽。车站总规模 16 台 32 线，规划线站规模与郑州东站共同并列全国第二，建成后预计年旅客发送量近期为 840 万人，远期达 1160 万人。航空港站集高铁客运中心、高铁物流中心、空铁换乘中心、长途客运中心和旅游集散中心于一体，建成后将与郑州新郑国际机场形成空铁联动、双核驱动的物流体系，共同构建起郑州都市圈对外开放的核心。

郑州都市圈具有郑州航空港和河南自贸区，是我国面向全球的内陆开放型经济高地。郑州是"一带一路"内陆地区的核心节点城市，郑州都市圈位于陇海发展带和京广发展带两大国家发展主动脉交会处，都市圈内已形成较为成熟的集陆运、航运于一体的综合交通系统，以郑州为核心的"米"字放射型交通空间格局成型。郑州都市圈区位优势非常显著，总体来看，在共建"一带一路"倡议、国际国内双循环新格局背景下具有重要的国际开放功能地位。

4. 中华文明探源与保护传承创新引领区

坚持保护和开发相协调、传承与创新相融合，深入实施中华文明探源工程，系统呈现中原地区黄河流域历史文明脉络，揭示中华文明多元一体演进格局，彰显黄河文明作为中华文明血脉源头的认同感和感召力。深度挖掘都市圈历史文化、生态基底、旅游资源等优势潜力，壮大以创意为内核的文化产业，打造老家河南、天下黄河、华夏古都、中国功夫等特色文化品牌，深化国际人文交流与合作，打造具有国际影响力的中华文化传承创新中心。

郑州都市圈是中华文明探源工程的重要承载地，是黄河文明和华夏文明形成、融合、发展的核心区域。黄河是中华民族和中华文明的精神标志，具有厚重的历史底蕴和鲜明的时代价值，黄河流经的郑州都市圈遗留了丰富多彩的文化资源。黄河流域孕育了中国历史上西安、洛阳、郑州、开封、安阳 5 大古都，其中 3 座均位于郑州都市圈内。同时，都市圈内有龙门石窟、登封"天地之中"历史建筑群、丝绸之路、长城和大运河共计 5 处世界文化遗产，中国历史文化名镇名村 12 处，省级历史文化名镇名村 49 处，中国传统村落 98 处，国家级文物保护单位 262 处，是黄河文化保护和传承的重要区域。

传承创新中华文明、推进文旅融合发展，是落实黄河国家战略、河南省"十大战略"的重要抓手。2019 年 9 月，习近平总书记在黄河流域生态保护和高质量发展座谈会上强调要深入挖掘黄河文化蕴含的时代价值，讲好"黄河故事"，延续历史文脉，坚定文化自信。2021 年 10 月，中共中央、国务院印发《黄河流域生态保护和高质量发展规划纲要》，提出了一系列保护、传承和弘扬黄河文化的举措，推动文化和旅游融合发展，把文化旅游产业打造成为支柱产业。2021 年 12 月，河南省人民政府印发《河南省"十四五"文化旅游融合发展规划》，提出"十四五"时期是河南省文化和旅游发展的重要战略机遇期，文化旅游融合发展已经具备弯道超车的优势和条件。郑州都市圈丰富多彩的旅游资源为旅游事业的发展提供了得天独厚的条件。

5. 国际化消费中心

坚持以人民为中心的发展思想，构建便捷安全的城乡基础设施，推动公共服务均衡化标准化，建设富有文化脉络、地域风貌、中原魅力的宜居都市圈。完善联通国内外消费市场的多层次城市商圈体系，打造一批国际化消费地标，推动本土老字号消费品牌振兴，持续扩大消费规模、优化消费结构，集聚培育优质消费资源，提升消费时尚度、知名度和活跃度，形成极具中原特色、彰显国际风范的消费新高地。

郑州都市圈应发展成为功能高度同城化、宜居包容的优质生活圈。习近平总书记强调，人民城市人民建，人民城市为人民。建设郑州都市圈，应坚持以人民为中心的发展思想，推动公共服务均衡化标准化，推进共同富裕，塑造满足人民群众对美好生活向往需要的高品质空间。

郑州都市圈应依托人口和枢纽优势，打造国际消费中心。国家消费中心能够进一步发挥城市群和都市圈的作用，提高我国城市发展质量，推动国内大循环。近年来，郑州都市圈新型城镇化红利持续释放，人口集聚加速，人力资源和市场优势明显。《中国城市人才吸引力排名 2023》显示，2022 年在全国最具人才吸引力百强城市中，郑州排名第 28 位。《城市商业魅力排行榜 2023》对 337 个地级以上城市排名，郑州总体排名第 10，其中商业资源集聚度排名第 15、城市枢纽性排名第 11、城市人活跃度排名第 16、生活方式多样性排名第 14。郑州作为国家中心城市，都市圈及其辐射范围人口众多，消费潜力巨大，也有潜力成为区域型消费中心城市。

第三节　郑州都市圈的发展成效和经验借鉴

一、强化综合枢纽作用，主动服务融入双循环新发展格局

1. 开放平台持续升级

河南省依托郑州航空港经济综合实验区、河南自贸试验区、河南自创区、各类综

合保税区等国家级开放平台，进一步加快开放资源和要素的整合。

2. 开放通道持续建设

河南省依托空、陆、海、网"四条丝绸之路"大通道主要集中在郑州都市圈范围内，具体见表 8-3。

（1）"空中丝绸之路"方面，覆盖全球主要经济体的国际枢纽航线网络初步形成。郑州机场国际客货运航线达到 68 条（其中客运 27 条，货运 41 条），在全球前 20 位货运枢纽机场中开通 16 个航点。2014 年 1 月河南民航发展投资有限公司成功收购卢森堡货航 35% 的股权，这家全货运航空公司也正式落户郑州航空港经济综合实验区，2017 年 9 月河南省人民政府印发《郑州—卢森堡"空中丝绸之路"建设专项规划（2017—2025 年）》。

（2）"陆上丝绸之路"方面，中欧班列（郑州）以郑州为枢纽中心的"1+3"国际物流大通道（中欧物流通道和东向亚太、西向中亚、南向东盟通道）、"8 个目的站点"和"6 个出入境口岸"的通道格局初步形成。2021 年郑州获批建设中东部唯一的中欧班列集结中心，境内以郑州为集结中心枢纽，辐射半径达 1500 公里，涵盖近四分之三国土面积。境外以德国汉堡为枢纽，国外集装箱还箱场站 40 多个，境外网络遍布欧盟、中亚和东盟等地区和俄罗斯，共 30 多个国家 130 个城市。境内外合作伙伴逾 6000 家，实现"十站点、六口岸"国际物流网络。

（3）"海上丝绸之路"方面，铁海联运城市和班列扩容加密，郑州、洛阳、驻马店、新乡、平顶山等 5 市共开通 8 条直达青岛、宁波、上海杨浦港等港口的铁海联运线路。"海公铁"国际联运大通道初步构建。郑欧班列"一干三支"铁海公多式联运示范工程通过交通运输部和国家发展改革委验收授牌，正式命名为"国家多式联运示范工程"。"郑州港"内陆起运港建设，启用郑州集装箱中心站海运箱堆场，郑州国际陆港获批"郑州港"国际代码，合作港口增加到 5 个。洛阳中欧（中亚）班列列入全国铁路运行图，初步构筑了洛阳"东联西进"国际货运通道。

（4）"网上丝绸之路"方面，跨境电商平台多点布局，郑州获国务院批复成为全国唯一跨境电商零售进口药品试点，都市圈内的郑州、洛阳、开封、焦作、许昌获批跨境电商零售进口试点城市。模式不断创新。中国（郑州）跨境电商综试区首创跨境电商"网购保税 1210 服务模式"，向卢森堡、比利时以及匈牙利等海外地区反向复制，业务覆盖 196 个国家和地区。

表 8-3　河南省"四条丝绸之路"建设情况

名　　称	内　　涵	都市圈内涉及的主要枢纽
空中丝绸之路	依托郑州机场国际客货运航线，构建国际枢纽航线网络；推进郑州—卢森堡"双枢纽"建设	郑州新郑国际机场、洛阳北郊机场
陆上丝绸之路	依托中欧班列（郑州）推进与欧盟、东盟、欧美等地区商贸网络	郑州、新乡、洛阳、漯河的铁路场站
海上丝绸之路	开通青岛、宁波、上海杨浦港等港口的铁海联运线路	郑州国际陆港、洛阳东方红陆港
网上丝绸之路	依托中国（郑州）跨境电商综试区、跨境电商零售进口试点城市以及自贸区等区域，推进跨境电子商务	中国（郑州）跨境电商综试区，郑州、洛阳、开封、焦作、许昌跨境电商零售进口试点城市

二、推进基础设施同城同网，打造一体高效、安全绿色的都市圈基础设施体系

1. 枢纽能级持续增强

郑州国际性综合交通枢纽、洛阳全国性综合交通枢纽、多个区域性综合交通枢纽建设卓有成效。以郑州为中心，实现航空 2 小时内覆盖我国 12.3 亿人口和 90% 的经济总量，铁路 3 小时内覆盖我国 7.6 亿人口和 56% 的经济总量。洛阳成功入选生产服务型、商贸服务型国家物流枢纽。截至 2021 年底，郑州都市圈综合客货运枢纽分别达到 6 个、5 个，实现"市有一级站、县有二级站"。

2. 综合交通体系不断完善

以郑州为中心的"米"字形高铁成型在即，城际铁路、市域铁路、城市轨道加快建设，截至 2021 年底，郑州都市圈已建成高速铁路 1114 公里（含城际铁路 182 公里），运营城市轨道交通线路 250 公里（含城郊铁路 31.7 公里）。高速公路内联外通，初步形成"一环七纵七横四联"高速公路网，郑州、洛阳、开封 3 市形成高速绕城环线。普通干线公路结网成环，二级及以上公路里程占比达 77.3%，实现所有高铁站、机场、港口和省级产业集聚区二级及以上公路连通。跨黄通道不断加密，都市圈内公路黄河桥数量达 15 座。内河水运稳步推进，截至 2021 年底，内河航道总里程达 659 公里，占全省总里程的 38.2%。

3. 运输服务水平显著提升

客运服务方面，城际铁路公交化运营取得进步，郑开、郑新、郑许、郑焦等城际

公交开通运营。同时，郑州成功创建国家"公交都市"，洛阳、新乡、许昌 3 市入选国家"公交都市"创建城市，禹州、兰考、郏县入选全国城乡交通运输一体化示范创建县。货运服务方面，郑州、许昌、济源入选全国绿色货运配送示范工程创建城市；栾川、卫辉入选国家级农村物流服务品牌，邮政实现"县县有分拨、乡乡有网点、村村直通邮"；郑州都市圈网络货运企业数量占全省近 70%。

4. 新型基础设施体系基本形成

5G 网络规模加快提升，基本实现县城及以上城区全覆盖。枢纽地位持续巩固，郑州都市圈的信息基础设施建设国内领先，郑州国家级互联网骨干直联点总带宽达到 1360G，居全国第 3 位，互联网网内、网间平均时延均居全国第 2 位，郑州、开封、洛阳互联网国际专用通道开通带宽 320G，实现河南自贸区全覆盖。数据中心承载能力不断增强，建成中国移动（河南）数据中心、中国联通中原数据基地、中国电信郑州高新数据中心等一批大型数据中心。国家超级计算郑州中心计算能力位居国际前列，传统基础设施"数字+""智能+"升级已在智能交通、智慧能源、智慧健康、智能制造、智慧城管等方面广泛应用。

三、强化生态环境共保共治，打造黄河流域生态保护和高质量发展核心示范

1. 区域生态建设与保护基础较好

落实黄河流域生态保护和高质量发展重大国家战略，规划建设沿黄生态保护示范区，沿黄"四乱"问题得到有效整治，158.5 公里的沿黄生态廊道建设加快推进，"幸福河"风貌初步显现。自然保护区"绿盾"专项行动、黄河流域生态环境问题排查整治行动、"清废"行动等深入开展，解决了一批突出生态环境问题，南太行山区山水林田湖草沙系统保护修复工程、黄河流域生态廊道建设工程、黄河流域矿山生态修复示范工程等一批生态建设工程深入实施，郑汴洛沿黄生态廊道全线贯通，黄河流域内绿色矿山数量全国第一。

2. 有效防控环境风险

以涉镉企业为重点，印发《河南省尾矿库突发环境事件风险评估指南》《河南省尾矿库突发环境事件应急预案编制指南》，指导 221 家尾矿库编制了应急预案。开展"一废一库一品"环境安全隐患排查，发现并整改环境安全隐患 229 个。编制黄河流域突发环境事件应急预案，在郑州举办黄河流域突发水污染事件应急演练。编制"一河一策

一图"应急处置方案，提升环境风险防控能力。

3. 治理能力不断提升

实施排污许可、环境生态补偿、绿色环保调度等制度，制定河南省黄河流域水污染物排放标准，签订《山东省人民政府、河南省人民政府黄河流域（豫鲁段）横向生态保护补偿协议》。

第四节　郑州都市圈协同发展的体制机制创新

一、凝聚发展共识，搭建都市圈协商协作、利益协调共赢的合作机制

（1）**成立省级协调机构和系统化专班，形成多级联动工作协调机制**。在省委、省政府的统一领导下，成立郑州都市圈规划建设领导小组，统筹、部署、推进郑州都市圈规划建设工作。由省委主要领导担任组长、副组长，成员全面覆盖"1+8"主要负责同志和主要省厅机构主要负责同志。领导小组下设办公室，办公室设在省发展改革委，承担领导小组日常工作。同时，设立由省政府分管领导牵头的综合协调、交通、产业、创新、开放、人才引进、要素保障等7个工作专班，建立科学决策、协调推进、督查落实、联络沟通四项多级联动机制。

（2）**开展同城化综合试验**。以发展空间充足、区划相对完整、配套设施完善为导向，探索建设郑开同城化先行示范区，推进统一规划、联合开发和园区共建，规划建设兰考郑开同城化特别合作区，积极承接国内外先进地区产业转移，推动各项改革试点在都市圈先行先试、集中落地。

（3）**推动重点领域改革系统集成**。通过推动要素市场一体化改革、提升营商环境竞争力、建立区域互利共赢的财力分享和争端处理机制、参与跨区域开发合作、深化公共资源交易平台整合共享等措施，破除行政壁垒，健全跨区域利益共享机制。

二、构建全体系全覆盖的规划传导机制，强化规划谋划、编制、实施全过程衔接

联合各省厅局、相关省辖市，协同构建系统完备、统一有序的"1+1+3+N+X"都市圈规划体系。以郑州都市圈发展规划为统领，以郑州都市圈国土空间规划为基础，以纳入国家战略部署的郑州国家中心城市全域一体化发展、新阶段郑州航空港经济综合实验区高质量发展、郑开同城化发展等规划为重点，以都市圈各专项规划和都市圈其他城市市域一体化发展规划为支撑，构建郑州都市圈"1+1+3+N+X"规划体系。

> **郑州都市圈"1+1+3+N+X"规划体系**
>
> 第一个"1"即郑州都市圈发展规划，落实国家和省内对都市圈的发展要求。
>
> 第二个"1"为郑州都市圈国土空间规划，与省级和各市国土空间规划衔接，确保都市圈建设目标愿景、空间格局、发展定位等与发展规划衔接一致。
>
> "3"为三个重点区域发展规划。一是郑州国家中心城市市域一体化发展规划，探索推进将县（市）纳入中心城区管理，统一规划、统一布局、统一设施，全面提升国家中心城市综合承载和辐射带动能力；二是郑州航空港经济综合实验区高质量发展规划，打造都市圈核心增长极；三是郑开同城化发展规划，支持兰考深度融入。
>
> "N"为重点领域专项规划，包括都市圈综合交通体系、产业协同、公共服务、生态保护、能源设施、水利设施等六个领域。
>
> "X"为都市圈城市市域一体化规划，重点突出深度融入郑州都市圈一体化高质量发展。

三、推动河南省全方位构建都市圈协调机制，制定全面深化体制机制改革政策举措建议清单

为摸清推进郑州都市圈建设和区域协同发展中，各城市之间存在的体制机制障碍、政策措施壁垒，省发展改革委会同省有关部门和都市圈 9 市，提出 8 大领域 50 项政策举措，并拟定了责任分工，建议各责任单位结合工作职能，借鉴先进地区经验，进一步细化举措和年度目标任务，为制定出台郑州都市圈一体化发展体制机制若干意见奠定基础。以利益协调机制为例，重点开展电子税务局一体化建设、跨区域利益共享和成本共担机制、跨区域经济指标核算分计、财政专项资金共建等四项政策举措。

图 8-5 所示为郑州都市圈一体化政策举措清单框架。表 8-4 所示为郑州都市圈利益协调机制重点政策举措。

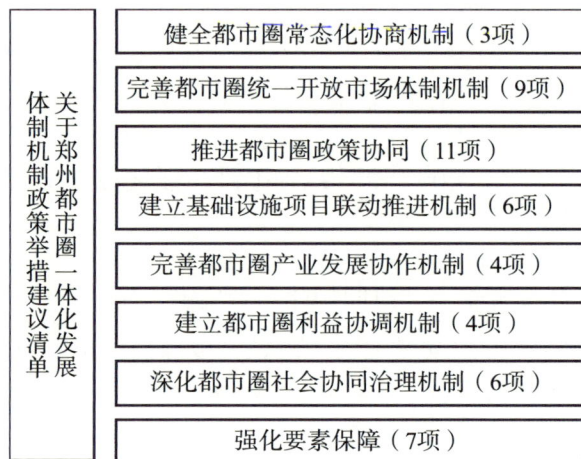

图 8-5　郑州都市圈一体化政策举措清单框架

（资料来源：作者自绘）

表 8-4　郑州都市圈利益协调机制重点政策举措

利益协调机制政策举措	责　任　单　位
支持都市圈城市电子税务局一体化建设，实现办税服务平台数据共享交互，推行异地办税、区域通办	省税务局
完善税收分成机制，探索跨区域财政转移支付制度，对新设企业形成的税收增量实行跨地区分享，促进都市圈城市投入共担、利益共享	省财政厅、省税务局
支持 GDP 跨区域分计，完善跨区域项目和共建园区经济指标核算政策	省统计局
都市圈城市按比例共同出资设立财政专项资金（具体金额由都市圈城市研究确定），用于都市圈拟设立的示范区或特别合作区的建设发展及相关运行保障	郑州、开封、洛阳、平顶山、新乡、焦作、许昌、漯河市政府和济源示范区管委会

第五节　郑州都市圈面临的问题与挑战及未来重点建设方向

一、问题与挑战

1. 都市圈尚处于发展阶段，中心城市功能集聚过度、扩散不足

郑州都市圈具有发展型都市圈的典型问题，中心城市核心竞争力和辐射带动力偏弱，中心与外围之间结构性矛盾突出，这也是进行政策干预的最佳阶段。

（1）郑州市要素截留能力强。 郑州七普比六普人口增长 397.4 万人，与位列全省第二的新乡（增长 54.4 万人）差距显著。2022 年郑州市 GDP 为 1.29 万亿元，与位列全省第二的洛阳市（0.57 万亿元）差距显著。郑州市城区人口资源过于集聚，引发交通拥挤、住房困难、环境恶化、资源紧张等大城市病。

（2）次级中心城市支撑能力不足。 都市外围二级城市发育不成熟，现状仅有一个Ⅰ型大城市（洛阳市，城区人口 241 万人）、一个Ⅱ型大城市（开封市，城区人口 103 万人），其余均为 100 万人口以下的中小城市。

2. 创新短板亟待补齐，都市圈创新协同能力有待提升

（1）郑州作为中心城市的自主创新能力有待提升。 一是科技创新水平与其他国家中心城市还存在较大差距。2022 年 R&D 投入强度为 2.32%，远低于同期北京和上海的6.83% 和 4.44%。同时，郑州市仅拥有"双一流"高校 2 所。二是郑州在全国城际创新合作网络中不够突出，创新联系能力落后于其他国家中心城市。从近五年科创企业城际投资联系看，郑州市输入、输出投资额排名均为全国第 26，与天津、成都、重庆、

武汉、西安等国家中心城市差距较大，也落后于南京、苏州、无锡、厦门、济南等东部发达城市。

（2）都市圈创新链产业链融合有待提升。优势产业领域的创新能力不强，产业需求对科技创新的牵引优势尚未形成，创新主体在创新实力、资源配置、提出创新需求等方面能力和动力不足。例如，郑州都市圈范围内的企业工程研究中心主要集中于汽车制造和智能硬件产业链，分别占比 18.7% 和 16.9%。在高端装备制造、电子信息、新材料、生物医药等重点产业领域，工程研究中心的数量与企业数量不成比例，科技创新平台建设与能力水平均有待提升。

（3）都市圈协同创新能力有待提升。一是都市圈创新要素支撑能力普遍不强，创新产出水平不高。2022 年都市圈 9 市 R&D 投入强度为 2.32%，低于全国 2.57% 的平均水平；每万人口专利拥有量为 8.47 件，也低于全国 11.8 件的平均水平。二是都市圈层面目前在创新合作机制方面不完善，相关协同制度有待建立。同时都市圈链接全国全球开放创新资源的相关机制尚不完善。

3. 交通、产业、生态领域缺乏统筹，尚未形成综合协同效应

（1）交通互联互通仍不顺畅。多层级的综合交通枢纽体系尚不完善。郑州作为龙头枢纽，国际航空货运（综合）枢纽能级有待提升、国际铁路枢纽地位仍需巩固，洛阳及其他城市枢纽功能不强，综合交通枢纽之间联动发展不足。对外运输通道仍需扩容提质，综合运输通道运输能力和直通不足制约重大战略区域联动，海上运输体量不足、路径单一制约明显。城际、市域铁路发展处于起步阶段，都市圈次级城市间连通性较弱，除郑州外其余 8 个城市间轨道互联程度较低，郑新、郑焦、郑平之间通道相对较少，沿黄公路运输通道不畅，跨河通道数量少、分布不均。

（2）区域产业发展仍不协同。产业链建设不完善，有待延链补链。作为引领城市的郑州自身实力有限，对开封、新乡、焦作等周边地区产业辐射带动作用有限，"郑州研发设计 + 周边地市制造"的发展格局尚未形成。部分地市产业发展同质化严重，缺乏省级层面的统一规划和协同谋划。以战略性新兴产业培育为例，基本所有地市都规划发展新一代信息技术、生物技术、高端装备、新能源及智能网联汽车产业。产业发展过于同质化，引发内部恶性竞争。在产业规划方面，各地呈现各自为战的态势，对如何做好与周边地市的产业协同谋划不够，同时目前省级层面协调指导仍不到位，影响集群效应的进一步发挥。

（3）生态保护修复治理缺乏统筹。区域内土地开发利用强度相对较高，城镇建设

与生态空间矛盾加剧。森林面积总量仍然偏小，林种、树种结构不尽合理。黄河沿线地区生态功能有待提升。环境污染风险仍较大，化工原料及化学制品制造业、有色金属冶炼和压延加工业、医药制造业、纺织业、石油加工业、炼焦业及核燃料加工业等各类风险源企业数量大，各市生态环境治理仍处于条块分割状态。区域生态环境法规和标准体系仍需完善，跨行政区的环境监控和环境质量预警网络建设仍需加强，突发环境事件应急响应和环境联合执法等协同治理机制有待健全。

二、未来建设重点

1. 有序推进郑州都市圈"提核、强圈、领群"发展

（1）继续提升郑州国家中心城市发展能级。 加快提高郑州市城市首位度，强化城市创新、产业支撑、资源组织、融通辐射和服务保障能力，打造创新、先进制造业、开放和人才"四个高地"，全面增强服务国家战略、引领区域发展的能力。强化枢纽开放、科技创新、教育文化、金融服务等功能，积极承接国家重大生产力和创新体系布局。

（2）聚力打造郑（港）汴许主引擎。 加快推进郑开同城化发展，加快兰考融入郑开同城化进程，打造郑州都市圈高质量发展引领区。推进郑州航空港经济综合实验区扩容提质，建设引领郑州都市圈高质量发展的产业创新引擎，打造中原城市群和郑州都市圈核心增长极。推进郑许一体化发展，发挥空港枢纽连接作用，推动郑州主城区、郑州航空港经济综合实验区、许昌中心城区和沿线城镇交通、产业、生态、文化等多方面深度融合。

（3）培育壮大副中心和新兴增长中心。 建强洛阳中原城市群副中心城市，建设Ⅰ型大城市，发挥比较优势，建设文化中心、创意消费中心、制造中心、工业研发中心，形成郑州都市圈的强力支撑。推动开封、新乡、焦作、许昌立足自身发展基础，加强与郑州功能对接和产业配套，提升综合服务能力和产业特色化发展水平，打造郑州都市圈新兴增长中心。

（4）引导县城和小城镇高质量发展。 重点推动都市圈核心区内的县城融入邻近大城市建设发展，承担中心城区部分非核心功能疏解任务，发展成为邻近大城市通勤便捷、功能互补、产业配套的卫星县城。完善重要节点县市专业化服务功能，结合资源、交通等优势发展成为先进制造、商贸流通、文化旅游等专业功能县城，形成与中心城区功能互补、错位发展、共建共享的有机链接。创建一批省级城乡融合发展试验区、县城城镇化示范县，促进城乡空间融合、要素融合、产业融合。因地制宜推进小城镇

发展，立足小城镇交通区位、资源禀赋和产业基础，分类施策打造一批中心城区卫星镇、专业功能镇和联动城乡综合功能镇。

（5）强化都市圈圈层协同发展。强化核心区轨道交通四网融合，统筹布局战略科技、产业创新、高端服务等功能平台，推动产业链向高附加值核心环节延伸。推动都市圈核心区与协同区联动发展，加大资源要素统筹配置力度，推进产业链式配套、深度融合，形成核心区带动毗邻板块、毗邻板块辐射周边的裂变传导式空间发展动力机制。强化交界地区融合发展，加快推动郑州都市圈城市交界地区在规划布局、交通连接、产业协作、生态共保、文化共荣、政务服务等方面探索创新合作模式，示范带动都市圈和中原城市群一体化高质量发展。

2. 进一步增强都市圈创新、开放、文化、消费等核心竞争力

（1）进一步增强都市圈创新竞争力。积极引进培育重大科技创新平台，提升高等院校和科研院所创新能力，高标准建设中原科技城，增强科技创新策源能力。突出企业创新主体地位，打造雁阵型创新企业集群。推动产业链创新链深度融合，围绕装备制造、新材料、电子信息、汽车制造、现代医药、绿色食品等都市圈内主导产业，编制卡脖子关键核心技术清单。聚焦超硬材料、地下工程装备、新能源客车、网络安全等先进技术领域，实施重大科技成果转化工程，加快布局新兴产业和未来产业。发挥郑洛新国家自主创新示范区"试验田"和"先行区"作用，持续开展改革创新和政策先行先试探索，建设沿 G30 战略新兴和未来产业创新带，提升高新区作为产业创新核心载体的发展水平。

（2）进一步增强都市圈开放水平。构建多层次国际化综合交通枢纽，完善现代国际商贸流通体系，提升国际门户枢纽能级。全面提升郑州航空港经济综合实验区开放水平，充分发挥"空港＋陆港"双枢纽优势，打造连接全球的综合枢纽。以中国（河南）自由贸易试验区和郑洛新国家自主创新示范区为引领、以航空港实验区为载体，集聚高能级贸易主体和功能型平台，全面深度参与国际分工合作，迈向全球价值链高端环节。畅通"空、陆、海、网"四条"丝绸之路"，优化国际开放通道。强化制度创新和政策集成，协同发展各级各类开放合作平台，高标准建设国际贸易投资平台。

（3）进一步增长都市圈文化影响力。深入实施中华文明探源、考古中国、中原地区文明化进程研究等重大工程，加强对中华文化、中原文化、黄河文化的研究阐释，增强在国际国内文化旅游领域的话语权和影响力。发挥郑州、洛阳、开封三大古都集聚优势，打造黄河历史文化主地标城市。系统保护黄河文化遗产，打造黄河国家文化公园重点建设区，协同推进长城、大运河国家文化公园建设，打造中华文化重要空间载体标志。整合都市圈文旅资源，建设国际知名文化旅游目的地，提升文旅设施服务功能。

（4）打造国际消费中心。发挥郑州航空港经济综合实验区口岸、郑州东站铁路货运口岸优势，培育建设"买全球、卖全球"高地，建设全球消费品集散中心，引进国际贸易品牌企业、中高端消费品牌企业、大型商贸企业、优质服务企业设立全球总部、区域总部或成立研发中心、采购中心、结算中心和运营中心，培育消费产业集群，提升本土消费品牌国际影响力，塑造国际消费资源集聚地。促进商业、文化、旅游、体育、健康、交通等消费跨界融合，发展消费新业态新模式，提升生活性服务业供给水平，大力推动消费升级，强化消费供给能力。打造国际知名消费地标，构建多层级特色商圈体系，营造一流消费政策环境。

3. 全面提升都市圈各要素协作发展水平

（1）**健全产业分工合作机制**。制定制造业协同发展引导目录，设立重点产业发展引导基金，推动形成"总部＋基地""总装＋配套""研发＋产业化""技术研发＋中试转化＋生产制造"等产业协作模式。充分发挥开发区在产业合作上的载体作用，创新合作模式，通过委托管理、投资合作等多种形式，进行毗邻地区合作产业园建设，规划建设兰考、临颍、平原示范区，武陟、长葛等特别合作区。建立完善联合招商、共同开发、利税共享的合作发展机制，支持毗邻城市成立园区合作联盟，联合实施产业集群配套型和关联企业集聚型招引，共享项目信息，共同举办招商推介活动。

（2）**加强创新策源协同**。探索实施省、市"协同创新券"通存通兑改革，扩大适用范围，创新支付手段，在大型仪器设备共享的基础上增加横向科研开发、技术成果转移转化，以及涉及创新的金融、法律服务等内容。引导高校与地方政府、企业及科研院所深化合作，推进大学科技园建设，加快构建以地方政府为主导的环高校创新经济圈。加快构建龙头企业牵头、高校院所支撑、各创新主体相互协同的创新联合体，以解决制约产业发展的关键核心技术问题为目标，发展高效强大的共性技术供给体系，提高科技成果转移转化成效。探索"反向飞地型"创新联合机制。依托郑州作为都市圈科技创新主核心的资源、环境与人才优势，探索由都市圈其他市（区）在郑州设立"创新飞地""人才飞地""离岸孵化""研发总部"等，建立跨区域、多模式产业技术创新联合机制。

（3）**加强文化旅游协同**。积极培育红色传承、文明溯源、生态休闲等都市圈文化旅游体验精品线路。推动建设都市圈旅游协同发展联盟，推进都市圈各市毗邻地区和零散点状分布文旅资源整体性开发，建立文旅供应链整合平台，联合开展线上线下品牌推介推广，推动客源市场共拓共享，发行都市圈旅游年卡。建设统一的线上旅游服务平台，统一都市圈内旅游景区购票退票、流量监控、智能导游等一系列服务的线上规范，升级完善旅游信息基础设施和旅游指引系统，全面提升旅游服务便捷化水平。深化"互联网＋旅游"和文化产业数字化融合创新，打造线上畅游都市圈数字平台。

4. 完善都市圈一体化发展体制机制

（1）**深入开展同城化综合试验**。依托郑开同城化综合试验区、洛济深度融合发展先行示范区等同城化平台，探索同城化有效路径。创新管理服务机制，试行统一规划、统一政策、统一管控、统一标准、统一收储、统一供应的管理机制，探索招商引资、项目审批、市场监管等经济管理权限与行政区范围适度分离。探索项目协同管理机制，统一项目准入标准，制定统一的企业投资项目核准目录。围绕跨区域企业总部经济、企业迁移、飞地经济、企业重组、园区共建等合作模式，制定跨区域项目和共建园区的产值统计政策，建立互利共赢的地方留存部分税收分享机制。探索经济区与行政区适度分离有效路径。建立跨行政区一体运营的组织管理机制，统一项目准入标准。

（2）**推动区域土地、金融、人力等要素市场一体化**。依法推进农村集体经营性建设用地使用权出让、租赁、入股，实行与国有土地同等入市、同权同价，搭建统一的城乡建设用地交易服务平台，联动推进农村经营性集体建设用地跨行政区配置改革。多渠道筹措同城化发展资金，采取规范运用政府和社会资本合作等方式，鼓励省市国有企业合资组建平台公司，引导各类社会资本参与同城化项目建设。鼓励金融机构跨区域营业服务，推动建立统一的抵押质押制度，支持符合条件的金融机构跨区域设立分支机构，提升分支机构层级，推进融资担保、小额贷款等业务同城化。打造人力资源协同发展示范区，联通人力资源服务平台，推行人才资质互认共享，促进劳动力和人才跨区域合理流动。深化科技成果使用权、处置权和收益权改革，开展赋予科研人员职务科技成果所有权或长期使用权试点，协同培育发展技术转移机构和技术经理人，促进技术要素与资本要素融合发展，积极探索通过天使投资、创业投资、知识产权证券化、科技保险等方式推动科技成果资本化。建立科技资源共享服务平台和技术交易市场联盟，加快技术市场一体化建设。

参 考 文 献

[1]　吴文汐. 郑州都市圈获批第十个国家级都市圈 "具有国际影响力" 目标定位较高 [N]. 21 世纪经济报道，2023-11-01(6).

第九章 全方位振兴引领的沈阳都市圈

第一节 沈阳都市圈发展历程回顾

沈阳都市圈的发展大致经历了辽宁中部城市群、沈阳经济区、沈阳都市圈三个阶段。辽宁中部城市群是我国城镇化、工业化起步较早的区域，以沈阳为中心，与周边7个城市形成了区域经济共同体。进入21世纪后，辽宁省进行区域战略调整，将"辽宁中部城市群"更名为"沈阳经济区"，以沈阳、抚顺区域一体化为抓手，推进国家新型工业化综合配套改革试验区建设。到了"十四五"时期，随着国家区域发展特征和趋势的变化，辽宁省政府提出在"沈阳经济区"基础上培育建设沈阳现代化都市圈，打造辽宁区域发展的核心引擎。

一、辽宁中部城市群培育发展阶段

新中国成立后，我国逐步进入由农业为主向工业为主的经济结构转型阶段。国家"一五"计划提出："拟扩（改）建与新建若干个重工业区……包括以建设动力设备、重型机械制造工业为主的沈阳区域。"计划经济背景下，辽宁中部城市群凭借工矿城市群雏形基础（尹鹏等，2014）[1]、"三线"建设对钢铁需求的持续增长、成套大型石油化工设备的密集布点等条件，获得了大体量工业投资，实现快速发展，成为国内最密集的城市区域之一（樊杰等，2004）[2]。此时的辽宁中部城市群由沈阳、鞍山、抚顺、本溪、辽阳、铁岭等六个自发形成区域经济合作关系的城市组成，与京津唐、沪宁杭并列为我国三大城市群，引领了全国经济的发展。

20世纪90年代后，我国市场经济进入快速发展阶段，对计划经济的过度依赖和陈旧的产业结构使得辽宁中部地区经济发展进入被喻为"东北现象"的转型阵痛期。

2003 年 10 月，中共中央、国务院正式印发《关于实施东北地区等老工业基地振兴战略的若干意见》，辽宁作为东北地区对外开放门户，亟须打造区域增长极引领东北地区振兴发展。为响应国家振兴东北老工业基地的决策号召，2005 年 4 月 7 日，辽宁中部城市群六大城市加上港口集装箱吞吐量跻身我国前十的营口，共同签署了《辽宁中部城市群（沈阳经济区）合作协议》。随后，辽宁中部城市群（沈阳经济区）市委书记、市长联席会议制度建立，成立工作领导小组及办公室等协调机构，区域协同发展机制形成初步框架。

二、沈阳经济区实质性建设阶段

2008 年 6 月，辽宁省政府将辽宁中部城市群更名为沈阳经济区，并将阜新市正式纳入沈阳经济区。2010 年 4 月，国务院批复《沈阳经济区新型工业化综合配套改革总体方案》，规划范围涵盖沈阳、鞍山、抚顺、本溪、营口、阜新、辽阳、铁岭 8 个城市，沈阳经济区成为全国第 8 个综合配套改革试验区，并作为一个整体板块纳入国家总体战略布局。此后，辽宁省政府组织编制了一系列规划和实施方案，省直部门在交通、通信、旅游、公共服务等方面开展了诸多区域一体化探索实践，沈阳与周边城市联合建设了沈抚新城、沈本新城、沈铁新城（凡河新城）、沈辽新城（河东新城）等一批新城新市镇，沈阳经济区进入实质性建设阶段。

2013 年，习近平总书记在辽宁考察时提出指示要求，"沈阳经济区要着力培育连接、聚合、扩散能力，加快推进同周边城镇及产业园区的同城化、一体化发展，打造新型工业化示范区和具有较强竞争力、影响力的城市群"，体现了国家层面对于沈阳经济区建设的高度重视。2017 年 9 月，辽宁省委、省政府从统筹全省区域布局出发，将沈阳经济区范围由 8 城市调整为 5 城市（沈阳、鞍山、抚顺、本溪、辽阳），次年 1 月，五市政府共同签署了《沈阳经济区一体化发展共同行动计划（2018—2020 年）》，围绕 11 个方面项目化地提出一体化发展任务，同时建立市级分管领导议事协调机制，组建沈阳经济区一体化推进小组，区域联动机制进一步完善。

三、沈抚改革创新示范区建设阶段

在沈阳经济区建设初期，辽宁省委、省政府将距离最近、综合条件最优越的沈阳、抚顺作为区域一体化的突破口，提出沈抚同城化构想。2008 年，辽宁省政府正式发布《沈抚连接带总体发展概念规划》，提出建设"沈抚新城"，是全国第一个同城化总体发展概念规划。沈抚新城在不改变原有行政管理体制前提下，通过制度创新打破城市间行政壁垒，并在交通、市政、产业、公共服务、生态环保等方面取得了较为显著的成效，成为全国同城化的先行示范。2016 年，辽宁省委、省政府根据实际发展需求，在"沈抚新城"核心发展区内划定"沈抚新区"，从两市共管改为省直管，赋予新区省级经济管理权限、市级干部管理权限，举全省之力支持沈抚新区发展建设。

2018 年 9 月，沈抚新区被国务院批复为国家级改革创新示范区，沈抚新区更名为沈抚改革创新示范区（后简称"沈抚示范区"）。2020 年 4 月，中央编办批复设立中共辽宁省沈抚示范区工作委员会、辽宁省沈抚示范区管理委员会，为省委、省政府派出机构，正厅级建制，沈抚示范区地位得到较大提升。与此同时，新区发展从同城化改革示范转向体制机制改革、科技创新、开放创新、新兴产业、绿色发展"五大任务"，大力建设全省改革创新、高质量发展"试验田"。

四、沈阳都市圈全面建设阶段

2021 年 3 月，《辽宁省国民经济和社会发展第十四个五年规划和二〇三五年远景目标纲要》中提出"加快建设沈阳现代化都市圈"，明确以沈阳为中心，以鞍山、抚顺、本溪、阜新、辽阳、铁岭、沈抚改革创新示范区等为支撑，形成先进完善的轨道交通圈、产业协作圈、就业通勤圈、统一市场圈和品质生活圈，建设新型工业化示范区、东北振兴增长极。

2021 年以来，沈阳都市圈逐步建立健全体制机制，成立了由省领导牵头的省级专项推进组，建立了沈阳现代化都市圈书记市长联席会议制度，组建沈阳现代化都市圈工作专班，各市派专人在沈阳集中办公。加强都市圈顶层设计，不断完善规划和政策体系，省政府先后印发了《沈阳都市圈发展规划》《沈阳现代化都市圈三年行动计划》，各市（区）围绕规划共绘、交通共联、产业共链、平台共享、生态共治、文旅共建等领域，推进实施一批重大项目，联合签署了一系列都市圈合作框架协议；搭建了 5 大产业生态圈和汽车、航空制造、机器人等 12 条产业链，共建共享头部企业配套和特色产业园区103 个，开展跨域通办事项 102 项，策划都市圈旅游精品线路 108 条，实现 54 对都市圈学校结对，加速推进沈白高铁、沈丹铁路外迁等 4 个轨道交通项目，实现东部旅游大通道建设工程竣工通车，区域大气污染联防联控机制不断建立健全。

表 9-1 所示为沈阳都市圈发展历程。

表 9-1　沈阳都市圈发展历程

时　间	主体 / 会议	主要事件
2005 年 4 月	沈阳经济区七城市联席会议预备会	沈阳联合鞍山、抚顺、本溪、营口、辽阳、铁岭等 6 城市签署《辽宁中部城市群（沈阳经济区）合作协议》，共同启动辽宁中部城市群建设
2008 年 4 月	辽宁省发展和改革委员会	印发《辽宁中部城市群经济区发展总体规划纲要》。提出城市群发展定位：世界级先进装备制造业基地，全国重要精品钢材基地、石油化工基地、农副产品生产加工基地和高新技术产业化示范区，东北亚商贸物流金融服务中心
2008 年 4 月	辽宁省建设厅	印发《辽宁中部城市群发展规划》。提出"以沈阳巨型城市区为核心，按沈抚本铁大都市区、鞍辽都市区、营口都市区组织空间结构体系，推动沈抚同城化、沈本一体化、沈铁一体化进程，形成辽中城市群的巨型城市核"
2008 年 6 月	沈阳经济区工作会议	辽宁中部城市群更名为"沈阳经济区"，并将阜新市纳入其中
2008 年 8 月	辽宁省人民政府	印发《沈抚连接带总体发展概念规划》
2010 年 4 月	中共中央、国务院	正式批复《沈阳经济区新型工业化综合配套改革总体方案》
2010 年 5 月	辽宁省委、省政府	印发《关于进一步完善沈阳经济区管理体制若干问题的意见》，将辽宁中部城市群工作领导小组正式更名为辽宁省沈阳经济区工作领导小组
2017 年 9 月	辽宁省人民政府	召开加快推进沈阳经济区发展工作座谈会，对沈阳经济区范围进行了调整。调整后的范围由沈阳、鞍山、抚顺、本溪、辽阳 5 个城市组成
2017 年 11 月	辽宁省发展和改革委员会	出台《沈阳经济区建设发展三年攻坚计划（2018—2020 年）》
2018 年 1 月	沈阳经济区书记市长联席会议	沈阳市政府与鞍山市政府、抚顺市政府、本溪市政府、辽阳市政府共同签署《沈阳经济区一体化发展共同行动计划（2018 — 2020 年）》及框架协议
2018 年 9 月	中共中央、国务院	国务院批复同意《沈抚改革创新示范区建设方案》
2021 年 3 月	辽宁省人民政府	发布《辽宁省国民经济和社会发展第十四个五年规划和二〇三五年远景目标纲要》，提出沈阳现代化都市圈建设战略，将阜新和铁岭重新纳入都市圈范围
2022 年 2 月	沈阳现代化都市圈第一次书记市长联席会议暨专项推进组会议	通过《沈阳现代化都市圈合作发展联席会议章程》，签署《沈阳现代化都市圈共建共享沈阳中欧班列框架协议》等 5 个合作框架协议
2023 年 2 月	国家发展改革委	函复同意《沈阳都市圈发展规划》
2023 年 4 月	沈阳现代化都市圈第二次书记市长联席会议暨专项推进组会议	明确 2023 年沈阳现代化都市圈重点工作安排，签署《沈阳现代化都市圈开展协同立法的协议》等 10 个合作框架协议

第二节 沈阳都市圈基本情况、地区特色和战略定位

一、基本情况

沈阳都市圈规划范围包括沈阳、鞍山、抚顺、本溪、辽阳、铁岭六市的部分区县以及沈抚改革创新示范区，总面积2.3万平方公里。2021年，沈阳都市圈经济总量约1.04万亿元，常住人口约1516万，以辽宁省6.8%的幅员面积承载了全省36.51%的人口，贡献了全省37.68%的经济总量。

1. 人口分布及流动情况

中心城市沈阳人口集聚特征突出。 从六普、七普常住人口及十年间户籍人口变化情况来看，沈阳都市圈呈现较为明显的单核集聚特征（见图9-1、图9-2）。都市圈六市一区中仅沈阳户籍人口、常住人口处于"双增"状态，且常住人口高于户籍人口（见表9-2）。十年间沈阳常住人口净流入超过100万，沈阳常住人口占都市圈人口比重从2010年的40.18%提升至2020年的46.94%。从都市圈内部人口流动情况来看，基本形成以沈阳为主要核心的人口联系网络（见图9-3）。都市圈内各城市间日均人流量25.16万人次，沈阳市流出9.49万人次、流入9.63万人次，往来人次占都市圈总量近四成。其中，沈阳与抚顺、辽阳人口往来尤为紧密，两市日均流量分别占沈阳市往来人流的39%、23%；辽阳与鞍山由于地域空间近邻、产业关联度高，人口联系也较为紧密，但都市圈其他城市间人口联系程度普遍有待提升。

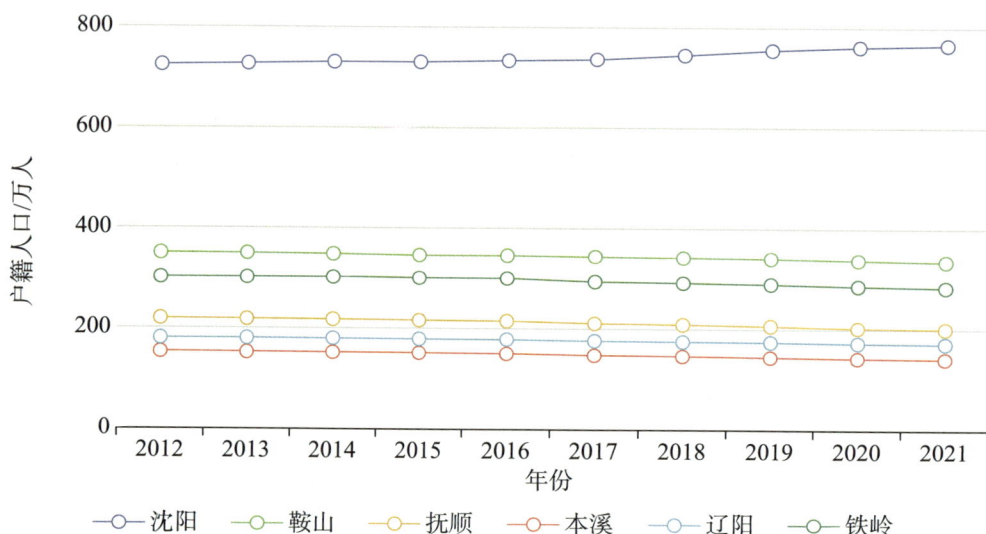

图 9-1 2012—2021 年沈阳都市圈各市户籍人口变化情况

（数据来源：《辽宁统计年鉴 2022》）

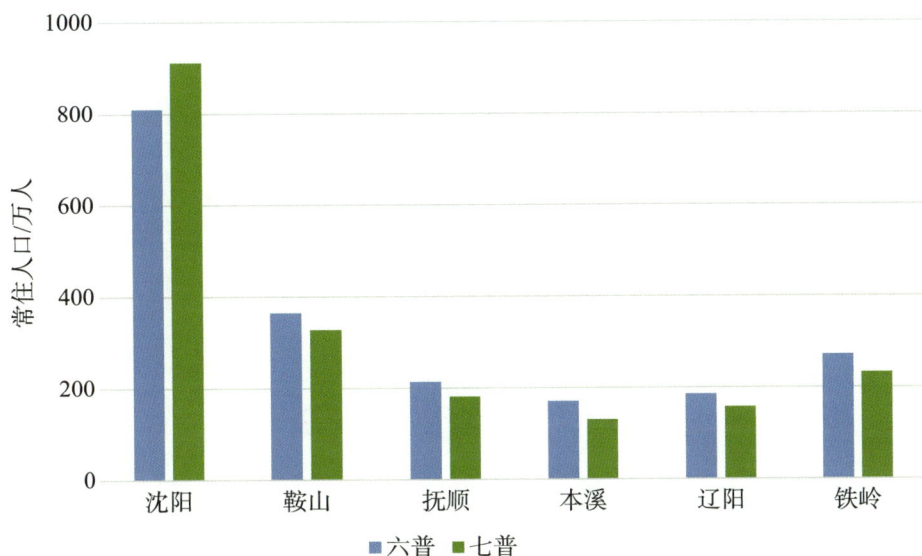

图 9-2　沈阳都市圈各市六普、七普常住人口变化情况

（数据来源：辽宁省第六、七次人口普查数据）

表 9-2　2021 年沈阳都市圈常住人口与户籍人口

单位：万人

城市	常住人口	户籍人口	差值
沈阳	912	764	148
鞍山	328	335	-7
抚顺	182	202	-20
本溪	130	142	-12
辽阳	158	172	-14
铁岭	233	284	-51

（数据来源：《辽宁统计年鉴 2022》）

2. 经济产业发展及联系情况

（1）经济发展不均衡，沈阳强核心特征突出。从近年各市经济总量来看，沈阳是都市圈内唯一保持经济稳定增长的城市，且与各市 GDP 总量差距逐渐拉大。2017—2021年，沈阳 GDP 占都市圈 GDP 的比重从 55.19% 逐年上升至 58.10%，2021 年沈阳 GDP约为 7249 亿元，高于非中心城市经济总量之和（5228 亿元），核心作用愈发明显；从增长速率来看，各市经济增长态势不均衡，沈阳 GDP 增速最高，达到 7%，铁岭、本溪次之（见图 9-4）。

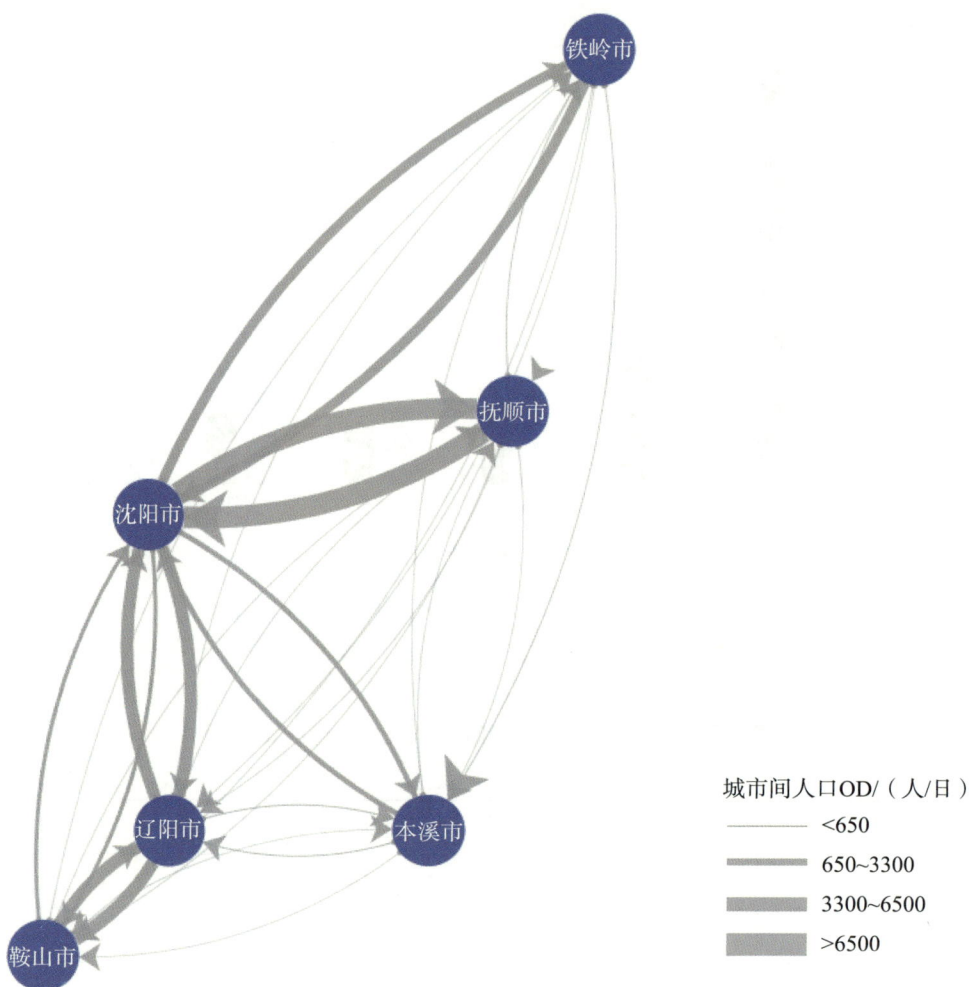

图 9-3　2021 年沈阳都市圈人口往来联系程度示意图

（数据来源：联通手机信令数据）

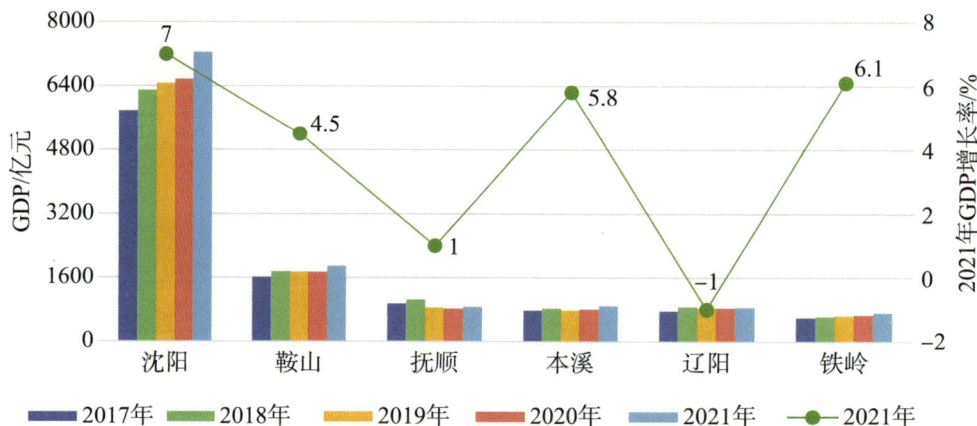

图 9-4　沈阳都市圈各市经济总量变化及 GDP 增长率情况

（2）**制造业形成集群优势，沈阳服务职能贡献突出**。从产业结构特征来看，沈阳都市圈整体呈现"三二一"的产业结构特征，沈阳作为中心城市承担较多服务职能，三产产业增加值占比超过 60%；鞍山、铁岭的三产产业增加值高于二产，一定程度上反映出工业发展效益有待提升；都市圈其余城市均呈现二、三产业并重态势（见图 9-5）。从分行业企业布局情况来看，沈阳各行各类大型企业数量占优，中心优势地位突出（见图 9-6）；制造业为都市圈核心产业，各市制造业大型企业集聚，形成集群效应，发展方式正从规模速度型向质量效率型、从要素驱动型向创新驱动型转变，都市圈内沈阳东软、沈阳机床、鞍钢集团等 26 家企业进入各类国家级工业互联网试点示范项目。此外，沈阳作为中心城市，集聚较多服务业大型企业，尤其是科学与技术服务业，占都市圈同行业大型企业数量的 85%，同时在信息传输、软件和信息技术服务业，租赁和商务服务业等服务业领域也占据突出地位。

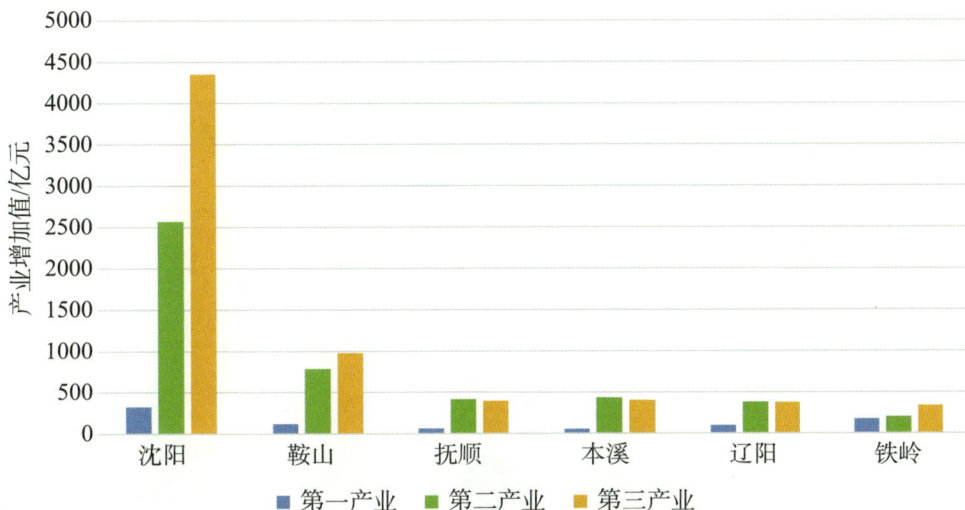

图 9-5　2021 年沈阳都市圈各城市一、二、三产产业增加值情况

（数据来源：《辽宁统计年鉴 2022》）

（3）**投资关系呈现沈抚本联动的强核心特征，都市圈其他城市互投水平有待提升**。2021 年，沈阳都市圈内各城市间总投资共计 748.06 亿元。从投资流向看，各市本地投资均超过城市投资总额的 75%，沈阳、抚顺、本溪三市间资金互投总量占都市圈总量比重较高，本溪已成为都市圈内部最大的外市资金流入地，接收投资额达 20.97 亿元。从中心城市看，2021 年沈阳在都市圈内投资达 472.28 亿元，占都市圈投资总额的 63.13%，除本市投资外，沈阳近八成的都市圈内资金投向了本溪，而超过八成的被投资金来自鞍山。非中心城市中，本溪、辽阳以吸收投资流入为主，鞍山、抚顺、铁岭主要以投资流出为主（见图 9-7、图 9-8）。

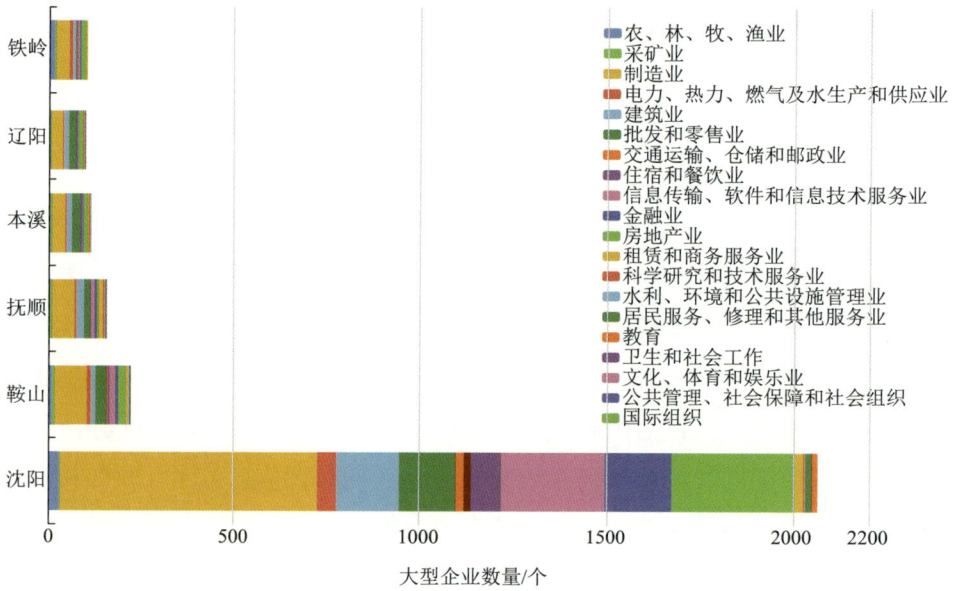

图 9-6 沈阳都市圈各市分行业大型企业数量

（数据来源：企查查数据库）

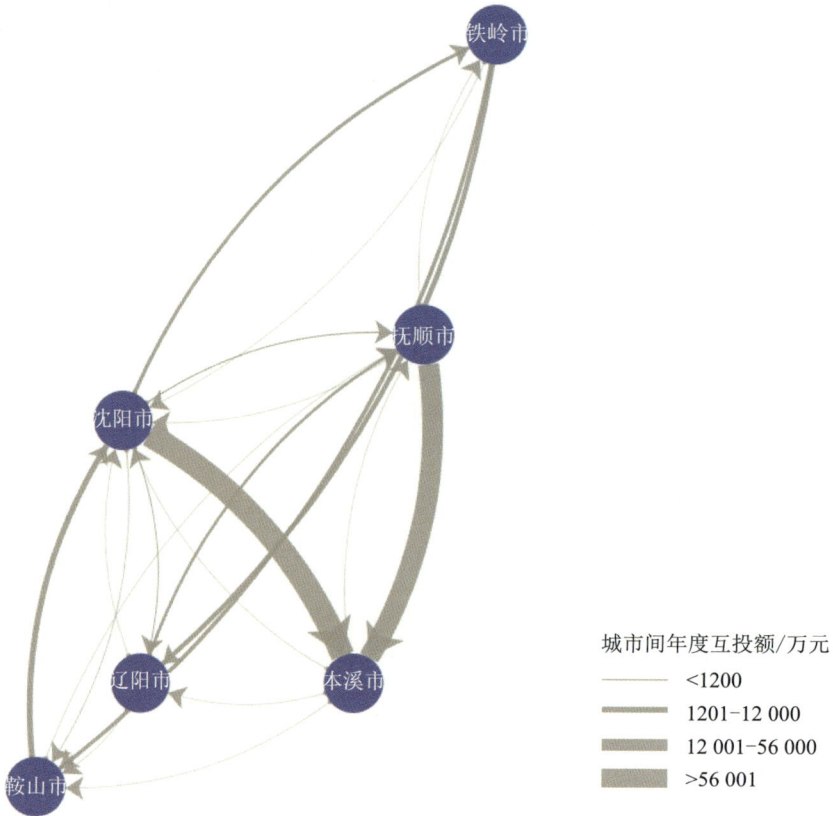

图 9-7 2021 年都市圈内各城市间资金流动情况

（数据来源：龙盾企业大数据）

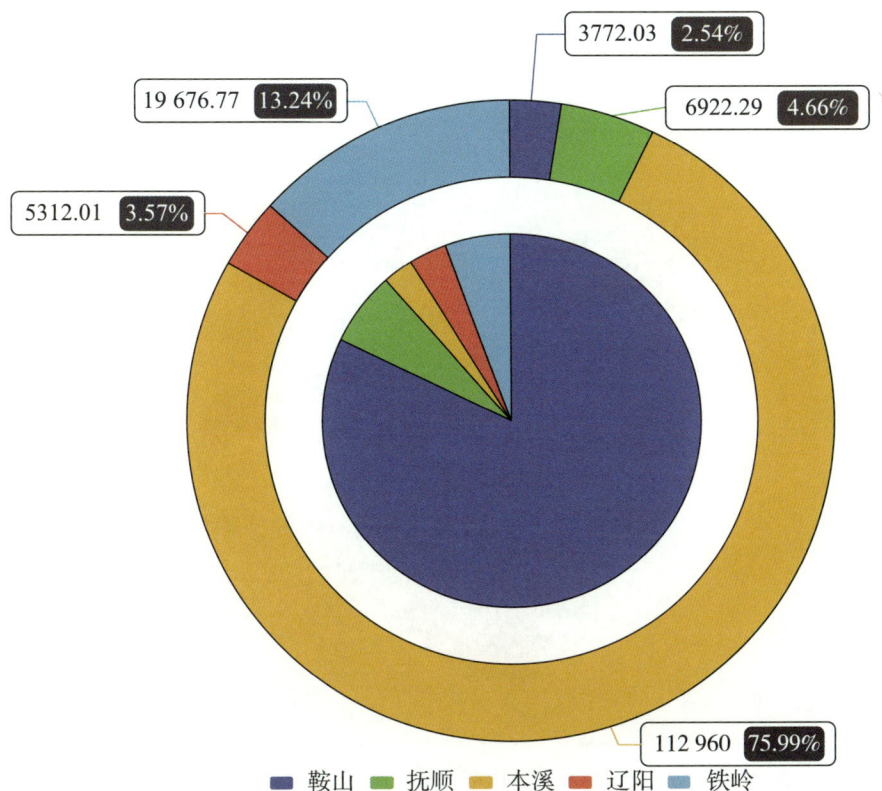

图 9-8 2021 年沈阳市资金投入投出（内圈为投入、外圈为投出，单位：万元。百分数为投资占比）

（数据来源：启信宝投资数据）

3.都市圈交通可达性情况

沈阳都市圈实现高铁半小时通达，公路一小时通达。公路和铁路交通是沈阳都市圈内跨市联系最主要的通勤方式，通过百度 API 的行程时间测算沈阳都市圈通勤交通可达性，以沈阳为中心 50~70km 半径范围内可实现公路 1 小时到达，覆盖都市圈范围约 50% 的区域，包括沈阳、抚顺、本溪、辽阳、鞍山、铁岭 6 个地级市的大部分市辖区。随着高速铁路网的完善，都市圈交通出行效率进一步提升，沈阳至本溪、辽阳、鞍山、铁岭的高铁运行时间缩短至半小时内，都市圈外的阜新、盘锦、营口等市也在高铁 1 小时范围内；沈阳至抚顺虽暂未开行高铁，但通过普速列车、客车方式也能实现交通 1 小时可达（见图 9-9、图 9-10）。

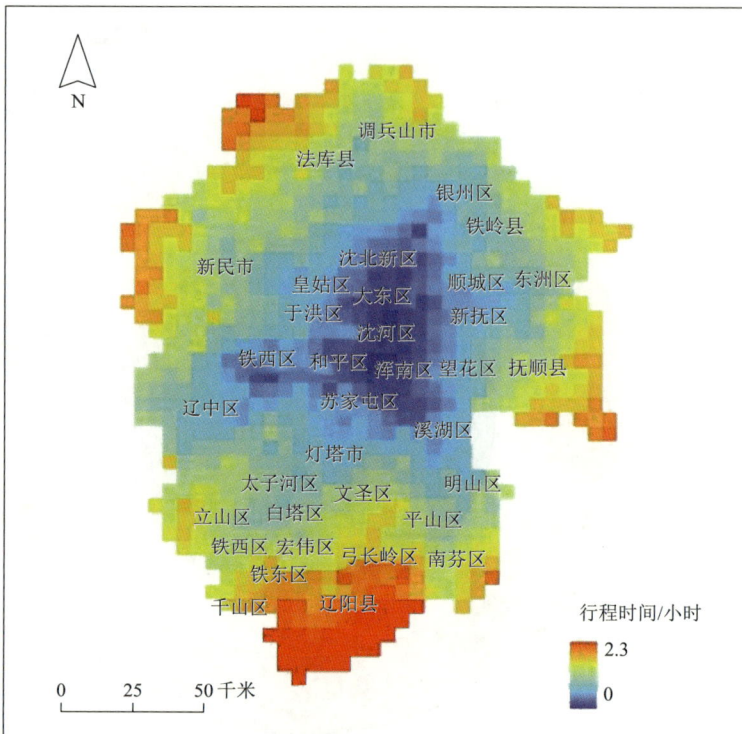

图 9-9　2023 年沈阳都市圈公路通勤行程时间分布

（资料来源：作者自绘）

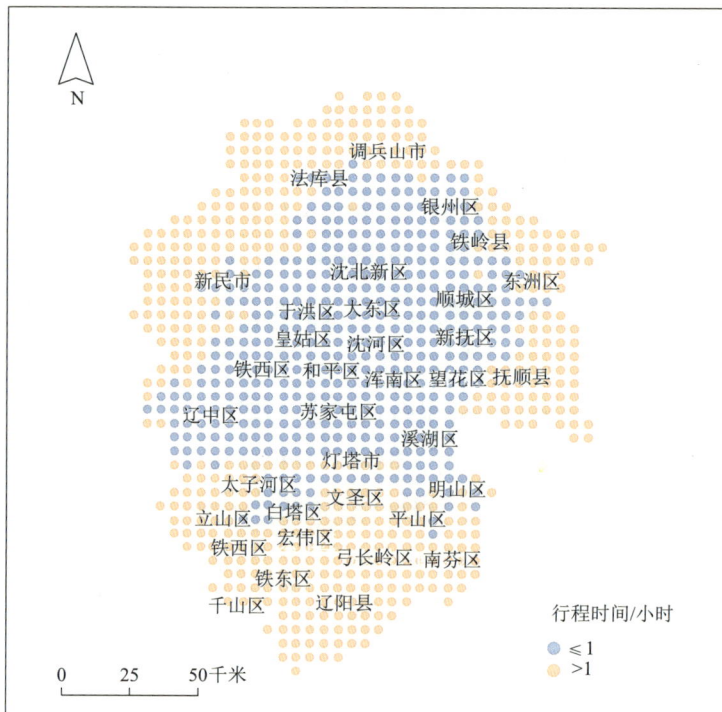

图 9-10　2023 年沈阳都市圈公路 1 小时通勤圈分布

（资料来源：作者自绘）

4. 科技创新资源集聚分布情况

沈阳都市圈集聚了省内主要的科技创新资源（见图 9-11）。沈阳都市圈拥有全省 56% 的高等院校，中心城市沈阳拥有东北大学、辽宁大学、中国医科大学等 45 所高等院校，占都市圈高校总量的 66%。中国科学院系统在全国共有 11 个分院，沈阳分院的科研院所数量和科研实力位居前列，仅次于上海分院，包括中国科学院金属研究所、沈阳应用生态研究所、沈阳自动化研究所、沈阳计算技术研究所有限公司、沈阳科学仪器股份有限公司。都市圈 2021 年全年研究与试验发展（R&D）经费支出约 165 亿元，约占全省的 40%，专利授权数量与发明专利授权数量分别为 41 282 件、5423 件，占全省比重均超过 50%。都市圈各市合作申请国内专利数量呈现上升趋势（见图 9-12），年均增长率 26.6%；其中沈阳与抚顺合作申请专利数量最多，占都市圈合作申请专利总量的 45%。

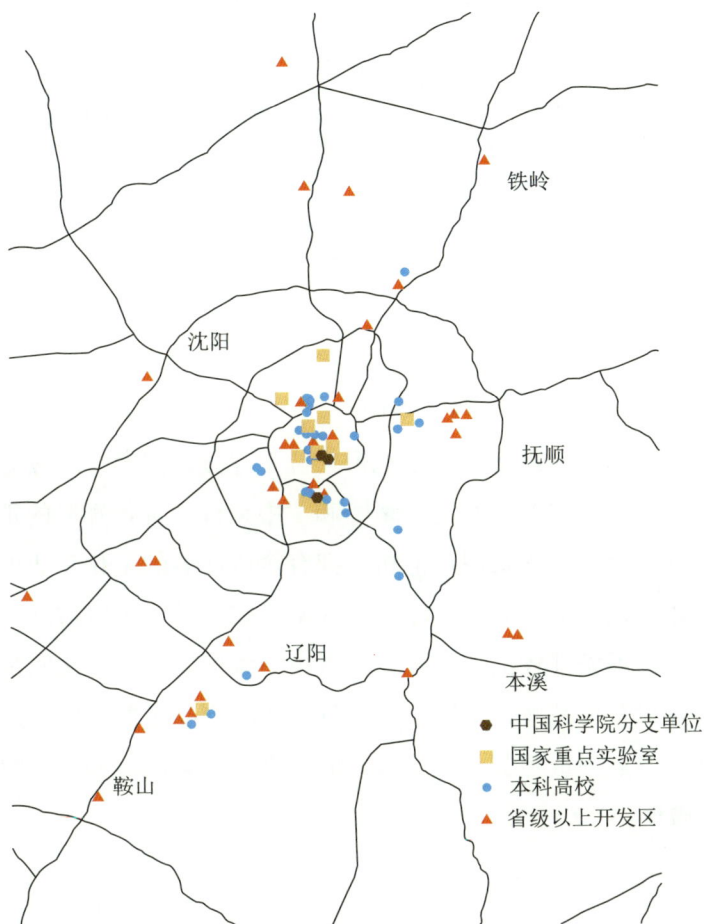

图 9-11　沈阳都市圈科技创新资源分布情况

（资料来源：作者自绘）

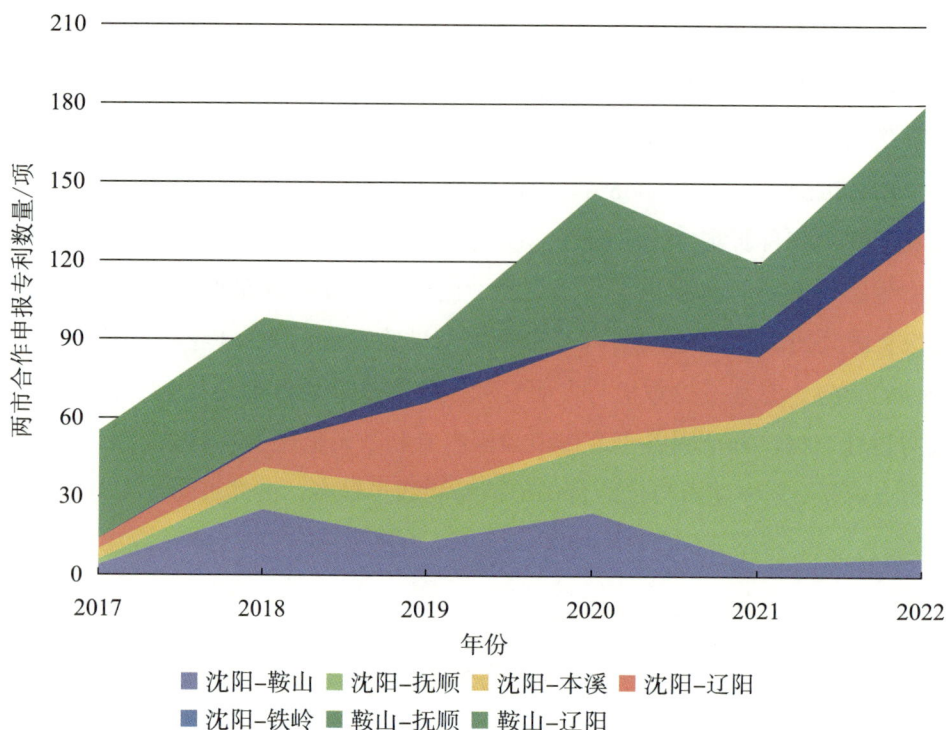

图 9-12　2017—2022 年沈阳都市圈城市间合作申报专利数量变化情况

（数据来源：incoPat 专利数据库）

二、地区特色

1. 区位优势明显，安全战略地位突出

沈阳都市圈地处东北亚经济圈核心地带，位于连接京津冀、环渤海经济圈与东北腹地的节点地带，坐落于"海上丝绸之路"和"中蒙俄经济走廊"的重要交会地，是我国面向东北亚开放合作的重要门户枢纽。拥有全国闻名的重化工业城市、国家一类对外开放口岸、东北地区最大的航空港、全国密度较高的一小时城际交通网络，是国内乃至东北亚地区发展条件较优越的工业型城市密集区。此外，沈阳都市圈既拥有我国国防军工装备建设重要基地，又地处辽宁省优质农产品重要产区，还是承接中俄管道原油和东北油品南运的重要节点，是东北地区维护国家国防安全、粮食安全、能源安全的重要战略腹地。

2. 资源禀赋优越，制造业基础雄厚

沈阳都市圈生态禀赋优良，文化底蕴深厚。辽河、浑河、太子河穿境而过，东部山地丘陵地区同属长白山余脉，是辽宁省重要的生态屏障和水源涵养地。沈阳是国家

历史文化名城、清朝发祥地，素有"一朝发祥地，两代帝王都"之称，各地区历史文化、红色文化、工业文化特色鲜明，地缘相近、人缘相亲，区域认同感强。沈阳都市圈矿产资源丰富，铁矿、煤层气和石油的保有储量排在全国前列，磷矿和石墨保有量较高；鞍山市区周围铁矿石储量达全国储量的 1/4、滑石矿储量居世界之首；鞍山和营口菱镁矿储量居世界前列；抚顺曾是新中国重要的"煤都"；本溪矿藏以丰富的焦煤、低磷铁、特种钢著称。

沈阳都市圈是我国建立最早、规模最大、门类齐全、配套完整的重要装备制造和原材料工业基地，凭借矿产储量大、品质优的资源禀赋，从"一五"时期就被作为全国工业化重点区域，是我国的"工业摇篮"。目前已形成以汽车、装备制造、石化、冶金等为主导的工业体系，在金属加工部件、动力机械元件、金属新材料、化工新材料等核心基础零部件和关键基础材料领域均有代表性技术优势，对维护国家产业链、供应链稳定具有重要作用。

3. 城镇化先发优势明显，城镇人口密集

沈阳都市圈工业化起步早，一定时期内带动了城市和小城镇的快速发展，由于地处辽河平原地区，土地肥沃，河流密布，交通设施条件便利，更有利于人口和城镇集聚。目前都市圈范围内有 1 个特大城市、2 个大城市和 3 个中等城市，共下辖乡镇 133 个，每万平方公里拥有乡镇 57 个，高于全国水平（43 个 / 万平方公里），形成了以沈阳中心城区为中心、周边 5 个大中城市为主体、多个小城市和城镇为支撑的城镇空间格局。2021 年沈阳都市圈城镇人口规模达 1467 万人，常住人口城镇化率达 75.5%，高于全国城镇化率 10.8 个百分点，人口密度和城镇化率远高于东北地区其他区域，城镇化率在全国城市群、都市圈中也处于领先地位，高于京津冀、长三角等地区，走在现代化建设征程前列。

三、战略定位

（1）国家新型工业化示范区。 沈阳都市圈是我国建立最早、规模最大、门类齐全、配套完整的重要装备制造和原材料工业基地，在维护国家产业链、供应链完整性等方面发挥着重要作用。都市圈建设要充分发挥制造业的基础与优势，以沈阳建设国家先进制造中心为引领，以全产业链深度协作为纽带，推动区域协同发展和优势产业集群式发展，全力做好结构调整"三篇大文章"，推进数字经济与实体经济、数字技术与社会治理体系深度融合，先进制造与现代服务业深度融合，打造国家新型工业化产业发展示范基地，在提升产业链、供应链自主可控稳定性，服务国家产业安全方面发挥更大作用。

（2）我国北方高品质生活宜居地。沈阳都市圈生态本底优越，是辽宁省重要的生态屏障和水源涵养地。同时，拥有厚重的历史文化底蕴，孕育出多元化、多民族、多彩包容的地域文化，历史文化、红色文化、工业文化特色鲜明。发挥都市圈生态、历史文化等优势，擦亮沈阳和辽阳国家历史文化名城的"金字招牌"，挖掘保护历史文脉，打造中华文化标识，培育壮大文创产业新业态新模式。协同推动绿色低碳发展，合力共建智慧都市圈，提高公共服务均等化便利化水平，不断缩小区域城乡发展差距，打造成为生态优美、和谐幸福、包容共享的绿色宜居大家园、品质美好生活圈和全球知名文化旅游目的地。

（3）现代化都市圈协同创新样板区。沈阳都市圈内城市大多为老工业基地，面临主导产业升级压力大、国企改革任务艰巨、人口外流和老龄化等共性问题，都在积极探索产业和城市高质量转型路径。通过建设沈阳都市圈，发挥高校院所集中、科技人才资源丰富等优势，促进老工业城市合作创新，合作解决单个城市难以突破的转型瓶颈，协同提升城市综合功能，共同打造优势产业链群，推动创新链、产业链深度融合，强化区域协同创新政策支撑，共同构建辐射全省乃至东北亚的科技创新高地。推动都市圈一体化发展从项目协同走向制度创新，建立统一规范的制度体系和要素自由流动的统一开放市场，为国内同类型都市圈建设探索路径、提供经验示范。

（4）东北全面振兴、全方位振兴引领区。沈阳是东北地区最具竞争力的中心城市，沈阳都市圈建设可以充分发挥沈阳中心城市的带动作用，辐射周边地区加快发展，统筹推进基础设施互联互通、产业发展共育共促、公共服务共建共享、生态环境共保共治，形成资源高效配置、产业和创新深度协作、互为市场腹地支撑的协调发展新局面，率先实现质量变革、效率变革、动力变革，共同提升在东北地区的发展能级和位势，引领东北全面振兴、全方位振兴。

第三节　沈阳都市圈的发展成效和经验借鉴

一、加强区域产业深度协作，共建先进装备制造业基地

1. 优化制造业"1+2+5+N"发展布局，共建国家新型工业化产业示范区

为充分发挥沈阳都市圈工业基础优势，推动区域内制造业实体经济实现高质量发展，沈阳都市圈坚持规划引领，编制完成《沈阳现代化都市圈制造业专项规划》，结合各地区产业特色和优势，明确各地功能定位，统筹产业差异化发展。2023 年，各

地区共同签订《沈阳现代化都市圈制造业高质量融合发展框架协议》，明确构建先进制造业"1+2+5+N"发展布局，即1个国家先进制造中心，沈阳、鞍山2个数字辽宁智造强省建设高地，5大产业生态圈，N个新型工业化产业核心区，形成战略协同、错位发展、深度融合、同上台阶的制造业一体化发展新格局。截至目前，沈阳都市圈范围内已创建9家国家新型工业化产业示范基地（见表9-3），涉及多个不同细分领域。表9-4所示为沈阳都市圈各市产业发展方向。

表 9-3　国家新型工业化产业示范基地名单

序号	示范基地名称	类　　别	地区	入选时间（年份）	批次
1	沈阳经济技术开发区（4星）	装备制造	沈阳	2009	第一批
2	辽阳高新技术产业开发区	石化化工	辽阳	2009	第一批
3	沈阳高新技术产业开发区（4星）	电子信息	沈阳	2012	第三批
4	鞍山经济开发区	钢材精深加工	鞍山	2012	第三批
5	铁岭经济技术开发区	高技术转化应用	铁岭	2013	第四批
6	沈阳欧盟经济开发区	汽车产业	沈阳	2014	第五批
7	抚顺经济开发区	装备制造	抚顺	2014	第五批
8	辽宁海城菱镁新材料产业基地	新材料	鞍山	2016	第七批
9	工业互联网·辽宁沈阳中德装备园、和平区、沈北新区	特色	沈阳	2022	第十批

表 9-4　沈阳都市圈各市产业发展方向

地区	产业发展方向
沈阳市	大力培育新动能，重点发展机器人、航空、新能源汽车、IC装备、高档数控机床、生物医药及医疗装备等高端产业
鞍山市	重点发展钢铁及深加工、菱镁新材料、高端装备、精细化工和数字经济等产业
抚顺市	重点发展高端精细化工、先进装备制造、冶金高端新材料、煤矸石综合利用、新型清洁能源、特色农产品深加工等优势产业
本溪市	重点发展钢铁冶金、装备制造、精密铸件、钢铁原材料及精深加工、绿色建材、数字经济、生物医药及健康、新能源和新材料等产业
辽阳市	重点发展石油化工、铝合金精深加工、冶金钢铁、汽车零部件、高端装备等产业
铁岭市	重点改造提升农产品加工、装备制造、能源、原材料四大产业，培育壮大可再生能源、数字经济、生命健康、节能环保四大新兴产业
沈抚示范区	重点发展数字经济、生命健康、信息技术应用及装备、新材料、现代服务业等产业

2. 建立产业"链长制"协作机制，搭建产业供需对接交流平台

沈阳牵头实施重点产业市级产业链"链长制"，并将向都市圈各市（区）推广。目前，重点围绕汽车及零部件、航空等 8 个产业链，分别成立市级工作专班，由市领导及部门负责人担任"链长"，牵头负责对产业链发展情况进行专题研究和调度，落实各产业链企业发展、招商引资、项目建设、人才引进、核心技术创新等重大事项，研究制定支持各产业链发展的政策措施，协调解决产业链协同发展中的重大困难。沈阳都市圈在重点领域已取得"产业共链"阶段性成效，如汽车及零部件领域，本溪、鞍山、辽阳、铁岭等均与沈阳形成生产配套协作关系，鞍山德科斯米尔、辽阳金兴汽车内饰、抚顺沐与康新能源、铁岭莱尼线束等汽车零部件生产企业已与沈阳华晨宝马开展项目合作。抚顺领航特钢在沈阳建设装备部件生产基地，已正式启动运营。

为促进都市圈企业线上信息互通共享，搭建"链上辽宁·产业云城"都市圈企业线上供需对接平台，涵盖 28 个重点行业，聚合省内 19 万家大中小企业，有效促进都市圈全产业链深度协作。目前，平台已注册企业达 7 万余家，有效提升了产业链圈内配套水平，实现产业链供需双方"秒对接"。同时，组织开展"沈阳都市圈装备制造企业产品配套对接会"等一系列线下对接活动，以沈鼓集团、北方重工集团、三一重装公司、新松机器人等行业龙头企业为代表的头部企业现场发布配套名录，与沈阳供应商企业和来自都市圈城市的企业进行现场精准对接；聚焦产业细分领域，先后召开多次机器人及智能制造先进制造业集群配套会、新能源汽车大数据产业峰会、工业园区专场推介会、智能网联汽车大会等活动，促进都市圈各类企业对接合作。

3. 都市圈各市积极承接沈阳产业功能外溢，加强区域产业链协作配套

基于资源禀赋、区位条件和产业定位，各市加快推动产业协同和空间共享，促进沈阳产业向都市圈其他地区转移辐射。本溪以本溪高新区为载体，创建辽宁生物医药产业创新发展示范区，与沈阳共建生物医药和医疗装备产业链，本溪高新区和沈阳高新区签署战略合作协议，沈阳药科大学、中国医科大学附属盛京医院本溪医药研究教育发展基地、辽宁中医药大学本溪校区、辽宁医药职业学院本溪校区 4 所医药相关高校和校区落户本溪，为本溪提供科技支撑和人才保障。鞍山依托鞍山经济开发区与沈阳共建中德产业园汽车零部件鞍山分园，提升都市圈汽车产业配套能力。抚顺以抚顺高新区和顺城经济开发区等园区为载体，建设装备制造和机械加工产业配套园区，承接沈阳化工、装备制造和机械加工产业转移。沈阳、本溪、辽阳已共同签署《沈阳临空经济区协同建设框架协议》，依托沈阳临空经济区共建临空产业园，将本溪市高新区、辽阳灯塔区打造成为沈阳临空经济区服务产业园和区域集散地。鞍山、辽阳协同推动

菱镁资源整合和产业链延伸，共建世界级菱镁新材料产业基地，2021年菱镁产业转型升级试验区挂牌成立，国内首只菱镁产业投资基金投入运行。

二、立足科教资源禀赋，共同打造区域创新共同体

1. 合力打造区域创新共同体，提升区域科技创新水平

沈阳都市圈以沈阳为核心，加强重大科技创新载体建设，促进科技创新资源共享共用。依托沈阳浑南科技城建设，合力打造重大科技创新平台，2021年浑南双创示范基地在全国212家基地中排名第5位，位居东北首位。积极推进辽宁实验室[①]、辽宁智能制造实验室沈阳中心、沈阳材料科学国家研究中心、国家新一代人工智能创新发展试验区等建设，辽宁实验室已正式揭牌运行，组建了材料素化技术等6个颠覆性技术研究所，与鞍钢集团共建"先进金属材料产业技术创新中心"，并联合支持设立5个关键技术项目。各市积极在沈阳建立科技创新"飞地"，本钢（沈阳）技术研究院建设项目落户沈阳浑南区，围绕工业软件、集成电路装备等重点领域加强关键核心技术联合攻关；辽阳多家企业研发中心入驻沈阳，共享科技服务与人才资源，与东北大学等高校签订校企合作协议，吸引优质人才就业，解决本地招揽高科技人才难的问题。

2. 共建共享科技创新平台，促进科技成果落地转化

2017年，沈阳正式启动沈阳市科技条件平台，用于整合沈阳地区高校、科研院所、企业等科技研发资源，通过建立科研仪器设施共享平台、创新人才服务平台、科技成果转化支撑平台，实现人才、设备、成果、科研数据共享。2022年5月，沈阳市科技条件平台正式升级为沈阳都市圈科技条件平台，将科技创新服务范围拓展至都市圈各市，目前平台上线服务项目3130个，开放仪器设备2935台套，汇聚服务机构321家，为都市圈各市（区）企业对接科技服务订单205笔，服务金额1222余万元。

2019年，辽宁省科技厅、沈阳市科技局、沈阳市浑南区政府三方共同设立东北科技大市场，作为市场化科技综合服务机构，以沈阳为中心，各市设分中心，在高校院所、新型研发机构建立工作站，通过平台发布都市圈各市科技创新成果和企业技术需求，形成联通全省的科技成果转移体系和科技大市场服务布局，本溪科技大市场、辽阳高新区科技大市场等分中心相继成立。东北科技大市场联合都市圈各地共同举办"辽宁省科技成果转化撮合对接会""辽宁省科技金融活动月""降低用工成本及风险培训"等对接撮合及培训活动，邀请都市圈内各创新主体参加，加速技

---

① 辽宁材料实验室、辽宁辽河实验室、辽宁滨海实验室和辽宁黄海实验室组成辽宁实验室，其中辽宁材料实验室和辽宁辽河实验室坐落于沈阳市浑南区，在沈阳都市圈范围内。

术成果在都市圈内部转化。

3. 共同优化就业创业环境，打造创新人才集聚高地

沈阳积极争建国家级高水平人才创新平台，制定出台《沈阳市建设创新创业人才高地的若干政策措施》(人才新政 3.0 版) 等一系列制度文件，沈阳应届毕业生、硕士以上人才流入占比连续两年进入全国前 20 位，居东北首位。2022 年沈阳都市圈各市签订《沈阳现代化都市圈就业创业和社会保障一体化合作框架协议》，明确人才合作的战略方向，联合开展人才招聘活动，每年合作举办都市圈高校毕业生、技术工人专场招聘洽谈会，推动都市圈人才柔性流动，建立都市圈干部常态化交流机制。各市参与共建沈阳都市圈人才服务 (孵化) 基地，依托中国沈阳人力资源服务产业园，与铁岭签署双城共建人力资源服务战略合作协议，发挥产业园区合作资源和公共平台服务优势，增强为都市圈周边城市重点企业高校毕业生、中高层次技术及管理人才的配置服务能力，全力助力都市圈人才交流和人力资源合作。

三、以均衡普惠、整体提升为导向，推进公共服务共建共享

1. 强化教育资源共建共享，推动区域教育高质量发展

为扩大优质教育资源辐射范围，沈阳都市圈深入开展义务教育学校、幼儿园结对合作，共享先进教学理念和优质管理办法，制定《都市圈校长、教师跟岗学习方案》，每年实施名校长骨干教师联合培训、教师校长跟岗学习工程，2022 年 54 对学校签约成为结对合作校。依托沈阳市教育公共服务体系建设，推进各城市教育资源、教育管理公共服务平台融合发展，建成沈阳市都市圈"互联网＋教育"大平台，促进都市圈内教育全要素共享。深化职业教育融合发展，建设职业教育发展联盟、教师成长共同体、产教融合共同体等，不断建立健全校际合作机制，支持都市圈职业教育学校"双师型"师资队伍共建联盟建设，共建校长及教师培训联动平台，开展师资培训。通过举办沈阳都市圈职业教育技能大赛的形式，促进都市圈内各城市职业院校共建共享职业教育实训基地，增强校际间、校企间的交流合作。

2. 深化医疗卫生协同共进，区域群众共享"健康红利"

沈阳充分发挥综合医疗服务水平，提升区域辐射带动能力，中国医科大学附属盛京医院获批国家儿童区域医疗中心，中国医科大学附属第一医院积极创建国家肿瘤区域医疗中心和心血管区域医疗中心，辽宁省传染病医疗救治中心 (辽宁省重大疫情防控救治沈阳基地) 等重大项目有序推进。沈阳优质医疗资源不断向都市圈延伸，依托"健康辽宁影像云"平台，推进区域内医院信息系统的影像类业务数据关联对接、共享互认，

制定远程影像医学规范与标准，开展无胶片化数字影像诊断服务的诊前、诊中、诊后服务的远程支持与协作，使区域治疗中心医院的优势医疗资源得到下沉。截至 2023 年 5 月，"健康辽宁影像云"实现区域内签约医院 85 家，上线医院 24 家，注册医生、专家共计 2726 人，远程会诊、在线会诊等医疗平台运行良好，累计超过 130 万人使用。共建医疗联合体工作有序推进，沈阳与鞍山、抚顺、本溪等市已经建立传染病、皮肤病、结核病等多个跨市专科联盟，沈阳都市圈糖尿病足病专科联盟建设工作不断深化，以提高地级市联盟成员单位学科带头人对于糖尿病足诊疗新技术及标准化管理的水平。2023 年，举办都市圈养老护理员职业技能培训班，共 230 名养老护理员参加培训，提升都市圈养老服务技能；成立了都市圈"养老联盟"，制定出台促进都市圈养老服务共享政策，建立了都市圈养老行业专家库。

3. 推进文化旅游深度融合，提升都市圈知名度影响力

沈阳都市圈文旅合作由来已久，自"沈阳经济区"时期就已开展四季游互动营销活动，共同推出精品旅游线路。目前都市圈按照"春、夏、秋、冬"打造四季游文旅品牌，联合推出"九一八"历史博物馆、抚顺雷锋纪念馆等 108 条特色旅游线路，2023 年正式组建沈阳都市圈旅游产业联盟，首批吸引了 154 家旅游企业加盟，签订十大战略合作协议，联合启动"好山好水好风光"沈阳都市圈四季游，推出世界文化遗产游、工业印记游、红色研学游、关东民俗游、冰雪温泉游、文化艺术游、馆藏品鉴游、奇特景观游、生态休闲游、风味美食游十大主题旅游线路，串联沈阳、抚顺"一宫三陵"、鞍山千山—玉佛苑、本溪五女山高句丽山城、辽阳白塔古城、燕州古城、抚顺高尔山古塔等著名旅游景区，打造 80 余处网红打卡好去处。沈阳故宫博物院、鞍山千山景区、本溪大峡谷景区等旅游景区和涉旅企业面向都市圈游客推出半价门票等惠民利民政策。2023 年，沈阳都市圈博物馆联盟启动首次"七星合耀沈阳现代化都市圈文物联展"，联合都市圈广电视听联盟共同开展"环游都市圈"活动，使都市圈自驾游、自由行持续升温，各城市游客接待量显著提高。

四、推动沈抚率先同城化发展，引领都市圈一体化建设

1. 坚持交通引领同城化突破，持续畅通城际交通连接

沈阳与抚顺市中心相距只有 45 公里，二者是沈阳都市圈同城化发展基础最好的城市，以两市临界地区为依托的同城化建设工作持续推进，经过沈抚新城（2006 年）、沈抚新区（2016 年）到沈抚示范区不同阶段的规划建设，当前两市地域空间已连绵一体，交通基础设施已实现畅连互通。沈抚示范区结合沈阳、抚顺两市道路网系统现状与规划，

持续推进交通基础设施规划建设，打通市际断头路，同时积极探索跨市公交、城际铁路、有轨电车等多种方式同城化连接，实现沈抚示范区范围内公交同站换乘。沈抚城际铁路早在 2009 年就开通运营，目前已完成封闭改造，可通行 120 公里 / 小时城际动车，准备重新启用。"雷锋号"沈抚城际客运实现 24 小时运营，抚顺 101 路公交与沈阳 386 路公交实现同站接驳，沈抚示范区 103、104 等 2 个公交线路已实现沈阳、抚顺公交无缝对接。

2. 优化跨界地区公共服务布局，加强与中心城市优质资源对接共享

充分利用沈阳、抚顺两市医疗、教育等公共服务资源，尤其是沈阳市优质资源优势，以建立同城化生活服务圈为导向，辐射带动沈抚示范区公共服务水平提升，补齐临界地区公共服务短板。一是通过建设分院、分校等方式，优化完善跨界地区公共服务设施布局，沈阳南昌中学、南京一小、东北育才等省内知名学校在沈抚示范区建设分校，共同签署了教育服务委托办学协议，引入优质的教育理念和教学方法，沈阳南昌中学沈抚示范区文华路中学已经投入使用；辽宁省肿瘤医院、抚顺中医院在沈抚示范区设立了院区。二是通过加强交流合作和对口帮扶，促进优质医疗服务资源向跨界地区延伸，沈抚示范区与辽宁中医药大学共同签署了合作协议，同时辽宁省中医药产业技术创新基地项目落户示范区，协助沈抚示范区打造中医康养社区。沈阳安宁医院与抚矿脑科医院开展医养结合人才培养和品牌合作，沈阳帮扶沈抚示范区完成疾控、卫生监督和妇幼保健相关人员培训。

3. 探索同城化体制机制创新改革，加强跨行政区协调联动

自 2010 年 4 月，经报请国务院同意，国家发展改革委批准设立沈阳经济区国家新型工业化综合配套改革试验区以来，辽宁省加快推进沈阳、抚顺两市同城化发展，将其作为区域一体化和新型工业化综合配套改革试验的重点和突破口，着力发展"沈抚新城"。组织协调机制方面，成立了由时任省长任组长的省推进沈抚同城化工作领导小组，办公室设在省发展改革委，建立定期或不定期协调沟通机制，协调两市解决沈抚新城合作发展中亟须破解的具体问题。沈、抚两市相继成立了由市委、市政府主要领导同志任组长的工作领导小组，负责同城化推进工作，同时沈抚新城中的沈阳市棋盘山、东陵片区和抚顺沈抚新城也成立了专门机构，承担沈抚新城建设任务。此外，在交通、就业、教育等方面采取了一系列同城化举措，将沈阳与抚顺之间现有的 9 条城际公交线路发展为城市公交线路，沈阳有轨电车与抚顺跨界连接，抚顺市公交车和出租车可以临时延伸至沈阳现有有轨电车终点站；严格落实抚顺沈抚新城考生不受户籍限制政策，抚顺沈抚新城考生与沈阳市户籍考生享有相同待遇，制定《沈抚就业同城实

施方案》；实施沈、抚两地学生自由注册两地中等职业学校学籍，实现中等职业教育教学资源共享和学籍无障碍互通（国家发展改革委经济体制综合改革司，2013）[3]。

2020 年 4 月，沈抚示范区实现沈抚两市交界地区的全域管理后，为解决双方区域发展中需要协调解决的重大问题，建立沈抚示范区与沈阳浑南区定期领导会商机制，双方围绕影响区域发展的重大事项、群众关心的民生事项，针对示范区域内社会事业资源使用管理问题、原属地企业登记管理问题、加强政策兑现等方面，梳理形成待解决问题清单，逐项提出解决方案，并就权责分配达成基本共识，同时形成清单问题月通报制度，加强全过程督办力度，形成跨界地区城市管理的合力。

第四节　沈阳都市圈协同发展的体制机制创新

一、建立协调机制，共谋重点工作

沈阳都市圈目前已建立省级专项推进组、都市圈联席会议、都市圈合作发展联席办三级协调机制。省级层面建立沈阳现代化都市圈专项推进组，并印发《沈阳现代化都市圈专项推进组工作机制》，专项推进组负责贯彻落实领导小组的决策部署，协调推进沈阳现代化都市圈战略实施，研究部署沈阳都市圈协同发展工作任务等。联席会议负责谋划推动跨地区合作重大项目，协调推动跨地区合作重点事项等。都市圈城市和沈抚改革示范区分别成立都市圈办，具体执行专项推进组和都市圈联席会议各项工作安排。都市圈各市（区）已确定专人、组建专班，集中在沈阳办公，实行常态化运行，并制定了都市圈办公室工作规则，建立定期工作例会制度，定期调度工作进展，组织各市共同编制专项规划，推动三年行动方案和年度工作计划明确的各项任务和重点项目持续落实。

2022 年 2 月，沈阳都市圈召开首届书记市长联席会议，明确建立书记市长联席会议决策机制、市长（常务副市长）工作协商推进机制、联席会议办公室主任办公会议议事机制、专业委员会项目合作执行机制等决策、协商、议事、执行四级工作机制，组建都市圈工作专班集中在沈阳办公，共同签署 5 项合作协议，印发《沈阳都市圈三年行动方案》，确定了规划、交通、产业、平台、生态、文旅、社会治理等七大方面102 个重点项目和重大合作事项。同年，分别召开都市圈市长联席会议、两次都市圈常务副市长联席会议、都市圈领导小组办公室会议和重点领域会议 30 余场。2023 年 4 月，沈阳都市圈召开第二次书记市长联席会议，印发都市圈发展规划等 4 个文件，共同签署 10 项合作协议，明确了 130 个重点项目和重大合作事项。

表 9-5 所示为沈阳都市圈主要签署框架协议清单。

表 9-5　沈阳都市圈主要签署框架协议清单

序号	框架协议名称	协议主要内容
1	共建共享沈阳中欧班列框架协议	共建共享国家中欧班列（沈阳）集结中心、沈阳中欧班列国际铁路口岸以及"干支结合、枢纽集散"的国际物流集疏运网络体系
2	信用一体化建设框架协议	在协同信用立法、信用信息共享、信用承诺、信用分级分类监管、联合开展守信激励和失信惩戒等方面实现跨区域合作共建，率先形成信用一体化建设体系
3	"跨城通办"框架协议	推进沈阳现代化都市圈政务服务一体化、智能化建设，共同建立政务服务"都市圈通办"委托授权工作机制，实现都市圈城市的事项同标准受理、无差别办理
4	检验检测联盟框架协议	成立沈阳现代化都市圈检验检测联盟，打造信息互通、资源共享、国内领先的检验检测服务集群
5	重大交通基础设施共建协议	共建共享航空枢纽，建设"轨道上的都市圈"，推进客运枢纽一体化建设，完善现代化物流枢纽体系
6	建立政协联动调研机制的协议	建立省、市政协上下贯通和都市圈各市政协横向联动的协商机制，每年拟定联合调研课题，开展联动调研、协商建言活动，形成监督视察报告，助推都市圈建设决策部署的贯彻落实
7	共建海陆大通道战略枢纽合作框架协议	围绕共建共享中欧班列（沈阳）集结中心、共建共享国家骨干冷链物流基地、共建共享生产服务型国家物流枢纽等方面开展合作
8	制造业高质量融合发展框架协议	围绕做大做强县域特色产业园区、共建新型工业化产业示范区、发展先进制造业集群、构建产业链协同发展体系等方面开展合作
9	金融合作框架协议	围绕提升辽宁股权交易中心都市圈服务力度及功能、打造"征信链"、建立非法集资联动处置机制、推动金融档案托管服务体系共建共享等方面开展合作
10	科技协同创新服务框架协议	围绕统筹推进科技创新能力建设、协同开展关键核心技术攻关、强化科技成果转移转化、加强科技条件平台建设、联合举办科技交流活动等方面开展合作
11	大气环境联防联控合作框架协议	围绕互通大气治理政策、空气质量预测、空气质量数据、工作进展情况等方面开展合作
12	沈阳临空经济区协同建设战略合作框架协议	开展空间规划共绘、临空产业共链、交通设施共联、开放平台共用、科技创新共促、公共资源共享、国资运营共建工作
13	开展协同立法协议	建立各市人大常委会主任联席会议制度，建立各市人大常委会法制工作机构联合工作机制，联合起草立法项目（草案），同步审议，表决通过，报请省人大常委会批准
14	沈阳都市圈与国家开发银行辽宁省分行开发性金融合作协议	围绕重大基础设施补短板、产城融合发展、制造业升级改造、生态环保、乡村振兴等领域开展融资合作

二、构建规划体系，推进空间协同

沈阳都市圈着力推动都市圈规划编制、规划体系建立及衔接工作，强化政策协同，构建"1+1+N"协同规划体系（见表 9-6）。建立都市圈各市规划协同编制、联合报批、共同实施管理、"多规合一"协同机制。建立都市圈内"多规合一"国土空间数字化"一张图"，对都市圈内重大项目联合策划、招商、选址、审批、管理等提供空间协同数字化平台。在重点跨界地区，针对重点问题和突出矛盾，协同开展同城化发展专项行动，编制沈抚和沈本同城化行动计划，为都市圈其他跨界地区协同发展开展试点示范。

表 9-6 沈阳都市圈"1+1+N"规划体系

类　别	规 划 名 称
发展规划	《沈阳都市圈发展规划》
空间规划	《沈阳都市圈国土空间规划》
专项规划	《沈阳现代化都市圈空间协同专项规划》《沈阳现代化都市圈交通一体化专项规划》《沈阳现代化都市圈多层次轨道交通专项规划》《沈阳现代化都市圈重大基础设施专项规划》《沈阳现代化都市圈制造业发展专项规划》《沈阳现代化都市圈建筑产业一体化专项规划》《沈阳现代化都市圈农业发展专项规划》《沈阳现代化都市圈科技创新发展专项规划》《沈阳现代化都市圈对外开放专项规划》《沈阳现代化都市圈商贸流通专项规划》《沈阳现代化都市圈金融发展专项规划》《沈阳现代化都市圈生态环境保护专项规划》《沈阳现代化都市圈医疗卫生一体化专项规划》《沈阳现代化都市圈教育一体化专项规划》《沈阳现代化都市圈文化旅游业发展专项规划》《沈阳现代化都市圈政务服务一体化专项规划》《沈阳现代化都市圈人力资源（社会保障）一体化专项规划》《沈阳现代化都市圈医疗保障一体化专项规划》《沈阳现代化都市圈养老服务一体化专项规划》《沈阳现代化都市圈体育一体化发展专项规划》《沈阳现代化都市圈数字政府建设专项规划》《沈阳现代化都市圈水资源保护和综合利用专项规划》

三、推进协同立法，聚焦环境治理

各市人大常委会共同签署《沈阳现代化都市圈开展协同立法的协议》，对开展协同立法的指导思想、基本原则、合作机制、协同方式等方面进行了规定。建立了各市人大常委会主任联席会议制度和法治工作机构联合工作制度，各市人大常委会在编制立法规划和年度立法计划时，聚焦推动沈阳现代化都市圈建设发展，优先安排协同立法项目，在科技创新、产业合作、生态环境等方面提供都市圈协同发展的法治保障。2023 年 6 月，沈阳都市圈召开协同立法座谈会，沈阳市人大常委会制定下发了包括都市圈协同立法项目在内的 2023 年度立法计划，并开展立法项目调研，计划围绕机动车尾气协同治理、浑河流域协同治理与开发等领域开展协同立法，并围绕不同领域持续开展协同立法工作。

四、完善跨域通办，统一业务标准

广泛开展都市圈各城市政务服务合作，推动高频政务服务事项实现跨域通办，在各城市和地区政务服务网设立"都市圈通办"专栏，在各城市市级政务服务实体大厅或受其委托的县、区级政务服务大厅设立"都市圈通办"综合服务窗口，都市圈城市共用一套业务办理标准，在办理相关事项时可不受户籍所在地限制，实现都市圈城市的事项同标准受理、无差别办理。截至目前，已实现 102 项高频政务服务事项"都市圈通办"（见表 9-7 ）。

表 9-7　沈阳都市圈已开通重点"都市圈通办"事项

实现个人住房公积金账户异地转移、偿还购房贷款本息提取住房公积金、外商投资合伙企业分支机构设立登记、单位住房公积金缴存登记信息变更、市级以上组织部门录用或调入本市人员落户、引进人才落户、机动车临时通行牌证核发、初次申领机动车驾驶证、公司设立登记、机动车驾驶证转入换证、企业申请迁移调档、职工参保登记、门诊费用报销、《就业创业证》申领、公职律师工作证颁发、融资租赁公司设立、内资企业及分支机构设立登记、医保转移接续手续办理、持军队武警部队机动车驾驶证申请本地机动车驾驶证、增加准驾车型、保健食品生产许可首次、环境影响后评价备案、城乡居民参保登记、融资担保公司跨市设立分支机构、大中专学生毕业回原籍落户、等级运动员称号授予、社会体育指导员技术等级称号认定、股权出质设立登记、外商投资企业备案等 102 项通办事项

突破住房公积金提取仅限本市购房使用的限制，建立都市圈异地提取购房公积金制度，优化调整异地购房提取业务，取消提取所需的购房地户籍证明要件、放开备案合同提取、取消产权证下发半年方可提取限制，实现都市圈内异地购房提取，享有缴存地购房提取的同等权益。该政策于 2023 年 4 月开始实施，截至 5 月 20 日，沈阳市已办理都市圈异地购房提取业务 530 笔，金额 2847 万元，都市圈其他市办理在沈购房提取业务 193 笔，金额 4044 万元，政策效果明显。

创建都市圈共享用工平台，重点解决都市圈内不同城市、不同企业间用工余缺调剂问题，明确备案责任、工伤事故责任等内容，探索设计平台功能对共享用工的协议协商阶段、共享用工阶段和用工结束阶段进行全流程、全要素、全周期监管。沈阳人力资源服务产业园与首批北方重工集团有限公司、沈阳中光电子有限公司等 15 家企业代表签订了"共享用工"合作框架协议，并与都市圈各市政府部门和企业进行对接。

第五节　沈阳都市圈面临的问题与挑战及未来重点建设方向

一、问题与挑战

1. 中心城市与国内一线和新一线城市相比综合竞争力不强，区域内部城市发展不平衡

沈阳作为我国重要的重工业基地，曾为国家经济发展与建设作出巨大贡献。改

革开放后，在经济全球化浪潮的冲击下，受计划经济体制影响，经济出现衰退趋势。2021年，沈阳地区生产总值7250亿元，尚未突破万亿大关，近年来沈阳地区生产总值占全省及东北地区比重稳定在26%、13%左右。在已获国家发展改革委批复同意的9个都市圈中，有6个都市圈中心城市人口规模已超过千万，而沈阳2021年常住人口为911.8万，距突破千万仍有一定差距。2021年，沈阳一般公共预算收入仅736亿元，由于新兴产业不足，难以享受到更多的税收优惠倾斜；科技研发经费支出215.5亿元，未达到同为省会城市的西安、南京、成都等地R&D经费支出的1/2；进出口总额1416亿元，与其他都市圈中心城市差距较大，未展现足够的对外开放优势（见表9-8）。

表9-8　2021年沈阳与其他都市圈中心城市发展数据对比

城市	常住人口／万人	GDP总量／亿元	GDP增速/%	一般公共预算收入／亿元	R&D经费支出／亿元	进出口总额／亿元
沈阳	911.8	7250	7.0	736.0	215.50	1416.0
上海	2489.4	38 701	8.3	7046.0	1819.80	40 604.7
北京	2188.6	36 103	8.8	5484.0	2629.30	30 436.1
广州	1881.1	25 019	8.1	1722.0	879.80	10 824.9
深圳	1768.2	30 664	6.7	4257.7	1682.15	35 435.6
重庆	3212.4	25 003	8.4	2095.0	603.80	7999.8
成都	2119.2	17 717	8.6	1520.0	631.92	8222.0
武汉	1364.9	15 616	12.2	2393.0		3359.4
南京	942.3	16 355	7.5	1729.5	578.80	6366.8
郑州	1274.2	12 003	4.7	1259.0	310.40	5892.1
西安	1287.3	10 020	4.1	1542.0	553.70	4400.0
杭州	1220.4	18 100	8.5	2386.6	667.00	7369.0
福州	842.0	11 300	8.4	749.8	257.40	3321.5
长沙	1023.9	13 300	7.5	1188.3	367.10	2780.3

（数据来源：各市2022年统计年鉴）

沈阳都市圈内部各市发展不平衡、不协调情况仍然突出。沈阳都市圈仍处于以沈阳为核心的"单核"集聚发展阶段，2021年沈阳常住人口占都市圈总人口的约42%，沈阳地区生产总值占都市圈比重约55.67%，除鞍山外，其他各市地区生产总值皆不及沈阳的七分之一（见图9-13）。沈阳城镇居民人均可支配收入为79 706元，铁岭城镇居民人均可支配收入仅为30 388元，相差一倍多。从科技创新服务水平来看，沈阳研究人员数量占都市圈总量的66.03%，其他各市与沈阳差异悬殊。公共服务方面，各城市单位人口医疗卫生机构床位数、市辖区人均公园绿地面积较为相近，但教育师资力量存在较大差距。总体来看，在经济发展和科技创新领域，沈阳的单核集聚特征突出，部分公共服务发展相对不均衡。

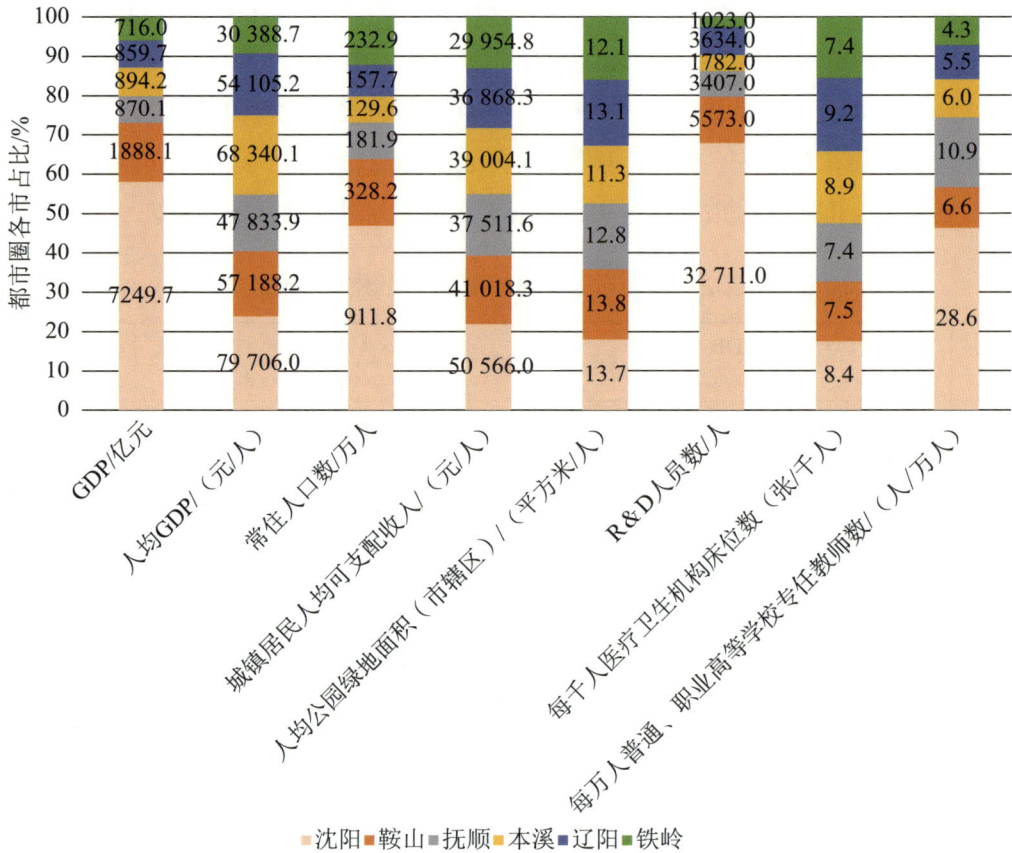

图 9-13　2021 年沈阳都市圈各市发展水平对比

（数据来源：《辽宁统计年鉴 2022》、沈阳都市圈各市 2022 年政府工作报告）

2. 资源型城市产业转型动力不足，传统产业同质化问题仍然存在

沈阳都市圈作为我国城镇化与工业化起步最早的地区，部分城市率先出现了资源枯竭问题，工业主旋律从"资源依赖"转向"中心城市依赖"，产业转型动力不足。抚顺、本溪、鞍山在《全国资源型城市可持续发展规划（2013—2020 年）》中被划分为资源型城市，GDP 增速都经历了从"相对滞后"到"负增长"的阶段。抚顺 2007 年被国务院列入全国首批 12 个资源枯竭型城市名单，资源过度开发和生态环境破坏成为制约城市发展的瓶颈，石化、电力、冶金等主导产业资源性依赖过强，城市尚未找到新的产业转型方向，大量资源型企业也负担着离退休职工的养老、就医和教育等，地方财政压力日渐增长。

　　同时，受资源条件、发展定位等影响，都市圈存在一定程度的同质化竞争现象，产业分工不明。沈阳、抚顺、本溪、鞍山等城市均以装备制造、金属冶炼、石油化工、原材料等传统产业为主导产业，都市圈内除了围绕汽车产业形成较为清晰的分工协作，其他产业领域区域竞争大于合作。在产业转型和重新布局中，沈阳、抚顺等市均提出要发展氢能产业，沈阳与本溪的高新区都在积极发展生物医药、大健康产业；各市纷纷提出做沈阳都市圈的"菜篮子""米袋子""后花园"，农产品和旅游产品相互低价竞争、收益不高，一定程度上影响了各市开展区域合作的积极性。表 9-9 所示为沈阳现代化都市圈产业分布情况。

表 9-9　沈阳现代化都市圈产业分布情况

主要产业链	拥有该产业的城市
装备制造	沈阳、铁岭、鞍山、本溪、辽阳
汽车	沈阳、铁岭、鞍山、本溪、辽阳
数控机床	沈阳、鞍山
输变电装备	沈阳、鞍山、抚顺、本溪
燃气轮机	沈阳
压缩机	沈阳
机器人	沈阳、抚顺
航空装备	沈阳
集成电路	沈阳
钢铁	鞍山、抚顺、本溪、沈阳
高品质钢铁材料	鞍山、抚顺、本溪
有色金属材料	沈阳、抚顺
菱镁	鞍山、本溪
石化	沈阳、抚顺、辽阳
烯烃	沈阳、抚顺、辽阳
芳烃	沈阳、抚顺、辽阳
精细化工	沈阳、抚顺、辽阳
医药及医疗设备	沈阳、本溪、鞍山、抚顺
生物医药	沈阳、本溪
先进医疗装备	沈阳、鞍山
能源	沈阳、抚顺
氢能	沈阳、抚顺

3. 人口结构性问题突出，"一老一小"服务能力有待提升

沈阳都市圈人口结构性问题凸显，老龄化、少子化程度不断加深。2018 年辽宁已经进入"深度老龄化"阶段，沈阳及周边城市的老龄人口比重更是位居全国前列，根据第七次人口普查结果，沈阳都市圈 60 岁以上常住人口规模占比为 25.57%，65 岁以上人口规模占比为 17.04%，分别高于全国平均水平 7 个和 4 个百分点，是全国老龄化水平最高、速度最快的地区之一。同时，由于计划生育工作起步早、政策执行力度大，人口出生率长期低于全国平均水平（见图 9-14），仅相当于全国平均水平的一半，自然增长率也持续偏低，在青壮年人口流出和育龄期女性生育意愿不强的叠加因素影响下，人口发展在一定时期内面临较严峻挑战。如图 9-15 所示为 2012—2022 年沈阳都市圈人口规模及年龄结构变化情况。

养老服务和托育服务设施数量及服务水平有待提升。沈阳都市圈每千名老人养老床位数仅 20 张，远低于全国平均水平 31 张，硬件设施数量难以满足老年人需求，其中仅本溪市达到全国平均水平，沈阳市的养老床位数最为紧张。同时托育服务供给存在较大缺口，3 岁以下婴幼儿托育机构数量不足，服务资源分布不均衡，社区服务设施符合托育机构标准的闲置空间资源较少，一定程度上影响职工群体的生育意愿。在服务质量方面，沈阳都市圈养老和托育服务领域专业人才队伍还不够完善，并且各市之间服务水平参差不齐，难以满足特定群体的需求。

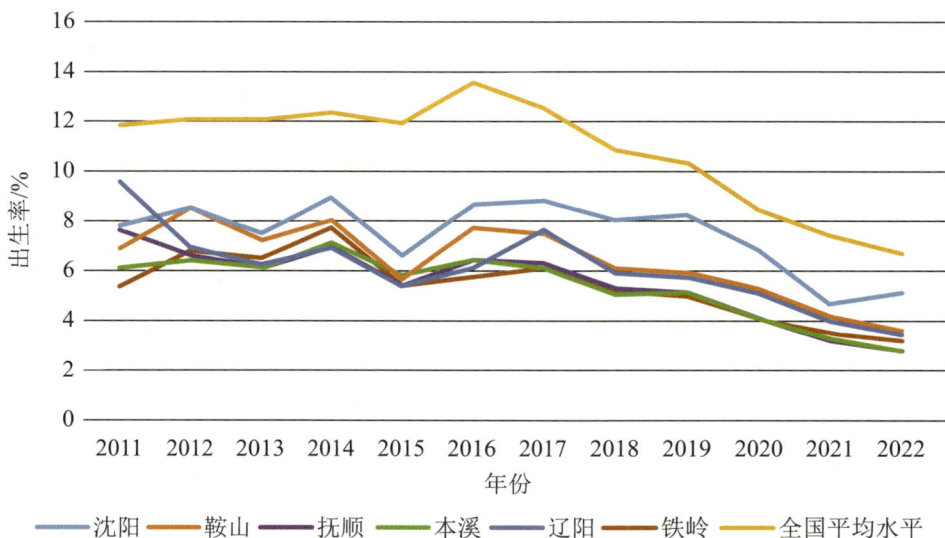

图 9-14 2011—2022 年沈阳都市圈各市出生率变化情况

（数据来源：各年份中国统计年鉴、辽宁统计年鉴）

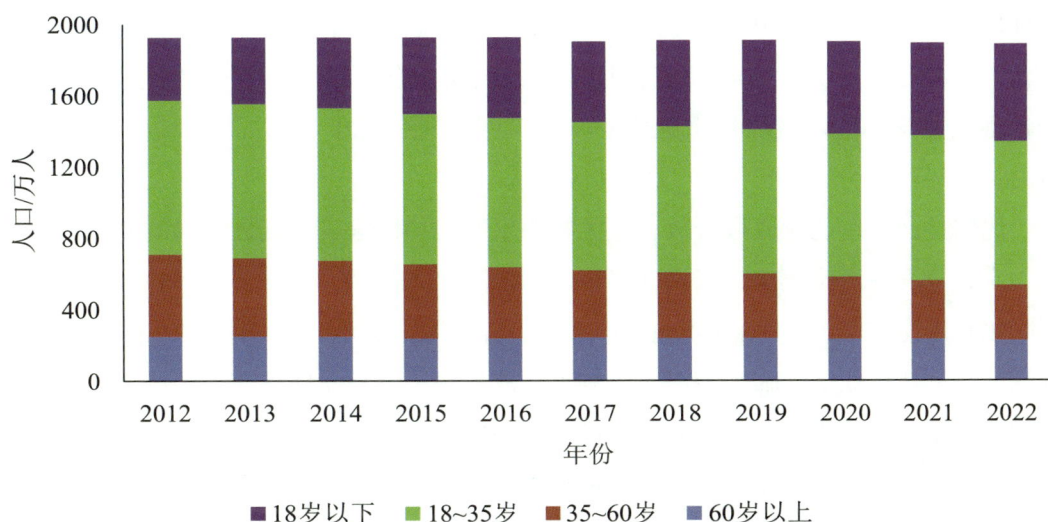

图 9-15　2012—2022 年沈阳都市圈人口规模及年龄结构变化情况

（数据来源：辽宁统计年鉴 2013—2022）

4. 行政区划壁垒仍然存在，成本共担、利益共享机制尚不完善

省级统筹协调作用有待进一步发挥，重点领域缺乏政策保障及制度创新，在产业转移与协作、招商引资等方面存在地方保护和市场分割现象，重点领域信息共享机制、政策协调机制、利益共享机制等尚未建立完善。跨行政区基础设施建设、管理与运营方面仍各自为政，导致临界地区存在断头路现象，供水、供热、燃气、垃圾处理等设施缺乏区域统筹考虑，部分设施重复建设；临界地区生态空间缺乏统筹利用，辽河、浑河、太子河三条跨界河流协同治理有待加强；教育、医疗、文化等公共服务共享水平与发达地区相比还有很大差距。同时，由于沈阳都市圈处于平原地区，国土开发强度较高，但土地利用较为粗放。2021 年沈阳都市圈国土开发强度约为 14.6%，地均 GDP 为 4567 万元，单位用地产出效益不高，土地闲置与后备建设用地不足问题并存，土地等要素自由流动机制尚未建立完善。

二、未来建设重点

1. 围绕建设国家中心城市和东北亚国际化中心城市目标，聚力提升沈阳城市综合能级和竞争力

沈阳作为沈阳都市圈中心城市，应进一步提升要素集聚能力和辐射带动作用，做大城市的规模和体量，力争到 2025 年实现地区生产总值突破 1 万亿元，一般公共预算收入突破 1000 亿元，人口规模突破 1000 万人，实现经济实力和人口规模全方面跃升。未来要对标国家中心城市，加快完善城市功能，提升在交通物流、金融商贸、科技创新等方面核心功能，打造国家现代综合枢纽、国家先进制造中心、综合性国家科学中心、区域性金融中心和区域性文化创意中心，提升中心城市综合竞争力。

沈阳是面向东北亚区域开放合作的桥头堡和维护国家安全发展大局的重要战略支点，应充分发挥区位优势、资源优势，对标国际化大都市，以完善国际性功能和搭建国际化载体为重点，高标准建设中国（辽宁）自由贸易试验区沈阳片区、中德（沈阳）高端装备制造产业园、临空经济区等重大开放平台，大力发展开放型经济、服务型经济和流量型经济，培育壮大外向型先进制造和国际化服务制造，深度参与东北亚科技创新和产业分工网络，建成"一带一路"东北亚开放门户枢纽、东北亚区域资源配置平台枢纽、国际创新型制造强市、国际化高品质城市，形成对国家重大战略的强有力支撑。

2. 强化科技创新赋能与产业数字化转型，协同推动老工业基地释放"新活力"

整合沈阳都市圈高校、科研院所、龙头企业等创新资源，共建区域创新共同体。聚焦智能制造、先进材料、航空航天装备、汽车制造等产业领域突破一批关键核心技术，积极承接国家重大专项、重点研发计划。鼓励周边城市在沈阳设立"创新飞地"，推动创新资源要素共享，提升沈阳科技创新带动能力。支持都市圈行业领军企业牵头建立产业技术创新联盟，加强关键核心技术和关键零部件自主研发，围绕重点产业链、创新链上的"断点""难点""堵点"问题，由"盟主"企业提出技术创新需求，实施"揭榜挂帅"科技攻关，攻克制约产业发展的关键技术，推动创新链产业链深度融合，带动资源型城市、传统工矿城市创新转型发展。

发挥沈阳都市圈制造业基础优势，协同推动制造业数字化转型。优化都市圈制造业产业链细分领域分工，打造汽车、装备制造、新材料、航空产业基地，推动实现"圈内集聚、圈内配套"。以全球工业互联网大会落户沈阳为契机，打造沈阳工业大数据中心，加强数字基础设施共建共享，推进中国科学院沈阳自动化所、沈阳计算所研制的 5G 现场网关、传感器和工业大数据平台等关键技术的研发与应用，并对都市圈其他城市赋能。围绕钢铁、石化、装备制造等传统优势产业，加快建设一批数字化车间和智能工厂项目，以打造工业智能化应用场景为抓手，推动中德园 5G 应用示范区、本钢集团"5G+工业互联网"示范工程，丰富都市圈未来技术应用场景，实现新一代信息技术与制造业融合发展，建设成为全国制造业与互联网融合发展试点示范。

3. 增加养老托育普惠性服务供给，提升"一老一小"服务能力

依托都市圈丰富的医疗资源和教育资源，完善养老和托幼服务体系。建立都市圈统一养老标准体系，推进养老机构护理人员、居家养老服务人员、育婴员等专业人员队伍建设，共享养老托幼服务人才。积极发展医养结合，建立健全医疗机构与养老机构业务协作机制，发挥都市圈周边城市生态环境优美、文旅资源丰富、生活成本较低的比较优势，鼓励本溪县等生态型县（市）与沈阳合作建设养老康养综合体、医养联合体等项目，按照异地养老需求谋划一批都市圈旅居养老和异地养老项目，为老年人提供高品质的健康服务保障。积极发展普惠托育服务，建立健全0~3岁婴幼儿照护服务政策体系，有效衔接社区婴幼儿照护服务设施与社区公共服务设施，推动沈阳率先开展婴幼儿照护服务试点工作，建成一批具有示范效应的婴幼儿照护服务机构。以城市更新为抓手，推动公共空间、道路交通等设施"适老化""适儿化"改造，保障老年人和儿童安全，打造老年人和儿童友好都市圈。

4. 建立健全跨区域利益协调机制，率先推动沈抚、沈本同城化发展

探索打破行政区划壁垒，建立都市圈联合招商、共同开发、利税共享的产业合作发展机制，根据有关规定建立产业转移承接地间经济指标分算机制。面对土地环境的约束趋紧，加强土地要素跨区域自由流动和高效配置，开展低效用地再开发和人居环境综合整治，统筹平衡土地要素指标，建立跨区域统筹用地指标机制、盘活土地资源的土地管理机制，建立都市圈重大工程项目选址协商机制，为促进同城化发展的重大项目建设提供要素保障。

对于沈抚、沈本等跨界紧密城镇化地区，发挥临界地区纽带作用，重点协调产业、公共服务和基础设施布局，加强同城化交通衔接，打通市际断头路，利用跨界生态资源，建设沈抚滨河绿道、沈本绿色休闲度假带，共同保护水源地生态环境和山体，联合开展跨流域生态治理。深化体制机制和政策创新，优化完善沈阳、抚顺和沈抚改革创新示范区合作机制，创新临界地区空间协同治理机制，打造都市圈同城化先行示范区。

参 考 文 献

[1] 尹鹏，梁振民，陈才. 辽宁中部地区地域功能的生成与演变机理研究 [J]. 资源开发与市场，2014，30（10）：1235-1238.

[2] 樊杰，盛科荣. 辽宁中部城市群发展的经济基础分析 [J]. 城市规划，2004（1）：37-41.

[3] 国家发展改革委经济体制综合改革司. 以沈抚同城化为突破口破除城市间行政壁垒 [EB/OL].

（2013-09-13）[2024-07-29]. https://www.ndrc.gov.cn/fggz/tzgg/byggdt/201310/t20131025_1022049_ext.html.

[4]　沈阳日报 . 沈阳市加快国家中心城市建设规划纲要 [EB/OL].（2013-07-22）. http://www.cajcd.edu.cn/pub/wml.txt/980810-2.html.

[5]　中国日报 . 辽宁正式推出沈抚连接带总体发展概念规划 [EB/OL].（2008-08-13）. http://www.chinadaily.com.cn/zgzx/2008-08/13/content_7437564.htm.

[6]　辽宁省人民政府 . 沈抚改革创新示范区立足新起点 奋进新征程 [EB/OL].（2020-08-10）. https://www.ln.gov.cn/web/zxft/78CB893E527C41429FD3866E3C7D3E92/index.shtml.

[7]　国家发展改革委 .《经济体制改革信息》综改试点专刊第 2013-3 期（总第 60 期）经济体制综合改革 司 [EB/OL].（2013-09-30）. https://www.ndrc.gov.cn/fggz/tzgg/byggdt/201310/t20131025_1022049_ext.html.

附 录

附录 A 都市圈大事记（2021.8—2024.7）

2021 年 8 月 6 日，商务部、国家发展改革委、财政部、自然资源部、住房城乡建设部、交通运输部、海关总署、市场监管总局、邮政局联合印发《商贸物流高质量发展专项行动计划（2021—2025 年）》，提出促进区域商贸物流一体化，围绕国家区域重大战略、区域协调发展战略实施，支持京津冀、长三角、粤港澳大湾区、成渝地区双城经济圈等重点区域探索建立商贸物流一体化工作机制，提升区域内城市群、都市圈商贸物流规划、政策、标准和管理协同水平。

2021 年 8 月 17 日，国家发展改革委印发《"十四五"推进西部陆海新通道高质量建设实施方案》，指出将加快通道经济发展。发挥通道对区域协调发展支撑引领作用，加快培育通道经济增长极，建设成渝地区双城经济圈和北部湾城市群，壮大黔中、滇中等城市群，加快重点都市圈建设。

2021 年 8 月 25 日，国务院常务会议部署全面推动长江经济带发展的财税支持措施，指出全面推动长江经济带发展是重大国家战略，要贯彻党中央、国务院决策部署，加大财税等支持力度，完善市场化多元化投入机制，汇集各方力量，生态优先、绿色发展，推动长江经济带高质量发展。

2021 年 9 月 6 日，国务院批复同意《东北全面振兴"十四五"实施方案》，国家发展改革委进而印发。主要目标包含初步建立优势互补、高质量发展的区域经济布局，进一步增强城市群和都市圈的辐射带动作用。并且提出坚持尊重规律、发挥优势，发挥区域比较优势，推动产业和人口向城市群集中，建设现代化都市圈，增强优势区域综合承载力和辐射带动力，打造引领东北经济发展的区域动力源。

2021 年 10 月 8 日，中共中央、国务院印发的《黄河流域生态保护和高质量发展规划纲要》正式公布，提出构建形成黄河流域"一轴两区五极"的发展动力格局，促进地区间要素合理流动和高效集聚，"五极"即山东半岛城市群、中原城市群、关中平原城市群、黄河"几"字弯都市圈和兰州—西宁城市群等。并在统筹推进城乡生活污染治理等方面对城市群、都市圈发挥的作用提出指导意见。

2021 年 10 月 20 日，中共中央、国务院印发的《成渝地区双城经济圈建设规划纲要》正式公布，指出成渝地区双城经济圈位于"一带一路"和长江经济带交会处，是西部陆海新通道的起点，是我国西部人口最密集、产业基础最雄厚、创新能力最强、市场空间最广阔、开放程度最高的区域，在国家发展大局中具有独特而重要的战略地位。并明确成渝地区双城经济圈建设的战略定位，提出推动成渝地区双城经济圈建设的 9 项重点任务。

2021 年 10 月 21 日，中共中央办公厅、国务院办公厅印发的《关于推动城乡建设绿色发展的意见》正式公布，提出推进城乡建设一体化发展，促进区域和城市群绿色发展，统筹区域、城市群和都市圈内大中小城市住房建设，与人口构成、产业结构相适应。

2021 年 11 月 18 日，国家发展改革委发布《关于同意成都都市圈发展规划的复函》。11 月 29 日，四川省人民政府印发《成都都市圈发展规划》，明确将推进成德眉资同城化发展作为推动成渝地区双城经济圈建设的支撑性工程、实施"一干多支"发展战略的牵引性工程，全面增强现代产业协作引领功能、创新资源集聚转化功能、改革系统集成和内陆开放门户功能、人口综合承载服务功能，全面提升同城化发展水平，提出八个方面重点任务和保障措施。

2021 年 11 月 26 日，国务院办公厅印发《"十四五"冷链物流发展规划》，提出统筹东中西部、南北方和城乡协调发展，密切农产品优势产区和大中消费市场联系，促进城市群、都市圈冷链物流资源优化整合和一体化运作。并就健全销地冷链分拨配送体系、提升末端配送效能方面对城市群、都市圈冷链物流发展提出了具体要求。

2021 年 12 月 6 日，国家发展改革委、水利部、住房和城乡建设部、工业和信息化部、农业农村部联合印发《黄河流域水资源节约集约利用实施方案》，明确贯彻"四水四定"，即坚持"以水定城、以水定地、以水定人、以水定产"，强化城镇开发边界管控，城市群和都市圈要集约高效发展，不能盲目扩张。

2021 年 12 月 9 日，国务院印发《"十四五"现代综合交通运输体系发展规划》，提出设施网络更加完善，重点城市群一体化交通网络、都市圈 1 小时通勤网加快形成，沿边国道基本贯通；夯实城乡区域协调发展基础支撑，有力服务区域重大战略。同时，要求推进城市群和都市圈交通现代化，分层分类完善交通网络，加强互联互通和一体衔接，促进城市群、都市圈和城市内交通运输协同运行，推动城市群和都市圈交通运输率先实现现代化，提升城镇化发展质量。

2021 年 12 月 10 日，国家发展改革委印发《成渝地区双城经济圈多层次轨道交通规划》，提出共建轨道上的成渝地区双城经济圈，推动成渝地区轨道交通规划建设，支撑成渝地区一体化高质量发展。该《规划》是继《长江三角洲地区多层次轨道交通规划》之后，国家印发的第二个地区多层次轨道交通规划。

2021 年 12 月 21 日，国务院办公厅印发的《要素市场化配置综合改革试点总体方案》中指出，试点布局要围绕推动国家重大战略实施，根据不同改革任务优先考虑选择改革需求迫切、工作基础较好、发展潜力较大的城市群、都市圈或中心城市等，开展要素市场化配置综合改革试点，严控试点数量和试点范围。

2021 年 12 月 25 日，工业和信息化部、国家发展改革委等 10 部门联合印发《关于促进制造业有序转移的指导意见》，提出推动中心城市和城市群高质量承接产业转移，发挥中心城市辐射作用，通过产业链优化升级和功能疏解带动城市群协同发展，鼓励城市群内城市合理分工，合作共建产业发展平台，形成紧密产业协作关系。同时，要以城市群为中心，依托国家安全应急产业示范基地，建设区域性应急物资生产保障基地，促进救援、防疫等应急物资产业科学布局、合理集聚。

2021 年 12 月 30 日，国务院印发《"十四五"国家应急体系规划》，提出建设重点城市群、都市圈应急救援协同调度平台，并在重点城市群、都市圈和自然灾害多发地市及重点县区，依托现有设施建设集应急指挥、应急演练、物资储备、人员安置等功能于一体的综合性应急避难场所。

2021 年 12 月 30 日，国务院印发《"十四五"国家老龄事业发展和养老服务体系规划》，提出支持城市群、都市圈打造养老服务体系一体化建设格局，形成服务能力衔接、产业发展协同的合作区域，支持大型城市和区域中心城市推动养老产业集聚发展，充分发挥辐射带动和示范作用。

2022 年 1 月，由上海市和江苏、浙江两省人民政府联合印发的《上海大都市圈空间协同规划》，是自建立"五级三类"国土空间规划体系以来，全国第一个跨省域的国土空间规划和第一个都市圈国土空间规划。规划明确了"以国土空间规划为基础属性且兼具发展规划特征"的定位，提出了八大领域的空间协同骨架和五大板块的空间协调载体。

2022 年 1 月 29 日，国家发展改革委编写出版《国家新型城镇化报告（2020—2021）》，包含完善城镇化空间布局的典型做法，即部分试点示范等地区在促进城市群一体化发展、推动都市圈同城化发展、推进以县城为重要载体的城镇化建设等方面的

20 项典型做法。

2022 年 1 月 30 日，国家发展改革委发布《关于同意长株潭都市圈发展规划的复函》。3 月 22 日，湖南省人民政府印发《长株潭都市圈发展规划》，明确了一体化优化都市圈发展布局、一体化推动基础设施互联互通、一体化打造科技创新产业体系、一体化推动生态环境共保共治、一体化推动公共服务共建共享、一体化推进高标准市场体系建设等六大任务。

2022 年 2 月 15 日，国家发展改革委印发《长江中游城市群发展"十四五"实施方案》，提出准确把握长江中游城市群协同发展的四项原则要求，明确打造长江经济带发展和中部地区崛起的重要支撑、全国高质量发展的重要增长极、具有国际影响力的重要城市群总体定位。

2022 年 3 月 5 日，国务院总理李克强在第十三届全国人民代表大会第五次会议上作政府工作报告，提出稳步推进城市群、都市圈建设，促进大中小城市和小城镇协调发展。推进成渝地区双城经济圈建设。严控撤县建市设区。

2022 年 3 月 10 日，国家发展改革委印发《2022 年新型城镇化和城乡融合发展重点任务》，提出持续优化城镇化空间布局和形态，促进大中小城市和小城镇协调发展，推动形成疏密有致、分工协作、功能完善的城镇化空间格局，健全城市群一体化发展机制，培育发展现代化都市圈。

2022 年 3 月 18 日，生态环境部印发《"十四五"生态保护监管规划》，提出加强人类活动集中分布区域监测，以主要城市及城市群为基本单元，以京津冀、长三角、粤港澳大湾区、成渝地区双城经济圈等国家发展战略区域为重点，加强城镇建设和资源开发对生态系统占用情况遥感监测，以及城市内部生物多样性、生态廊道和绿地建设等监测。

2022 年 3 月 21 日，国家发展改革委发布《关于同意西安都市圈发展规划的复函》。3 月 25 日，陕西省人民政府印发《西安都市圈发展规划》，强调发挥西安国家中心城市辐射带动作用、发挥西安龙头作用，明确形成"一核、两轴、多组团"的发展空间格局，提出优化都市圈发展空间格局等九大任务。

2022 年 3 月 23 日，中共中央办公厅、国务院办公厅印发的《关于构建更高水平的全民健身公共服务体系的意见》正式公布，提出推动全民健身公共服务城乡区域均衡发展，鼓励有条件的城市群和都市圈编制统一的全民健身规划，促进区域内健身步道、沿河步道、城市绿道互联互通，健身设施共建共享。

2022 年 3 月 25 日，中共中央、国务院印发《关于加快建设全国统一大市场的意见》，明确建设全国统一大市场是构建新发展格局的基础支撑和内在要求，并提出要优先推进区域协作，结合区域重大战略、区域协调发展战略实施，鼓励京津冀、长三角、粤港澳大湾区以及成渝地区双城经济圈、长江中游城市群等区域，在维护全国统一大市场前提下，优先开展区域市场一体化建设工作，建立健全区域合作机制，积极总结并复制推广典型经验和做法。

2022 年 5 月 6 日，中共中央办公厅、国务院办公厅印发的《关于推进以县城为重要载体的城镇化建设的意见》正式公布，指出县城是我国城镇体系的重要组成部分，是城乡融合发展的关键支撑，提出科学把握功能定位，分类引导县城发展方向，支持位于城市群和都市圈范围内的县城融入邻近大城市建设发展。

2022 年 6 月 21 日，国家发展改革委印发《"十四五"新型城镇化实施方案》，明确城市群是新型城镇化的主体形态，要求分类推动城市群发展，建立健全多层次常态化协调推进机制，打造高质量发展的动力源和增长极，并针对不同城市群的实际情况，分类提出战略任务和发展重点。同时提出有序培育现代化都市圈，健全城市群和都市圈协同发展机制，推动超大特大城市转变发展方式。

2022 年 6 月 24 日，国家发展改革委印发《关中平原城市群建设"十四五"实施方案》，明确了"十四五"时期关中平原城市群建设的指导思想、目标原则，以及 6 个方面 23 项重点任务。

2022 年 7 月 4 日，国家发展改革委、交通运输部印发《国家公路网规划》，明确到 2035 年，实现国际省际互联互通、城市群间多路连通、城市群城际便捷畅通、地级城市高速畅达、县级节点全面覆盖、沿边沿海公路连续贯通。

2022 年 8 月 11 日，经国家发展改革委同意，重庆市人民政府、四川省人民政府印发《重庆都市圈发展规划》，成为中西部第一个跨省域都市圈规划，提出建设经济发达、生活富裕、环境优美、社会和谐的现代化重大都市圈，为成渝地区双城经济圈建设提供坚强支撑，更好助推长江经济带和西部地区高质量发展。

2022 年 8 月 24 日，财政部印发《中央财政关于推动黄河流域生态保护和高质量发展的财税支持方案》，提出推动城乡区域协调发展，支持兰州—西宁城市群、黄河"几"字弯都市圈协同发展，发挥山东半岛城市群及西安、郑州等国家中心城市带动作用，推动黄河流域城市群、都市圈强化基础设施互联互通、产业创新协作、生态共建环境共治、公共服务共建共享，提升一体化发展和集约发展水平。

2022 年 8 月 25 日，国务院印发《关于支持山东深化新旧动能转换 推动绿色低碳高质量发展的意见》，从构筑高质量发展空间动力系统的角度进行了部署安排，提出提升省内区域协调联动发展水平，培育发展济南、青岛现代化都市圈，高质量建设济南新旧动能转换起步区和青岛西海岸新区。

2022 年 9 月 28 日，国务院办公厅印发《关于扩大政务服务"跨省通办"范围 进一步提升服务效能的意见》，指出扎实推进地区间"跨省通办"合作，围绕实施区域重大战略，聚焦城市群都市圈一体化发展、主要劳务输入输出地协作、毗邻地区交流合作等需求，进一步拓展"跨省通办"范围和深度。

2022 年 10 月 16 日，中国共产党第二十次全国代表大会隆重开幕，习近平代表第十九届中央委员会向大会作了题为《高举中国特色社会主义伟大旗帜 为全面建设社会主义现代化国家而团结奋斗》的报告。报告指出，加快构建新发展格局，着力推动高质量发展，深入实施区域协调发展战略、区域重大战略、主体功能区战略、新型城镇化战略，以城市群、都市圈为依托构建大中小城市协调发展格局，推进以县城为重要载体的城镇化建设。

2022 年 12 月 7 日，湖北省发展改革委公布《武汉都市圈发展规划》获国家发展改革委函复同意，指出要积极推动武汉辐射带动周边城镇共同发展，加快推进基础设施互联互通、产业专业化分工协作、公共服务共建共享、安全风险联防联控，建立健全同城化发展体制机制，建设现代化都市圈，为长江中游城市群一体化发展提供坚强支撑，更好助推中部地区高质量发展，更好服务长江经济带发展。

2022 年 12 月 14 日，中共中央、国务院印发的《扩大内需战略规划纲要（2022—2035 年）》正式公布，提出优化投资结构，拓展投资空间，持续推进重点领域补短投资，加快交通基础设施建设，支持重点城市群率先建成城际铁路网，推进重点都市圈市域（郊）铁路和城市轨道交通发展，并与干线铁路融合发展。提出推动城乡区域协调发展，释放内需潜能，推进以人为核心的新型城镇化，培育城市群和都市圈。

2022 年 12 月 15 日，国家发展改革委印发《"十四五"扩大内需战略实施方案》提出培育城市群和都市圈，优化提升京津冀、长三角、珠三角、成渝、长江中游等城市群，发展壮大山东半岛、粤闽浙沿海、中原、关中平原、北部湾等城市群，培育发展哈长、辽中南、山西中部、黔中、滇中、呼包鄂榆、兰州—西宁、宁夏沿黄、天山北坡等城市群。依托辐射带动能力较强的中心城市，提高通勤圈协同发展水平，鼓励都市圈社保和落户积分互认、教育和医疗资源共享，培育发展一批同城化程度高的现代化都市圈。

2023 年 2 月，《沈阳都市圈发展规划》获国家发展改革委函复同意，立足辽中南城市群，充分发挥沈阳中心城市的龙头带动作用，重点推进区域空间、产业分工、基础设施、公共服务、生态环保、对外开放、要素市场、体制机制等八个"一体化"，形成区域协调发展新格局。

2023 年 3 月 5 日，国务院总理李克强在第十四届全国人民代表大会第一次会议上作政府工作报告，提出持续推进以人为核心的新型城镇化，继续明确有序发展城市群和都市圈，促进大中小城市协调发展，推动成渝地区双城经济圈建设。

2023 年 5 月 23 日，工业和信息化部会同国家发展改革委、科技部等有关部门以及京津冀三地政府共同编制的《京津冀产业协同发展实施方案》正式公布。明确到 2025 年，京津冀产业分工定位更加清晰，产业链创新链深度融合，综合实力迈上新台阶，协同创新实现新突破，转型升级取得新成效，现代化产业体系不断完善，培育形成一批竞争力强的先进制造业集群和优势产业链，协同机制更加健全，产业协同发展水平显著提升，对京津冀高质量发展的支撑作用更加凸显。

2023 年 6 月 8 日，国务院办公厅印发《关于进一步构建高质量充电基础设施体系的指导意见》，明确优化完善网络布局，建设便捷高效的城际充电网络，加快补齐重点城市之间路网充电基础设施短板，建设互联互通的城市群都市圈充电网络。

2023 年 9 月，《杭州都市圈发展规划》获国家发展改革委函复同意的消息经由《杭州市国民经济和社会发展第十四个五年规划和二〇三五年远景目标纲要实施情况中期评估报告》为人所知。

2023 年 10 月，《郑州都市圈发展规划》获国家发展改革委函复同意，谋划构建"主副协同、区域统筹、圈层一体"的区域发展新格局，以改革创新为根本动力，以创新一体化发展体制机制为牵引，深入推进郑州特大城市加快转变发展方式，加快郑州都市圈培育建设步伐。

2023 年 10 月 6 日，获国家发展改革委函复同意后，山东省人民政府印发《青岛都市圈发展规划》，提出加快转变特大城市发展方式、推动青岛带动周边城镇共同发展、提升都市圈高质量发展水平，实现青潍日同城化、引领胶东经济圈一体化发展。

2023 年 10 月 25 日，广东省人民政府印发《广州都市圈发展规划》《深圳都市圈发展规划》《珠江口西岸都市圈发展规划》《汕潮揭都市圈发展规划》《湛茂都市圈发展规划》，为五大都市圈明确发展"路线图"。其中，广州、深圳两个都市圈的发展规划获国家发展改革委函复同意。广州都市圈提出以广州为中心，以广佛全域同城化为引领，深入推进广清一体化，带动肇庆、清远中心城区成为发展极，打造全省高质量发展的主引擎、全国高质量同城化示范区、全国制造业和服务业融合发展典范区；深圳都市圈提出以深圳为主中心，东莞、惠州为副中心，高水平建设深汕特别合作区，打造粤港澳大湾区核心增长极、高质量发展先锋典范和开放包容的世界窗口。

2024 年 1 月 18 日，工业和信息化部等七部门印发《关于推动未来产业创新发展的实施意见》，提出丰富应用场景、打造跨界融合场景，明确"依托城市群和都市圈建设，打造绿色集约的产城融合场景"。

2024 年 2 月 28 日，获国家发展改革委函复同意后，山东省人民政府印发《济南都市圈发展规划（2024—2030 年）》，提出以加快转变特大城市发展方式、促进济南市带动周边城镇共同发展为方向，加快建设具有全国重要影响力的济南都市圈，为壮大山东半岛城市群、助推黄河流域生态保护和高质量发展提供强力支撑。

2024 年 4 月 1 日，自然资源部发布的《都市圈国土空间规划编制规程》正式实施，旨在推动都市圈一体化、高质量发展，提升都市圈整体竞争力，促进区域协调和城乡融合。

2024 年 6 月 14 日，福建省人民政府印发《厦漳泉都市圈发展规划》，提出从共建高效一体的基础设施网络、共筑创新驱动的高质量产业链群、共营普惠便民幸福生活圈、共守人与自然和谐共生的现代化生态圈、共同融入和服务新发展格局、共建世界闽南文化交流中心等重点领域凝聚三市合力，深化两岸各领域融合发展，加快厦漳泉都市圈一体化建设。

2024 年 7 月 18 日，中国共产党第二十届中央委员会第三次全体会议通过《中共中央关于进一步全面深化改革 推进中国式现代化的决定》，在第六部分"完善城乡融合发展体制机制"中提出推动形成超大特大城市智慧高效治理新体系，建立都市圈同城化发展体制机制。

2024 年 7 月 28 日，国务院印发《深入实施以人为本的新型城镇化战略五年行动计划》，对未来五年推进新型城镇化建设的总体要求、重点任务、政策措施和组织实施等作出部署，将"实施现代化都市圈培育行动"列为四大行动之一，目标是加快转变超大特大城市发展方式，培育一批同城化程度高的现代化都市圈。行动提出重点任务包括提升城际通勤效率、强化产业分工协作、加快市场一体化建设、推进公共服务共建共享。

附录 B 都市圈综合发展质量评价指标体系（2023）

沿用《中国都市圈发展报告 2021》中都市圈高质量发展评价指标体系，以都市圈发展水平、中心城市贡献度、都市圈联系强度和都市圈同城化机制为 4 个一级指标，根据全国都市圈工作推进的实际情况对体制机制相关指标进行升级调整，最终形成涵盖 19 个二级指标和 30 个三级指标的都市圈综合发展质量评价指标体系（见表 B-1）。

表 B-1　都市圈综合发展质量评价指标体系（2023 版）*

一级指标	一级指标权重	二级指标	二级指标权重	三级指标	三级指标权重	计算方法	指标数据来源
都市圈发展水平	0.35	经济实力	0.07	人均 GDP/（万元 / 人）	0.035	都市圈总 GDP/ 都市圈常住人口	政府统计数据
				地均 GDP/（万元 /km²）	0.035	都市圈总 GDP/ 都市圈总面积	政府统计数据
		人口集聚	0.07	常住人口密度 /（人 / km²）	0.035	都市圈常住人口总数 / 都市圈总面积	政府统计数据
				常住人口增速 /%	0.035	（年末常住人口 - 上一年末常住人口）/ 上一年末常住人口 ×100%	政府统计数据
		城乡融合	0.035	城乡居民人均可支配收入比	0.035	都市圈城镇居民人均可支配收入 / 都市圈乡村居民人均可支配收入	政府统计数据
		创新能力	0.035	万人发明专利拥有量 /（个 / 万人）	0.035	都市圈有效发明专利拥有量 / 都市圈常住人口	政府统计数据
		公共服务	0.035	万名学生专任教师数 /（个 / 万人）	0.0175	都市圈专任教师数 / 都市圈学生数	政府统计数据
				每万人拥有医生数 /（个 / 万人）	0.0175	都市圈执业（助理）医师数 / 都市圈常住人口	政府统计数据
		交通设施	0.035	交通设施密度 /（km/km²）	0.035	都市圈公路网长度 / 都市圈面积	政府统计数据
		消费水平	0.035	人均社会消费品额 /（万元 / 人）	0.035	都市圈社会消费品零售总额 / 都市圈常住人口	政府统计数据
		对外开放	0.035	货物进出口总额占 GDP 比重	0.035	都市圈货物进出口总额 / 都市圈总 GDP	政府统计数据
中心城市贡献度	0.25	经济辐射力	0.1	中心城市对外投资比	0.1	中心城市与都市圈内城市互投资金额均值 / 中心城市对全国互投资金额均值	企业工商登记数据
		人口辐射力	0.1	中心城市人口流动比	0.1	中心城市与都市圈内城市人口流动均值 / 中心城市对全国人口流动均值	手机信令数据
		交通辐射力	0.05	中心城市铁路班次比	0.05	中心城市与都市圈内城市铁路班次均值 / 中心城市对全国铁路班次均值	互联网铁路班次数据

续表

一级指标	一级指标权重	二级指标	二级指标权重	三级指标	三级指标权重	计算方法	指标数据来源
都市圈联系强度	0.25	平均经济联系度	0.1	都市圈城市间经济联系均值/（亿元/城市个数）	0.1	都市圈城市间互投资金额总额/都市圈内城市个数	企业工商登记数据
		平均人口联系度	0.1	都市圈城市间人口联系均值/（万人次/城市个数）	0.1	都市圈城市间人口流动总数/都市圈内城市个数	手机信令数据
		平均交通联系度	0.05	都市圈城市间铁路交通联系均值/（班次/城市个数）	0.05	都市圈城市间铁路班次总数/都市圈内城市个数	互联网铁路班次数据
都市圈同城化机制	0.15	组织协调	0.03	是否编制都市圈规划	0.01		政府官方网站
				是否出台落实都市圈规划的相关文件	0.01		政府官方网站
				是否建立常设协调机构	0.01		政府官方网站
		产业协作	0.03	是否实现科技创新要素互认互认	0.01		政府官方网站
				是否建立跨市科技转化平台或联盟	0.01		政府官方网站
				是否有城市间共建园区	0.01		政府官方网站
		通勤便捷	0.03	是否开通城际列车（C字头列车）	0.015		互联网铁路班次数据计算
				是否有城际地铁（轻轨、快轨）开通或在建	0.015		政府官方网站
		生态共治	0.03	是否建立环境污染跨区域联合执法机制	0.015		政府官方网站
				是否实现城市间医疗合作办学	0.015		政府官方网站
		服务共享	0.03	是否生态生态补偿机制	0.01		政府官方网站
				是否建立跨城市医疗联合体	0.01		政府官方网站
				是否建立都市圈内政务服务"一圈通办"机制或平台	0.01		政府官方网站

* 都市圈综合发展质量评价体系采用专家打分法、熵值法相结合的方法确定各级指标权重。首先采用专家打分法确定基础权重，其次结合熵值法对指标权重进行校正，经过多轮意见征询、反馈和调整，最终确定各级指标权重。